"互联网+"时代互联网产业相关市场界定研究

Study on Relevant Market Definition in Internet Industry in the "Internet+" Era

占 佳 著

经济管理出版社
ECONOMY & MANAGEMENT PUBLISHING HOUSE

图书在版编目（CIP）数据

"互联网+"时代互联网产业相关市场界定研究/占佳著. —北京：经济管理出版社，2019.2
ISBN 978-7-5096-6509-1

Ⅰ.①互… Ⅱ.①占… Ⅲ.①互联网络—高技术产业—反垄断—研究—中国 Ⅳ.①F492

中国版本图书馆 CIP 数据核字（2019）第 063570 号

策划编辑：宋　娜
责任编辑：张　昕
责任印制：黄章平
责任校对：董杉珊

出版发行：经济管理出版社
　　　　　（北京市海淀区北蜂窝 8 号中雅大厦 A 座 11 层　100038）
网　　址：www. E-mp. com. cn
电　　话：（010）51915602
印　　刷：三河市延风印装有限公司
经　　销：新华书店
开　　本：720mm×1000mm/16
印　　张：14.25
字　　数：212 千字
版　　次：2019 年 6 月第 1 版　　2019 年 6 月第 1 次印刷
书　　号：ISBN 978-7-5096-6509-1
定　　价：98.00 元

第七批《中国社会科学博士后文库》
编委会及编辑部成员名单

（一）编委会

主　任：王京清

副主任：马　援　张冠梓　高京斋　俞家栋　夏文峰

秘书长：邱春雷　张国春

成　员（按姓氏笔划排序）：

卜宪群　王建朗　方　勇　邓纯东　史　丹　朱恒鹏　刘丹青

刘玉宏　刘跃进　孙壮志　孙海泉　李　平　李向阳　李国强

李新烽　杨世伟　吴白乙　何德旭　汪朝光　张　翼　张车伟

张宇燕　张星星　陈　甦　陈众议　陈星灿　卓新平　房　宁

赵天晓　赵剑英　胡　滨　袁东振　黄　平　朝戈金　谢寿光

潘家华　冀祥德　穆林霞　魏后凯

（二）编辑部（按姓氏笔划排序）：

主　任：高京斋

副主任：曲建君　李晓琳　陈　颖　薛万里

成　员：王　芳　王　琪　刘　杰　孙大伟　宋　娜　陈　效

　　　　苑淑娅　姚冬梅　梅　玫　黎　元

　　本书获国家自然科学基金项目"数字经济时代超级网络平台的相关市场界定研究：理论与实证"（项目编号：71863012）、第 62 批博士后面上项目"'互联网+'时代互联网产业相关市场界定研究"（项目编号：2017M622093）资助。

序　言

博士后制度在我国落地生根已逾30年，已经成为国家人才体系建设中的重要一环。30多年来，博士后制度对推动我国人事人才体制机制改革、促进科技创新和经济社会发展发挥了重要的作用，也培养了一批国家急需的高层次创新型人才。

自1986年1月开始招收第一名博士后研究人员起，截至目前，国家已累计招收14万余名博士后研究人员，已经出站的博士后大多成为各领域的科研骨干和学术带头人。其中，已有50余位博士后当选两院院士；众多博士后入选各类人才计划，其中，国家百千万人才工程年入选率达34.36%，国家杰出青年科学基金入选率平均达21.04%，教育部"长江学者"入选率平均达10%左右。

2015年底，国务院办公厅出台《关于改革完善博士后制度的意见》，要求各地各部门各设站单位按照党中央、国务院决策部署，牢固树立并切实贯彻创新、协调、绿色、开放、共享的发展理念，深入实施创新驱动发展战略和人才优先发展战略，完善体制机制，健全服务体系，推动博士后事业科学发展。这为我国博士后事业的进一步发展指明了方向，也为哲学社会科学领域博士后工作提出了新的研究方向。

习近平总书记在2016年5月17日全国哲学社会科学工作座谈会上发表重要讲话指出：一个国家的发展水平，既取决于自然科学发展水平，也取决于哲学社会科学发展水平。一个没有发达的自然科学的国家不可能走在世界前列，一个没有繁荣的哲学社会科学的国家也不可能走在世界前列。坚持和发展中国特色社会主义，需要不断在实践中和理论上进行探索、用发展着的理论指导发展着的实践。在这个过程中，哲学社会科学具有不可替代的重要地位，哲学社会科学工作者具有不可替代的重要作用。这是党和国家领导人对包括哲学社会科学博士后在内的所有哲学社会科学领域的研究者、工作者提出的殷切希望！

中国社会科学院是中央直属的国家哲学社会科学研究机构，在哲学社会科学博士后工作领域处于领军地位。为充分调动哲学社会科学博士后研究人员科研创新的积极性，展示哲学社会科学领域博士后的优秀成果，提高我国哲学社会科学发展的整体水平，中国社会科学院和全国博士后管理委员会于 2012 年联合推出了《中国社会科学博士后文库》（以下简称《文库》），每年在全国范围内择优出版博士后成果。经过多年的发展，《文库》已经成为集中、系统、全面反映我国哲学社会科学博士后优秀成果的高端学术平台，学术影响力和社会影响力逐年提高。

下一步，做好哲学社会科学博士后工作，做好《文库》工作，要认真学习领会习近平总书记系列重要讲话精神，自觉肩负起新的时代使命，锐意创新、发奋进取。为此，需做到：

第一，始终坚持马克思主义的指导地位。哲学社会科学研究离不开正确的世界观、方法论的指导。习近平总书记深刻指出：坚持以马克思主义为指导，是当代中国哲学社会科学区别于其他哲学社会科学的根本标志，必须旗帜鲜明加以坚持。马克思主义揭示了事物的本质、内在联系及发展规律，是"伟大的认识工具"，是人们观察世界、分析问题的有力思想武器。马克思主义尽管诞生在一个半多世纪之前，但在当今时代，马克思主义与新的时代实践结合起来，越来越显示出更加强大的生命力。哲学社会科学博士后研究人员应该更加自觉地坚持马克思主义在科研工作中的指导地位，继续推进马克思主义中国化、时代化、大众化，继续发展 21 世纪马克思主义、当代中国马克思主义。要继续把《文库》建设成为马克思主义中国化最新理论成果宣传、展示、交流的平台，为中国特色社会主义建设提供强有力的理论支撑。

第二，逐步树立智库意识和品牌意识。哲学社会科学肩负着回答时代命题、规划未来道路的使命。当前中央对哲学社会科学愈加重视，尤其是提出要发挥哲学社会科学在治国理政、提高改革决策水平、推进国家治理体系和治理能力现代化中的作用。从2015 年开始，中央已启动了国家高端智库的建设，这对哲学社会科学博士后工作提出了更高的针对性要求，也为哲学社会科学博士后研究提供了更为广阔的应用空间。《文库》依托中国社会科学院，面向全国哲学社会科学领域博士后科研流动站、工作站的博士后征集优秀成果，入选出版的著作也代表了哲学社会科学博士后最高的学术研究水平。因此，要善于把中国社会科学院服务党和国家决策的大智库功能与《文库》的小智库功能结合起来，进而以智库意识推动品牌意识建设，最终树立《文库》的智库意识和品牌意识。

第三，积极推动中国特色哲学社会科学学术体系和话语体系建设。改革开放 30 多年来，我国在经济建设、政治建设、文化建设、社会建设、生态文明建设和党的建设各个领域都取得了举世瞩目的成就，比历史上任何时期都更接近中华民族伟大复兴的目标。但正如习近平总书记所指出的那样：在解读中国实践、构建中国理论上，我们应该最有发言权，但实际上我国哲学社会科学在国际上的声音还比较小，还处于"有理说不出、说了传不开"的境地。这里问题的实质，就是中国特色、中国特质的哲学社会科学学术体系和话语体系的缺失和建设问题。具有中国特色、中国特质的学术体系和话语体系必然是由具有中国特色、中国特质的概念、范畴和学科等组成。这一切不是凭空想象得来的，而是在中国化的马克思主义指导下，在参考我们民族特质、历史智慧的基础上再创造出来的。在这一过程中，积极吸纳儒、释、道、墨、名、法、农、杂、兵等各家学说的精髓，无疑是保持中国特色、中国特质的重要保证。换言之，不能站在历史、文化虚无主义立场搞研究。要通过《文库》积极引导哲学社会科学博士后研究人员：一方面，要积极吸收古今中外各种学术资源，坚持古为今用、洋为中用。另一方面，要以中国自己的实践为研究定位，围绕中国自己的问题，坚持问题导向，努力探索具备中国特色、中国特质的概念、范畴与理论体系，在体现继承性和民族性、体现原创性和时代性、体现系统性和专业性方面，不断加强和深化中国特色学术体系和话语体系建设。

新形势下，我国哲学社会科学地位更加重要、任务更加繁重。衷心希望广大哲学社会科学博士后工作者和博士后们，以《文库》系列著作的出版为契机，以习近平总书记在全国哲学社会科学座谈会上的讲话为根本遵循，将自身的研究工作与时代的需求结合起来，将自身的研究工作与国家和人民的召唤结合起来，以深厚的学识修养赢得尊重，以高尚的人格魅力引领风气，在为祖国、为人民立德立功立言中，在实现中华民族伟大复兴中国梦的征程中，成就自我、实现价值。

是为序。

王京清

中国社会科学院副院长

中国社会科学院博士后管理委员会主任

2016 年 12 月 1 日

摘　要

　　经过二十年左右的商业化发展，互联网产业取得了长足的进步，并涌现了一批在全球范围内具有较大影响力的优秀互联网企业。而随着近年来"互联网+制造业"战略成为世界经济的主流选择，互联网产业将迈入新的发展阶段，它在世界经济社会发展中也将扮演更重要的角色。然而伴随互联网产业一起"成长"的，还有在世界范围内逐渐增多的互联网产业反垄断执法案件。事实上，从互联网产业商业化发展起步开始，互联网企业，特别是成功的互联网企业就一直是各国反垄断审查的重点，并且种种迹象表明，针对该领域的反垄断案件仍将持续增加。

　　鉴于互联网产业在世界经济社会中的重要地位以及互联网产业反垄断案件的频繁出现，反垄断法能否在互联网产业得以有效实施成为社会各界关注的焦点。正确的反垄断分析是有效执法的前提，而相关市场界定是反垄断分析的关键步骤和逻辑起点，许多案件的审理最终都要寻求于相关市场界定。因此从这个意义上说，能否对互联网产业进行合理的相关市场界定分析成为反垄断法能否在该产业得以有效实施的关键。

　　然而，互联网产业的技术经济特征给反垄断相关市场界定带来了极大挑战，特别是在互联网产业中通行的基于双边市场的免费商业模式更是使传统基于单边市场逻辑和价格理论的相关市场界定分析工具无法直接适用。这也是迄今为止，世界各国在处理相关案件时，各方对相关市场界定的实证分析问题选择回避，也未能就此提出关键性经济证据的症结所在。尽管许多学者已经意识到该问题的重要性并积极寻求互联网产业相关市场界定的改进方法，但遗憾的是，理论界至今未能就此形成一个具有权威性和可操作性的分析思路与方法。若该问题不能得到有效解决，将很可能使针对互联网产业的反垄断执法行为一直伴随着较高的失误风险。这不仅会阻碍目前最具活力的互联网产业的健康发展，由此带来的其他社会成本也将是巨大的。

为解决互联网产业相关市场界定的实证分析问题，本书在系统梳理双边市场理论与传统相关市场界定方法并从反垄断经济学的视角全面分析互联网产业技术经济特征的基础上，以互联网产业具有的免费和双边市场特征为切入点，采用结构计量方法，利用相关优化条件和Lerner指数构造需求弹性结构方程，并设定嵌套选择模型代表反垄断案件中焦点产品的替代关系。而后，本书运用该模型，对被誉为"中国互联网反垄断第一案"的奇虎360诉腾讯案进行完整的相关市场界定分析。为此，本书利用艾瑞互联网产品用户使用数据进行了实证估计，得到了该案中焦点产品（即时通信产品和微博产品）的自弹性、交叉弹性和转移率等需求替代性参数，而后利用这些关键参数并结合SSNIP等分析方法对案件进行完整的相关市场界定分析。本书期望通过这种理论分析和案例分析相结合的形式，为互联网产业的相关市场界定分析提供一个可供借鉴的、完整的分析思路和框架。本书的主要研究内容和研究结论总结如下：

（1）通过对双边市场理论和相关市场界定的系统梳理，重新明晰了双边市场理论与相关市场界定方法的一些重要理论问题。在梳理双边市场理论的过程中，本书在明确双边市场概念、特征的基础上，得出双边市场并非某一产业的固有特征，在进行相关市场界定分析之前，应先界定清楚涉案企业是否属于双边市场这一结论；通过对传统相关市场界定方法的系统梳理，理清了相关市场界定理论与方法的历史沿革及其背后的经济逻辑，以及各种方法的优缺点；而通过剖析双边市场相关市场界定的困难，明确了双边市场相关市场界定的关键在于找到能够有效衡量平台两端用户之间乘数效应的指标。这些结论为后续理论模型的构建及相关研究指明了方向。

（2）基于反垄断经济学的视角全面分析了互联网产业的技术经济特征及其对市场竞争和竞争分析的影响。本书通过研究得出结论，互联网产业的关键技术经济特征包括基于双边市场的免费商业模式、强大的网络效应、竞争性垄断的市场结构和高度动态的创新性等。基于双边市场的免费商业模式是互联网企业相关市场界定分析面临的最大困难与挑战，免费互联网产品的盈利性是其需要接受反垄断审查的理论基础，也是解决其相关市场界定问题的突破口；网络效应及其在互联网产业中的作用机制可能产生一些反竞争的效果，因此在反垄断分析中应予以仔细衡量；竞争性垄断的市场结构虽使互联网产业的市场份额对判断市场势力的指示性作用减弱，但在反垄断分析时仍应仔细衡量潜在的竞争性因素能在多大程度上牵制在位垄断企业实施市场势力；高度动态的创新性使互联网企业顷刻之间便可能获得或失去市场优势地位，但这并不足以说明互联网产业可以免于反垄断审查，而只能说明在反垄断分析中应把握好时间市场因素并注意关注企业的长期表现。

（3）通过转换 Lerner 指数的计算条件，找到既能绕过互联网产品"零价格"带来的困扰，又能有效衡量双边市场两边用户间的相互依存关系的参数，从而为免费模式和双边市场下的相关市场界定问题找到了突破口。基于对免费互联网产品存在隐性价格这一认识，本书在未附加额外约束条件的情况下，通过转化 Lerner 指数的计算条件，得到可以利用产品的利润和收入信息来计算产品的 Lerner 指数，如此一来便避免了使用真实的产品价格信息；此外，免费产品的利润和收入指标是双边市场两边用户乘数效应作用结果的体现。因此，这样得到的 Lerner 指数既绕过了免费产品"零价格"的困扰，又有效地衡量了双边市场两端客户间的相互依存关系。

（4）以互联网产业具有的免费和双边市场特征为切入点，利用相关优化条件和 Lerner 指数转换条件及嵌套选择模型的相关理论构建需求替代结构模型，用以估计案件中焦点产品的自弹性、交叉弹性和转移率等需求替代性参数。本书通过对互联网产业盈利模式的本质特征的把握来建立免费互联网产品的目标利润函数模型，而后运用该目标利润函数的优化条件和 Lerner 指数，结合嵌套选择模型推导出产品的需求替代性参数的计算公式。本书构建的理论模型推理较为严密，从而使其具有一定的科学性和合理性；互联网产业拥有海量的数据（包括第三方数据），能够保证该模型所需要的数据具有可得性；而结构计量技术的发展使该模型具有较强的可操作性。

（5）本书通过对奇虎360诉腾讯案进行完整的相关市场界定分析，证明SSNIP方法具有普适性，同时也为互联网产业相关市场界定提供了一个完整的分析思路与分析框架。本书以奇虎360诉腾讯案为例，结合构建的理论模型，并利用艾瑞互联网产品用户使用数据进行实证估计，得到该案中焦点产品（即时通信产品与微博产品）的自弹性、交叉弹性和转移率等需求替代性参数；得到这些参数后可以直接利用SSNIP相关方法对案件的相关市场做实证分析。这证明了SSNIP相关方法可以适用于任何情境，包括免费和双边市场情境。

本书可能的创新点主要体现在以下方面：

（1）本书为解决互联网等新经济形态下相关市场界定的实证分析难题找到了新的突破口。本书根据对免费互联网产品具有隐性价格这一本质特征的把握，推导出可使用利润和收入指标而非传统的价格和成本指标计算Lerner指数，从而避免了使用真实的价格信息并能较好地体现双边市场的乘数效应，这不仅提高了数据的可得性，而且更具合理性和可操作性。以此为突破口，后续的需求替代分析和相关市场界定难题便迎刃而解。

（2）本书为互联网等新经济形态下的相关市场界定实证分析提供了一个可供参考的分析思路与框架。本书以其免费性和双边市场特征为切入点，利用相关优化条件和Lerner指数转换条件及嵌套选择模型的相关理论构建了需求替代结构模型，运用该模型可以实证估计案件中焦点产品的关键需求替代性参数，随后可利用这些参数对反垄断案件进行需求替代性分析以及运用SSNIP相关执行方法进行实证的相关市场界定分析。

（3）本书通过对真实案件进行实证的相关市场界定分析，证明了SSNIP分析方法具有普适性。今后若遇到SSNIP分析方法直接运用受阻时，可以通过改进这些方法所需关键参数的估计方法来使其适应新的经济形态，这一点对于相关市场界定研究而言具有较重要的指导意义。

关键词： 反垄断；相关市场界定；免费产品；双边市场；SSNIP分析

Abstract

After about twenty years of commercial development, the Internet industry has made considerable progress, and there are many outstanding Internet companies which have great influence in the whole world. In recent years, with the "Internet plus manufacturing" strategy has become the mainstream of the world economy, the Internet industry will enter a new stage of development, and will play a more important role in the world economic and social development. However, along with the growth of Internet industry, there are increasing cases of antitrust enforcement in the Internet industry in many countries of the world. In fact, from the very beginning of development in the Internet industry, Internet companies, especially those successful Internet firms, have been the focuses of national anti-monopoly review, and all the signs indicate that antitrust cases in the field of Internet industry will continue to increase.

In view of the important status of Internet industry in the world economic and social development and the phenomenon of increasing occurrence of antitrust cases in the Internet industry, whether the anti-monopoly law can be effectively implemented in the Internet industry has become the focus of various sectors of the community. Correct anti-monopoly analysis is the premise of effective law enforcement. More fundamentally, the relevant market definition is the key step and logical starting point in antitrust analysis. Most trials must be analyzed and determined in condition of a correct definition of the relevant market, therefore, whether the law enforcement agencies can make reasonable relevant market definition becomes the key to whether they can effectively implement the anti-trust law in the industry.

However, the special economic and technical characteristics of the Internet industry has brought great challenges to the relevant market definition analysis, especially the popular free business model in the Internet industry which based on two-sided market has made the traditional relevant market definition analysis tools which based on one-sided market logic and price theory inappropriate and not applicable. So far, this is still the crux of problem when most countries in the world dealing with relevant cases. The parties involved are not able to put forward convincing economic evidences in asserting their claim. Although many scholars have been aware of the importance of the problem and actively seek to improve the related market definition methods in the Internet industry, the theoretical field has not been able to form an authoritative and operable analysis frameworks and methods yet. If the problem can not be effectively solved, it is likely that the anti-trust law enforcement in the Internet industry is susceptible to higher risks of mistakes. This will not only hinder the healthy development of the dynamic Internet industry, but also bring enormous social costs.

This paper is devoted to solving the problem of empirical analysis of Internet industry related market definition. On the basis of analysis of the two-sided market theory and the traditional relevant market definition methods, and the comprehensive analysis of the economic and technological characteristics of the Internet industry from the perspective of the anti-trust economics, I developed structural econometric model, and specified a Nested Logit model to represent the substitution pattern between focus products of anti-trust cases in Internet industry. After that, I constructed the demand elasticity expressions with the application of optimization conditions and Lerner index. Then I used this model to analyze the case of Qihoo 360 V. Tencent. With the Internet usage data from iResearch, I estimate own elasticity, cross elasticity and diversion rate of instant messaging products and micro-blog products. Using these key parameters, SSNIP and other analysis methods, the relevant market definition of the case was analyzed. I hope that the study provides a reference for the analysis frame-works in the challenge of the Internet industry relevant market definition through the combinational form of theoretical analysis and case analysis. The main re-search work and innovations of this dissertation are summarized as follows:

(1) By reviewing the two-sided market theory and the conventional relative market definition methods, I clarified some important theoretical issues of the two-sided market theory and the relative market definition. In the process of re-viewing the theory of two-sided markets, this paper gave clear and definite concept and characteristics of two-sided market, and came to the conclusion that two-sided market is not the inherent characteristics of any industry. There-fore, when it comes to the problem of relevant market definition, one should define whether the enterprises involved in the case belongs to two-sided market. Through the analysis of the difficulties in defining the relevant market, this study clarified that the key point of relevant market definition referring to two-sided market is to find the effective measure of the multiplier effect between the two-sided platforms. Through reviewing the traditional methods of relevant mar-ket definition system, the dissertation examined the historical evolution, the e-conomic logic of relevant market definition theories, various methods to define relevant market, and their advantages and disadvantages respectively. These conclusions have pointed out the directions for the construction of the following theoretical model and some other related research.

(2) Based on the perspective of anti-trust economics, the economic and technological characteristics of the Internet industry and its impact on market competition and competitive analysis are analyzed. This article summarized the key economic characteristics of the Internet industry, including strong network effects, competitive monopoly market structure, highly dynamic innovation and free business model based on the two-sided market, etc. Network effects and its mechanisms in the Internet industry may lead to some anti-competitive ef-fects, so it should be carefully measured in the antitrust analysis. Competitive

monopoly market structure is a unique characteristic of Internet industry, although it weakened the indicative function of market share to judge the market power, to what extend the potential competitive factors can hamper the market power of the monopoly enterprises still should be carefully weighed in the antitrust analysis. The characteristic of highly dynamic innovation enables Internet enterprises may suddenly gain and lose the dominant position in the market, but this is not enough to show that Internet industry can be exempted from antitrust scrutiny, but only that in antitrust analysis should analysis the relevant time market and pay attention to the long–term performance of the enterprises concerned. The characteristic free business model based on two–sided market makes the relevant market definition analysis referring to Internet companies face the biggest difficulty and challenge. The profitability of the free goods in Internet industry is the theoretical basis of why free goods need to accept antitrust review. Meanwhile, it is also a breakthrough to solve the problems of related market definition analysis generated by free goods.

(3) By converting of the calculation conditions of Lerner index, this paper found the particular parameter which can both bypass the Internet product "zero price" trouble, and can effectively measure the mutual dependence between the two sides of the platform, thus it can provide a breakthrough for relevant market analysis of two–sided market and (or) free goods. Based on the recognize that free goods have implicit price, without imposing additional constraints, this paper transformed the calculation condition of Lerner index, and get that we can use the data of product's profit and income to calculate Lerner index, thus can avoid using the real product price information. While the profit and income indicators of free goods are the embodiment of the effect of the multiplier effect on both sides of the two–sided platform, so the Lerner index obtained by this way can not only bypass the problem of "zero price" of the free goods, but also effectively measure the interdependence between two sides of the platform. Thus it found a breakthrough to solve the long troubled antitrust analysis

problems generated by free goods.

(4) Taking the characteristic of free and two-sided business mode as the starting point, this paper constructed the demand elasticity expressions by using optimization conditions and Lerner index, and one can use it to calculate the demand substitution parameters, such as self-elasticity, cross-elasticity, and diversion ratio, etc. Through grasping the essential characteristics of the Internet industry profit model, this article establish the target profit function model of the enterprise with free goods, and then derived the calculation formulas of the product's demand substitution parameters by using the optimization condition of the target profit function, the Lerner index and Nested Logit model. In this paper, the rigorousness of the ratiocination of theoretical model can guarantee its scientificalness and reasonableness. The reservoirs of Internet industry data (including third party) can ensure the availability data required by the model. And the development of structural econometric technology makes the model has strong operability.

(5) By making a completely relevant market definition analysis of the case of Qihoo 360 v. Tencent, this paper proved that the SSNIP test is universally applicable, and it also provide a reference for the complete analysis of ideas and frameworks for the Internet industry relevant market definition analysis. Using the case of Qihoo 360 v. Tencent as an example, combined with the theoretical model constructed in this paper, and using the Internet usage data of iResearch to make an empirical estimation, we estimate the own elasticity, cross elasticity and diversion rate of the focus products of this case (instant messaging products and micro-blog products). Using these parameters, we can directly use SSNIP test to empirical analyze the relevant market. It proofs that the SSNIP test can apply to any situation, including free and two-sided market circumstances.

The main innovations of this dissertation are as follows:

(1) This book has found a new breakthrough in solving the empirical anal-

ysis of relevant market definition in the new economics. Based on the fundamental understanding of the implicit price feature of free Internet product, the study finds a way to obtain Lerner Index by means of mathematical transformation with the information of profit and income, which is a dependent method to measure the extent of user interdependence in and therefore crackles the "zero prices" problem of internet products and two-sided market.

（2）This book provides an analysis idea and frameworkfor relevant market definitionin the new economics.With the key characteristics of free and two-sided market as the starting point, Iconstruct demand substitution structure model which can estimate the focus products' demand substitution parameters, such as self-elasticity, cross-elasticity and diversion ratio with the relevant optimization conditions, Lerner index and Nested Logit Model.

（3）By making an empirical analysis of relevant market definition with a real anti-trust case, this paper proved that the SSNIP test is widely applicable in different cases. Even ifthe SSNIP can't be applieddirectly, one can adapt the SSNIP test to the specific situation by revising some key parameters to improvethe estimation method. This finding offers inspiration for scholars in relevant market definition research.

Key Words: Anti-trust; Relevant Market Definition; Free Goods; Two-sided Market; SSNIP Analysis

目 录

第一章　绪　论 ……………………………………………………… 1

　第一节　研究背景 ………………………………………………… 1

　第二节　研究目的与意义 ………………………………………… 4

　第三节　研究的创新点 …………………………………………… 5

　第四节　研究技术路线及结构安排 ……………………………… 7

第二章　文献综述 …………………………………………………… 9

　第一节　双边市场的概念辨析及判定依据 ……………………… 9

　　一、双边市场的概念 …………………………………………… 11

　　二、双边市场的特征 …………………………………………… 14

　　三、双边市场的判定标准及方法 ……………………………… 18

　　四、小结 ………………………………………………………… 22

　第二节　传统相关市场界定方法 ………………………………… 23

　　一、基于早期反垄断案件的相关市场界定方法 ……………… 24

　　二、基于假定垄断者测试分析框架的相关市场界定方法 …… 27

　　三、基于套利理论的相关市场界定方法 ……………………… 36

　　四、小结 ………………………………………………………… 41

　第三节　双边市场相关市场界定及其他反垄断分析问题的困境 … 42

　　一、双边市场的反垄断分析 …………………………………… 43

　　二、双边市场领域相关市场界定的困境与方法改进 ………… 47

　　三、小结 ………………………………………………………… 49

第三章　基于反垄断经济学视角的互联网产业技术经济特征
　　　　分析 …………………………………………………… 51

　第一节　基于双边市场的免费商业模式 …………………… 53
　第二节　网络效应 …………………………………………… 58
　第三节　竞争性垄断的市场结构 …………………………… 62
　第四节　动态创新性 ………………………………………… 66
　第五节　本章小结 …………………………………………… 72

第四章　互联网产业的需求替代分析 ………………………… 73

　第一节　相关研究背景 ……………………………………… 75
　第二节　基本模型设定 ……………………………………… 78
　　一、活跃用户数市场份额模型构建 ……………………… 79
　　二、Lerner 指数估计的条件转换 ………………………… 82
　　三、利润目标函数模型构建 ……………………………… 83
　　四、模型的优化条件 ……………………………………… 84
　　五、自弹性、交叉弹性及转移率的计算公式 …………… 85
　第三节　数据说明与实证结果分析 ………………………… 89
　　一、数据来源与基本统计量 ……………………………… 89
　　二、模型设定及模型估计思路 …………………………… 94
　　三、模型估计结果 ………………………………………… 95
　　四、自弹性、交叉弹性与产品转移率 …………………… 97
　第四节　本章小结 …………………………………………… 102

第五章　奇虎 360 诉腾讯案的相关市场界定分析 ………… 105

　第一节　腾讯商业模式分析 ……………………………… 105
　　一、基于免费产品的商业模式 ………………………… 105
　　二、基于双边市场的平台经营模式 …………………… 108
　第二节　相关产品市场界定分析 ………………………… 113

　　　一、产品性能分析 ……………………………………… 114

　　　二、临界损失分析 ……………………………………… 117

　　　三、临界转移率分析 …………………………………… 124

　　第三节　相关地域市场界定分析 …………………………… 128

　　　一、境内与境外即时通信产品的需求替代分析 ………… 129

　　　二、境内与境外即时通信产品的供给替代分析 ………… 132

　　第四节　本章小结 …………………………………………… 136

第六章　完善互联网产业反垄断执法的政策建议 …………… 139

　　第一节　完善相关市场界定的分析框架　提高反垄断执法的
　　　　　　科学性 …………………………………………… 139

　　第二节　完善反垄断抗辩制度　调动抗辩过程的信息发现
　　　　　　机制 ……………………………………………… 142

　　第三节　完善反垄断私人诉讼相关制度　促进反垄断私人诉讼的
　　　　　　发展 ……………………………………………… 145

　　第四节　完善互联网产业发展政策　平衡产业政策与反垄断法的
　　　　　　关系 ……………………………………………… 147

　　第五节　加强反垄断执法的国际合作　促进互联网产业健康
　　　　　　发展 ……………………………………………… 151

第七章　结论与讨论 …………………………………………… 155

　　第一节　主要研究结论 ……………………………………… 157

　　第二节　主要政策建议 ……………………………………… 160

　　第三节　主要创新点 ………………………………………… 162

　　第四节　问题与展望 ………………………………………… 165

参考文献 ………………………………………………………… 167

索　引 …………………………………………………………… 187

后　记 ……………………………………………………………………… 191

专家推荐表 ………………………………………………………………… 193

Contents

1 Introduction ·· 1

   1.1 Research backgrounds ·· 1

   1.2 Research objectives and significances ·························· 4

   1.3 Innovations of the study ··· 5

   1.4 Technical route and structure arrangement ················· 7

2 Reviews ·· 9

   2.1 Concept distinctions and critierions of two-sided market ··· 9

      2.1.1 the Concept of two-sided market ························· 11

      2.1.2 Characteristics of two-sided market ···················· 14

      2.1.3 Jugement critierions and methods of two-sided market ··· 18

      2.1.4 Conclusions ··· 22

   2.2 Traditional relevant market definition methods ················· 23

      2.2.1 Relevant market definition methods based on primitive

         antitrust cases ··· 24

      2.2.2 Relevant market definition methods based on HMT analytical

         framework ··· 27

      2.2.3 Relevant market definition methods based on arbitrage

         theory ··· 36

      2.2.4 Conclusions ··· 41

2.3 Dilemmas of relevant market definition and another anti-trust analysis in two-sided market ·················· 42

    2.3.1 Anti-trust analysis in two-sided market ·············· 43

    2.3.2 Dilemmas and solutions of relevant market definition in two-sided market ·················· 47

    2.3.3 Conclusions ·················· 49

3 Analysis on technical and economic characteristic of Internet industry based on the perspective of anti-trust economy ·············· 51

  3.1 Free business model based on two-sided market ········· 53

  3.2 Network effects ·················· 58

  3.3 Competitive monopoly market structure ·············· 62

  3.4 Dynamic innovation ·················· 66

  3.5 Conclusions ·················· 72

4 Analysis on demand substitution of Internet industry ·············· 73

  4.1 Backgrounds of relevant reseraches ·············· 75

  4.2 Basic model specifications ·················· 78

    4.2.1 Specification of active user maket share model ··········· 79

    4.2.2 Conditional transition of Lerner Index estimation ········· 82

    4.2.3 Specification of profit objective function ··············· 83

    4.2.4 Optimum condition of the models ·············· 84

    4.2.5 Formulas of self-elasticity, cross-elasticity and diversion ratio ·················· 84

  4.3 Data specification and analysis of empirical results ········· 89

    4.3.1 Data sources and basic statistics ·············· 89

    4.3.2 Model specifications and its estimation method ··········· 94

    4.3.3 Model estimation results ·················· 95

    4.3.4 Self-elasticity, cross-elasticity and diversion ratio ········· 97

4.4　Conclusions ·· 102

5　Relevant market definition analysis of the case of Qihoo 360 V. Tencent ·· 105

5.1　Analysis of the business Model of Tencent ················ 105

5.1.1 Business models based on free products ·············· 105

5.1.2　Business models based on two-sided platform ·········· 108

5.2　Relevant product market definition ····················· 113

5.2.1　Product performance analysis ····················· 114

5.2.2　Critical loss analyses ··························· 117

5.2.3　Critical diversion-ratio analyses ···················· 124

5.3　Relevant geographic market definition ·················· 128

5.3.1　Demand substitution analysis of domestic and foreign IM products ····································· 129

5.3.2　Supply substitution analysis of domestic and foreign IM products ····································· 132

5.4　Conclusions ·· 136

6　Suggestions on improving the anti-trust law enforcement in Internet industry ··· 139

6.1　Perfecting the analysis framework of relevant market definition & Improving the scientific nature of the anti-trust law enforce-ment ··· 139

6.2　Perfecting anti-trust defense system & Mobilizing the information discovery mechanism of defense ·············· 142

6.3　Perfecting anti-trust private litigation system & Promoting the development of private litigation ···················· 145

6.4　Improving the development of Internet industry policy & Balancing the relationship between industrial policy and antitrust law ··· 147

6.5 Enhacing inter-national cooperation in anti-trust cooperation &
Balancing the relationship of industrial policy and anti-trust
law ··· 151

7 Conclusions and discussions ································· 155

7.1 Conclusions ··· 157

7.2 Policy recommendations ···························· 160

7.3 Innovations ··· 162

7.4 Limitations and perspectives ······················ 165

References ··· 167

Index ·· 187

Acknowledgements ·· 191

Recommendations ·· 193

第一章 绪 论

第一节 研究背景

自 1995 年商业化发展以来，世界互联网产业在短短二十年左右的时间里取得了长足的进步并涌现了一批在全球范围内均具有较大影响力的优秀互联网企业。近年来，"德国工业 4.0""美国工业互联网"和"中国制造 2025"等国家发展战略的出台则标志着"互联网+制造业"已成为当今世界各国经济的主流选择。这不仅说明互联网产业将进入新的发展阶段，还意味着它在世界经济与社会发展中将扮演更重要的角色。然而，伴随互联网产业一起"成长"的，还有在世界许多国家（地区）中逐渐增多的互联网产业反垄断执法案件。从 1998 年微软公司在美国遭到联邦法院及 19 个州的检察长联合提起的反垄断诉讼，到 2001 年欧盟对微软的反垄断调查，再到近年来世界多个国家和地区对谷歌、eBay、苹果等知名互联网企业进行的反垄断审查，以及中国的人人诉百度案、奇虎 360 诉腾讯案等，这一系列反垄断案件说明互联网产业一直是各国反垄断审查的重点领域，并且种种迹象表明针对该领域的反垄断案件仍将持续增加，互联网产业垄断性的市场结构是其引起反垄断执法机构密切监视的重要原因（Evans，2008a，2012）。

随着互联网产业反垄断案件的频繁出现以及人们对互联网经济理解的加深，越来越多的人开始思考互联网产业应不应该接受反垄断审查以及如何对其实施正确的反垄断分析等问题。针对第一个问题，有一些学者认为互联网产业不需要接受反垄断审查，因为其本身所具有的高度动态的创新性特征能有效地牵制在位垄断企业实施垄断势力，不恰当的干预反而会阻碍该产业的正常发展，并且反垄断执法机构有时并不能有效衡量该产业的效率，进而做出错误的判断并为此付出巨大的执法成本（Lopatka & Page，1999）；也有学者观察到，现实中一些成功的互联网企业为过度的反垄断诉讼所累，过度的反垄断诉讼不仅牵制了这些企业甚至整个产业的正常发展，而且很可能会带来后续一系列灾难性的后果（Evans，2012）。然而，互联网产业的快速变革性并不足以使其豁免于反垄断审查，而只能说明反垄断执法机构应在竭尽全力分析在位垄断厂商是否运用潜在市场势力实施了反竞争的行为并产生了阻碍创新、限制技术进步等损害社会福利的后果的同时，适度衡量其是否具有促进竞争的效应（Rubinfeld，1998）。诚然，互联网经济确实给反垄断法的实施带来了一定的困难，但是这些困难都不是原理性的，因为反垄断法的相关原则足够灵活也足够理性，因此将其适用于互联网经济是合适的；真正的问题在于执行层面，即反垄断执法机构和法院未能掌握足够的技术资源，也未能快速适应并有效处理这类复杂而又变革迅速的商业形式（Posner，2001）。

而就如何对互联网产业反垄断案件实施正确的分析而言，互联网产业独特的技术经济特征给反垄断分析，特别是相关市场界定分析带来了不小的困扰。其中最大的挑战来自其基于双边市场的免费商业模式使传统基于单边市场逻辑和价格理论的反垄断分析方法，特别是 SSNIP 分析方法无法直接适用。这也是到目前为止国内外在处理该领域的反垄断案件时，各方就如何对案件进行实证的相关市场界定分析均选择回避，也未能就此提供关键性经济证据的主要原因（张昕竹和黄坤，2013）。鉴于互联网产业相关市场界定的复杂性，有不少学者提出降低相关市场在反垄断分析中的重要性，并尝试寻求能够直接分析涉案企业市场势力及直接判定涉案行为的竞争效果的方法（Farrell & Shapiro，2010a）。然而，市场势力是一个相对的概念，在不同的相关市场范围内，对同一企业市场势力会有不同的判定；而即便采用新近提出的 UPP 等试图直接测试市场势力的方法，其分析所需的经济数据背后仍然隐藏着相关市场的概念，从而使绕开相关市场界定的探索在理论和实践中均难以为继。美国在新修订的 2010 年版《横向并购指南》中试图淡化相关市场界定在反垄断审查中的重要地位，这一举措不仅在理论界受到诸多学者的质疑，而且在实务界遭到一些地方法院的明确抵制（黄坤和张昕竹，2013）。从这一点也可以看出，尝试淡化相关市场界定分析在反垄断分析中的重要性的努力并不为大众所接受。

因此相关市场界定仍然应该是互联网产业反垄断分析的必要步骤和逻辑起点（蒋岩波，2012）。既如此，随之而来的问题是如何对互联网产业进行恰当的相关市场界定分析？为解决互联网产品"零价格"无法直接实施 SSNIP 分析的困扰，有学者提出可以采用 SSNIQ（小幅、非暂时的质量变化）（Gal & Rubinfeld，2016）和 SSNIC（小幅、非暂时的成本变化）（Newman，2014）等方法界定相关市场，或者先测算免费产品的隐性价格（张昕竹和黄坤，2013），再运用 SSNIP 方法进行分析。但是受质量、成本、隐性价格等因素难以量化或数据难以获取等因素的影响，这些方法并不具有很好的可操作性。为了解决双边市场带来的困扰，Emch 和 Thomson（2006）、Evans 和 Noel（2008）、Filistrucchi（2008）等都尝试重新推导能衡量双边市场两边用户之间乘数效应的 SSNIP 计算公式，但是由于这些公式的计算过程太过复杂，对数据要求也比较高，而且这些方法的假设前提较为严格，致使其适用性大大降低。在探寻新方法的艰难过程中，有学者提出利用利润来源来界定相关市场（蒋岩波，2012），或者采用"双边市场单边化"的简化思路（侯利阳和李剑，2014）。这些方法有其合理的成分，但是未能抓住基于双边市场的免费商业模式的精髓。具体而言，这些方法未能在将免费产品与收费产品进行剥离的同时又合理地考虑两者之间的相互依存关系，从而使这些处理方法难免过于简化、有失偏颇。

综上可见，相关市场界定分析在互联网产业反垄断分析中的重要性以及互联网产业的技术经济特征对相关市场界定带来的挑战已经为各界所重视，但遗憾的是，理论界至今尚未形成公认的、具有权威性和可操作性的互联网产业相关市场界定的分析思路与方法。这种状况若不能解决，不仅会使针对该领域的反垄断执法一直伴随着较高的积极失误风险，更会影响当前最具活力的互联网产业的健康发展。因此加强互联网产业相关市场界定研究、积极探索互联网产业相关市场界定的分析思路与方法，对当前实施互联网强国战略的中国以及世界其他致力于发展互联网产业的国家而言均具有深刻的理论和现实意义。

第二节　研究目的与意义

相关市场界定是反垄断分析的关键步骤和逻辑起点，而互联网产业独特的技术经济特征，特别是其基于双边市场的免费商业模式使传统基于单边市场逻辑和价格理论的反垄断分析方法无法直接适用。尽管各界已经意识到该问题的重要性和紧迫性，但令人遗憾的是，理论界至今尚未形成公认的、具有权威性和可操作性的分析框架。鉴于此，本书尝试通过理论分析与实证分析相结合的方式，对真实的互联网产业反垄断案件进行实证的相关市场界定分析，以期为互联网产业相关市场界定提供一个具有一定合理性和可操作性的分析思路与框架，从而为提高互联网产业反垄断执法的正确率、促进互联网产业的健康发展尽绵薄之力。具体而言，本书拟以互联网产业的免费和双边市场特征为切入点，利用相关优化条件、Lerner 指数的转化条件以及嵌套选择模型（Nested Logit Model）的相关理论，构建既能绕过使用真实的价格信息，又能有效地衡量双边市场两边客户之间相互依存关系的需求替代结构模型，并以奇虎 360 诉腾讯案为例收集相关数据拟合模型，得到涉案产品的关键性需求替代参数，而后利用这些参数并结合 SSNIP 分析等相关执行方法对案件进行完整的相关市场界定分析，从而实现对互联网产业反垄断案件进行实证的相关市场界定分析。

本书的理论意义在于以下方面：①通过对互联网产业相关市场界定问题进行系统研究，为双边市场和免费商业模式的相关市场界定提供一个分析思路与框架；②能丰富现有的双边市场理论和免费商业模式反垄断分析的研究内容和范畴；③拓展了反垄断与管制经济学研究的边界；④为正在进行的大量互联网反垄断审查或诉讼提供理论指导。本书的实践意义在于以下四点：①通过探讨互联网产业相关市场界定实证分析的理论与工具问题，有利于反垄断执法机构及其他有关人士在对具有双边市场和（或）免费商业模式特征的产业进行反垄断分析时，就案件的核心问题提供关键经济证据；②有利于规范反垄断执法机构的执法行为，减少执法失误，提高社会福利；③规范的反垄断理论分析与反垄断执法活动有利于提高企业对自身行为后果的预判，进而有利于规范互联网企业的商业行为，促使它们自觉遵守市场竞争秩序，进而促进互联网产业的健康发展；④有利于有关部门制定更科学的互联网产业反垄断政策。

第三节　研究的创新点

本书可能的创新之处主要体现在以下方面：

（1）通过对双边市场理论和传统相关市场界定方法的系统梳理，重新明晰了一些重要的理论问题。在梳理双边市场理论的过程中，本书在明确双边市场概念、特征的基础上，得出双边市场并非某一产业的固有特征，在进行相关市场界定分析之前，应先界定清楚涉案企业是否属于双边市场，这是决定后续反垄断分析是否需要按照双边市场逻辑进行的关键；通过对传统相关市场界定方法的系统梳理，理清了相关市场界定理论与方法的历史沿革及其背后的经济逻辑；通过深入剖析双边市场相关市场界定遇到的困难，明确了双边市场相关市场界定的关键在于找到能够有效衡量平台两端用户之间乘数效应的指标。这些结论对于后续研究具有较为重要的指导意义。

（2）以基于双边市场的免费商业模式为切入点探索互联网产业相关市场界定的分析方法，从而为具有免费和（或）双边市场特征的企业的相关市场界定分析提供了一个完整的分析思路和分析框架。尽管目前有不少研究针对免费或双边市场特征探讨过互联网产业的相关市场界定问题，但是鲜有研究将两者结合起来考虑。免费商业模式的"盈利性"是反垄断法适用于采用免费商业模式的行（企）业理论前提。尽管免费的表征相似，但是每个企业的盈利模式存在差异。在详细分析涉案企业盈利模式的基础上弄清该企业"免费"背后的经济逻辑，是正确界定相关市场的重要基础。而对于大多数互联网企业而言，它们"免费"背后的主要逻辑在于其双边市场特征，因此抓住这一点是解决互联网产业相关市场界定分析问题的重要前提。

（3）找到了既能绕过产品"零价格"带来的困扰，又能有效衡量双边市场两端用户间相互依存关系的参数，从而为双边市场和免费模式下的相关市场界定问题找到了突破口。基于对互联网产业中的免费产品存在隐性价格这一认识，本书在未施加任何附加约束条件的情况下，通过转化Lerner指数的计算条件，得到可以利用产品的利润和收入信息来计算Lerner指数的结论。这一方面避免了使用真实的产品价格信息，从而绕过了免费问题给反垄断分析造成的困扰；另一方面由于利润和收入信息是平台两端客户乘数效应作用结果的体现，该指标还能有效地衡量平台两端客户之间的依存关系。

（4）本书的相关研究表明，SSNIP分析具有普适性。以往研究通常认为SSNIP分析无法适用于免费和双边市场的情境中，但本书以案例分析的形式证明，只要构建合理的理论模型并结合恰当的计量方法计算出所需的关键参数，SSNIP分析仍然可以适用于免费和双边市场情境。这一点对于今后完善互联网产业相关市场界定研究具有指导性意义，在今后面对其他新的经济形态给传统的反垄断分析工具带来的挑战时，各界努力的方向除了探索新的相关市场界定方法外，更应根据传统分析方法的经济逻辑和思想核心来积极探索计算这些方法所需的关键参数的途径，努力用好传统的分析方法，而不是单纯改变这些分析方法。本书即是通过构建需求替代结构模型计算关键参数实现将SSNIP相关执行方法运用于免费和双边市场情境的一个例证。

第四节　研究技术路线及结构安排

为了实现研究目的，本书余下的章节拟按以下研究路线展开分析（见图 1-1）：

第二章，系统梳理双边市场理论、传统相关市场界定方法，明晰双边市场反垄断分析（特别是相关市场界定分析）的困境与挑战，以及传统相关市场界定方法的经济逻辑、优点和不足，从而为互联网产业相关市场界定方法的改进提供理论基础。

第三章，基于反垄断经济学的视角，从基于双边市场的免费商业模式、网络效应、竞争性垄断的市场结构和动态创新性等方面，详细阐述互联网产业的技术经济特征及其对市场竞争和竞争分析带来的挑战，以期为构建互联网产业需求替代结构模型提供理论基础。

第四章，在前文分析的基础上，抓住互联网产业商业模式的特征及其盈利的实质，寻找既能绕过产品"零价格"困扰，又能有效衡量双边用户之间乘数效应的指标（转换的 Lerner 指数），并以此为基础构建需求替代性结构方程，而后运用奇虎 360 诉腾讯案的数据对模型进行拟合，计算涉案产品的关键性需求替代参数，包括自弹性、交叉弹性和转移率等。

第五章，利用第四章中获得的需求替代参数并结合 SSNIP 的相关执行方法（如临界损失分析、临界转移率分析等）对奇虎 360 诉腾讯案进行实证的相关市场界定分析，以此为互联网产业相关市场界定提供一个分析思路和框架，以及一个完整的案例分析。

第六章，从经济分析、制度建设等方面给出完善互联网产业相关市场界定及反垄断执法的政策建议。

第七章，结论与讨论。

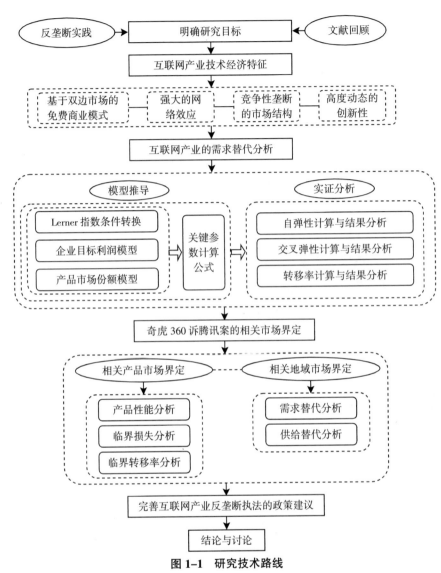

图1-1　研究技术路线

第二章　文献综述

第一节　双边市场的概念辨析及判定依据

21 世纪初，经济学家从一系列涉及银行卡的反垄断案件分析中发现了一种有悖于以往经济理论与逻辑的经济形态，由此开创了一种新的经济理论——双边市场理论。双边市场理论由 Rochet 和 Tirole（2001）最先提出[①]，此后 Rochet 和 Tirole（2003，2006）、Caillaud 和 Jullien（2003）、Evans（2003a，2003b）、Armstrong（2006）等研究为该理论的形成奠定了基础；2004 年在法国图卢兹召开的"双边市场经济学"年会标志着该理论已正式形成。随后，该理论被大量运用于经济学、法学和商业的研究中，并且对反垄断理论与实践产生了深远的影响。

尽管双边市场理论已是当前产业组织研究领域的热点问题同时也是前沿问题，但是从双边市场理论发端至今，鲜有学者致力于研究双边市场的定义（Luchetta，2013），以至于到现在人们对构成双边市场的关键特征及判定依据仍缺乏普遍共识（Roson，2005）。这种状况会引发一系列问题，主要体现在以下四个方面：第一，存在"双边市场泛化"的倾向，由于现

---

① 该文于 2003 年正式发表，详见 Jean-Charles Rochet，Jean Tirole，"Platform Competition in Two-Sided Markets"，*Journal of the European Economic Association*，Vol.1，No.4，2003，pp. 990-1209.

有关于双边市场概念的研究多采用描述性方式进行逻辑推演，颇有"只可意会、不可言传"的味道，容易造成双边市场概念的滥用（Rysman，2009）；第二，存在"双边市场单边化"的倾向，由于现有的研究普遍认为传统反垄断分析理论、方法和逻辑无法直接适用于双边市场，在探寻新方法论的艰难过程中，有不少学者提出"双边市场单边化"的简化思路；第三，对双边市场的判定依据认识不一，不同学者对双边市场的界定存在冲突，特别是关于平台两边用户之间的交叉网络外部性是否需要在两边同时出现、是否需要同时为正等问题一直存在争议；第四，在能否将双边市场看作某类产业（企业）的固有特征这点上存在异议，在双边市场的理论研究中，无论是该领域内开创性的理论研究还是近期的大多数理论文献，均将"双边市场"作为某些特定产业或企业的固有特征，却忽略了企业在现实商业决策上的差异（Hagiu & Wright，2015）。

　　理论界对双边市场内涵与外延认识上的模糊和混乱直接导致实务界在对具有双边市场特征的产业进行反垄断调查与分析的过程中出现一系列问题。各国在处理具体案件时，对于是否将涉案产业认定为双边市场、如何对其进行相关市场界定及后续的市场支配力等分析中处理的标准不太一致。不同国家甚至同一国家在类似案件处理上认定标准的不统一，不仅会导致后续的反垄断分析及最终的判决结果迥异，而且会导致企业无法准确预判自身行为可能会带来的法律后果,从而进一步导致企业在竞争策略选择上的无所适从或者在接受反垄断调查时的投机行为。最典型的例子是2012年巴黎商业法庭在审理谷歌地图案（Google V. Bottin Cartographes）时，并未将其作为双边市场类案件来处理，而是将谷歌公司视作多产品经营的单边市场，而此前无论是涉及谷歌公司还是与其具有相同或相近商业模式的其他互联网平台的反垄断案件，均将其作为双边市场来处理。该案件的审判结果引起理论界的诸多争议，而这些争议的根源在于人们对双边市场概念理解的不一致（Manne & Wright，2011）。

　　双边市场反垄断之所以在理论与实践中出现上述困扰，一个重要的原因是理论界未能清晰地界定何谓双边市场，也未能形成具有权威性和可操作性的双边市场判定标准以及双边市场相关市场界定的分析思路与分析框架。因此，本书拟先梳理双边市场的概念、特征，在此基础上梳理双边市场判定的方法。通过这样的方式进行文献梳理，能更加明晰双边市场与单边市场存在的本质差别，防止人们对双边市场认识上存在的"泛化"与"单边化"倾向，以期为进一步提出双边市场反垄断分析方法特别是双边市场界定方法理清思路。

一、双边市场的概念

"双边市场"（Two-Sided Market）这一概念最早由 Rochet 和 Tirole（2001）提出，而 Evans 等习惯将其称为"双边平台"（Two-Sided Platform），以强调研究主题是商业行为而非通常意义上的"市场"[①]。

Rochet 和 Tirole（2003）在最初提出"双边市场"这一概念时指出，多数具有网络外部性的市场都是双边市场，平台的所有者（发起人）通常需要解决"鸡蛋相生"问题（Chicken and Egg Problem）并极力满足双边用户的需求从而盈利（或至少不亏损）；同时他们还粗略地指出，在双边市场背景下，平台除了为其提供的产品设定（总）价格水平外，还要为其选择（恰当的）价格结构。该文虽未明确界定双边市场，但它指出了与双边市场密切相关的两个问题是"网络外部性"和"鸡蛋相生"策略，并初步指出平台运营必须选择"价格结构"，"价格结构非中性说"的雏形已初步显现。随后，Rochet 和 Tirole（2006）通过借鉴网络外部性理论中的"终端用户间存在非内部化的外部性"这一理念以及多产品定价理论中的"价格结构"概念，将双边市场定义为：平台交易量不仅取决于平台向两端用户收取的价格总水平，还取决于价格结构。换言之，假定平台向相互作用的买方与卖方收取的价格总水平保持不变，若交易量随着平台向两端用户收取的价格结构变化而变化，则为双边市场；反之，则为单边市场。人们习惯将 Rochet 和 Tirole（2006）及其追随者的这种定义方式称为"价

---

① 有时人们也会将其称为多边市场（Multi-Sided Market）或多边平台（Multi-Sided Platform）。一般情况下，"双（多）边市场""双（多）边平台"的含义是统一的，本书中也会交替使用这些概念。

格结构非中立说"。

还有一部分学者从平台两端客户间的交叉网络外部性这一视角对双边市场进行定义，人们习惯称之为"交叉网络外部性说"。Evans（2003a）指出，双（多）边平台能协调具有显著区别同时又以某种方式彼此依赖的几组顾客之间的需求；在制定价格和投资策略时，双（多）边平台必须考虑各组客户需求间的相互作用，并且从理论上来说，平台对某一边用户制定的价格既不遵循成本加成公式（如 Lerner 指数），也不遵循边际成本。该定义明确了平台两端客户需求之间的相互依赖性，并指出了这种依存关系会对平台产生重要的影响，是平台制定价格、投资等重大策略时的重要参考因素。Armstrong（2006）则在 Evans（2003a）的基础上通过进一步明确交叉网络外部性的内涵来界定双边市场，他认为双边市场是指为两组或多组用户提供互动的平台，并且每组用户群体中的成员加入该平台的收益取决于另一组用户群体的规模；此时，交叉网络外部性的大小以及某一组成员从平台获得收益的大小均取决于平台能否有效吸引另一组用户。该定义更多地关注平台两端客户之间的关系，而未考虑这种关联对平台的影响。随后，Armstrong 和 Wright（2007）根据平台两端客户之间以及平台与两端客户之间的关系对上述定义予以补充，他们认为双边市场由两组不同的代理人组成，每组代理人从与另一组代理人的互动中获得收益；在这些市场中，平台通过允许两组代理人影响对方享有网络外部性的方式来处理两者之间的关系。

上述"价格结构非中性说"和"交叉网络外部性说"是目前影响较大的两种定义方式，但它们均只关注了双边市场中的一种核心特征，故都有其可取之处，也都有其局限性（Rysman，2009）。有学者试图结合这两种观点，给出更为综合的定义。Kaiser 和 Wright（2006）认为，双边市场是指拥有两组不同类型用户的平台，每组用户均希望通过该平台产生互动，并且该平台向两边用户收费的价格结构（而不仅是价格总水平）至关重要。黄民礼（2007）则认为，双边市场是指平台企业将具有交叉网络外部性的供求双方凝聚到该平台，且平台向双边收费的价格结构会直接影响平台的总需求量和总交易量；他还进一步指出价格结构必须通过交叉网络外部性来实现对平台需求和交易量的影响。

还有一些学者尝试从其他视角诠释双边市场。Roson（2005）认为，双边市场可以定义为销售特殊服务的市场，它允许两（多）组用户群体在平台上实现互动，并且该平台是由第三方进行管理的。Chakravorti 和 Roson（2006）认为，双边市场是指为两组不同终端用户提供产品和服务的平台，在这一市场中，平台试图通过为各类终端用户设定价格将双边用户拉到平台上来。Filistrucchi 等（2013）从平台价值创造的角度出发，认为双边市场是以某种至少能为其中一组客户产生价值的方式连接两组不同但相互依赖的客户群体的平台，并且若离开该平台，这些客户群体将无法获得这样的价值，或者至少无法获得如此之多的价值。傅联英和骆品亮（2013）也从该角度出发，指出双边市场是凭借促成多归属用户间的互动来创造价值的网络中心型组织。

尽管上述定义的视角略有差异，但是根据以上定义方式，某一平台企业属于双边市场抑或单边市场，是一个非此即彼的问题，姑且将这种定义方式统称为狭义的双边市场。但当前，不少学者倾向于认为，纯粹的单边市场或双边市场在现实生活中均较为少见，多数市场兼有双边市场和单边市场的特性，换言之，双边市场只是一个程度问题，笔者将这种定义方式称为广义的双边市场。Hagiu（2007）观察到，在现实生活中，传统理论认为截然相反的两种经营模式，即经销商模式（单边市场）与双边市场模式之间相互融合的迹象比比皆是，他进而系统分析影响企业商业模式选择的影响因素，最终发现双边市场并非"0-1"的概念，而是一个连续流。Rysman（2009）也提出，平台的双边市场特征更多地取决于平台的决策而非市场的技术特征，因而从这个意义上说，使用"双边策略"比"双边市场"的概念更贴切。笔者认为，这种定义方式深化了，甚至在某种程度上改变了人们对"双边市场"的认识，其重要贡献在于，指出了"双边市场"特征并非平台所固有的特征，而只是平台的一种策略选择，同时它还指出了"双边市场"存在程度问题，许多平台兼具单边市场和双边市场的特质。Evans 和 Schmalensee（2007）也持类似观点。

综上可见，目前学界对双边市场尚无准确定义，狭义双边市场的概念本就边界不清，容易引起人们对双边市场理解的泛化，而广义双边市场概念提出后进一步加剧了这种泛化的倾向。双边市场概念模糊不清的局面将会给反垄断执法工作和企业的商业决策带来很大的困扰，因此需要进一步在总结双边市场特征的基础上明确双边市场的判定标准。

二、双边市场的特征

尽管学界对双边市场的概念界定莫衷一是，但可以达成共识的是，双边市场由三个主体构成——需求相互依赖的两组顾客群体和调节这两组顾客群体间需求关系的中间型平台（企业）。围绕这三个主体之间的关系，人们发现了一些双边市场的核心特征并基本达成共识。

1. 需解决"鸡蛋相生"问题

双边市场的一个重要特征是，无论平台向市场某一边用户的收费情况如何，只要市场另一边用户的需求不存在，该边用户的需求就会消失（Evans，2003a）。Caillaud 和 Jullien（2003）也曾指出，平台为了吸引买者必须拥有大量在平台注册的卖者，但是卖者会在该平台上注册一定是基于他们预期该平台会吸引大量的买者。人们习惯将平台两端客户需求之间的这种相互依存、互为因果的关系问题称为"鸡蛋相生"问题（Chicken and Egg Problem）。平台的所有者或发起人必须着力解决"鸡蛋相生"问题并努力把两端客户都维持在平台上（Rochet & Tirole，2003）。

对于一个新进入的平台，使两边客户数量满足临界数量（Critical Mass）约束是其生存乃至成功运营的关键，影响该临界数量约束的主要因素有平台两端客户间网络效应的性质、两端潜在客户的消费需求分布、脱离均衡动力的性质（the Nature of Out-of-equilibrium Dynamics）等（Evans & Schmalensee，2010）。为此，平台可采用一系列竞争策略来使其用户规模达到临界数量，并阻止竞争对手达到该临界值。产品差异化（包括纵向差异化和横向差异化）是其中的一个重要竞争策略（Evans & Noel，2005）。此外，通过对某一边顾客群体收取零价格甚至负价格等方式进行补贴，或者对某一边顾客群体进行投资以降低其参与平台的成本等策略也是使平台达到临界用户规模的有效途径（Evans，2003b）。有研究认为，虽然在平台发展初期，特别是在用户群体间相互评价有较大差异的情况下，对评价较低的用户群体进行补贴有助于扩大平台规模，却减少了平台利润，因而补贴只能作为平台初创期的过渡策略（王昭慧和忻展红，2010）。但事实上，对于成熟的双边市场而言，平台企业仍然需要通过定价策略、产品策略等一系列竞争策略将平台两边的用户维持在该平台上（Evans，2003a）。

2. 交叉网络外部性

交叉网络外部性是双边市场的确定性特征（Hagiu，2009；Choi，2010）。Caillaud 和 Jullien（2003）也曾指出，双边市场的一个显著特征是具有间接网络外部性[①]，即平台一端用户群体的预期收益会随着另一端用户数量的增加而提高。他们还指出，双边市场的这一特殊性质会引起"鸡蛋相生"问题。交叉网络外部性是影响用户加入平台决策的重要"质量"参数，并且平台两边用户间交叉网络外部性的规模取决于平台向两端用户收取的价格结构，而不仅仅是对某一边用户收取的价格水平（Roson，2005）。反过来，平台上的用户对这种外部性评价的异质性又会影响平台的定价决策以及该类平台的市场结构（Ambrus & Argenziano，2009）。此外，双边平台所具有的这种交叉网络外部性可以使平台将两边用户变成该平台的关键资源，用户增加的过程即为资源积累的过程，这种独特的资源积累过程为大型双边平台维持其资源和竞争优势提供了一种保障机制（Sun & Tse，2009）。Evans 和 Schmalensee（2013）也认为，这种网络外部性能起到类似于需求方规模经济的作用，并且能增加各方代理人从平台获取的价值。

为更好地认识双边市场中的交叉网络外部性及其作用，一些学者对其进行了分类。Rochet 和 Tirole（2006）从平台向两端客户收取成员费和使用费的角度，将两端客户间的外部性分为成员外部性和使用外部性。Roson（2005）认为这种划分方式可能会产生误导，因为实际上它们是同

---

① 尽管严格来说"间接网络外部性"和"交叉网络外部性"这两个概念存在一定的差异，但是在有些文献中并未对两者做严格的区分，Caillaud 和 Jullien（2003）的这篇文章即是如此。

一种而非两种不同的外部性，因此他建议从两端客户间交互作用的方式出发，将外部性划分为单向交互作用的外部性和多向交互作用的外部性，并认为这种划分方式有利于认清外部性的实质。也有学者从交叉网络外部性的作用出发，将其分为正的交叉网络外部性和负的交叉网络外部性（Luchetta，2013；Kaiser & Wright，2006；程贵孙和李银秀，2009；陈富良和黄俊，2015；吴春旭等，2015），网络外部性符号不同，意味着两端客户之间相互作用的方式存在差异，而客户群体间的这种正、负作用的差异会直接影响双边平台的竞争策略。

　　双边市场中交叉网络外部性的存在性得到了一些实证研究的支持。Bonner 和 Calantone（2005）通过考察 B2B 双边平台买卖双方参与行为的相互影响，证明双边用户之间存在正向交叉网络外部性。Gallaugher 和 Wang（2002）的研究证实在软件服务市场中，（平台的）市场份额与价格之间存在正相关关系，即便按公开标准建立的平台也是如此，这为网络外部性假设提供了佐证。Rysman（2007）的研究也证实，银行卡市场两端客户间存在正的反馈环（Feedback Loop）。Tucker 和 Zhang（2010）通过考察交易型双边平台对两端用户基数的不同披露方式对吸引新用户的影响，也证实了平台两端用户之间存在交叉网络外部性。Wilbur（2008）在没有竞争性反应的假设前提下，通过估计电视产业中观众与广告商之间需求的相互影响，发现当一个拥有高评价度的网络平台减少 10% 的广告时间时，观众的收益将增加 25%，由此他认为，在电视产业中广告量与观众需求之间呈负相关。Rysman（2004）的研究证明了在黄页市场中，广告商与消费者之间存在正向的网络外部性，并且广告商与消费者均非常重视对方的存在。Kaiser 和 Wright（2006）在分析德国杂志产业的价格结构时也发现广告商与读者之间存在网络外部性，不过在他的研究中，广告商比读者更重视对方，广告数量会随着读者数量的增加而增加，而广告量的增加会使杂志降低对读者的收费，由此他们判断出读者对广告商有正的网络外部性，而广告商对读者的交叉效应为负。Sokullu（2015）的实证分析结果表明，在美国地方日报业中，市场两端用户间的网络效应既不是线性的也不是单调的。

3. 价格结构非中立性

价格结构的非中立性是双边市场的一个概念性特征（Rochet & Tirole，2002）。这种独特的定价方式是双边市场引起人们极大关注的主要原因之一，在这类市场中，市场两边用户所承受的价格往往偏离其相应的市场成本，而且多数情况下平台运营的大部分甚至全部的市场成本是由市场的某一边用户来承担的（张昕竹，2006）。价格结构是平台竞争的重要策略性工具（Wright，2004），通过采用这种倾斜的定价方式，双边市场不仅可以内部化两边用户间的交叉网络外部性并尽可能地为平台两端吸引（留住）更多的用户（岳中刚，2006），还可以提高该产（行）业的进入门槛并削弱竞争对手（胥莉等，2009）。

从大量观察到的双边市场中可以看到，平台企业似乎都设定向某一边客户严重倾斜的价格结构，而平台从该边获取的利润却远远低于另一边（Evans，2003a）。双边市场价格结构非中立性的特征得到了大量理论研究的证实。纪汉霖（2006b）通过构建模型，对比分析不同市场结构条件下常用的三种定价方式（注册费、交易费、两步制收费）对平台企业的影响，发现对于平台企业而言，制定非中立的价格结构是其普遍和理性的行为。曲创等（2009）的研究也证实制定向交叉网络外部性较大一边客户倾斜的价格符合平台利润最大化的要求。曲振涛等（2010）的研究则证明，非对称的价格结构是平台两边用户间交叉网络外部性动态交互作用的结果。

Rochet 和 Tirole（2003）分析了市场创造型垄断双边平台在向两边用户仅收取交易费的情况下，平台向两端用户收取的交易费与他们的需求弹性成正比。由于其研究用交易费代替平台收费且忽略了交叉网络外部性的作用，得出的结论与经济现实和传统定价理论相左。为弥补上述研究的不足，Armstrong（2006）提出了更贴近现实的模型假设，从而更好地诠释了双边市场价格结构的非中立性。他的研究表明，影响双边市场价格结构的主要因素有交叉网络外部性的强弱、平台的收费方式以及两端用户是单归属（Single-homing）还是多归属（Multi-homing）等。Parker 和 Van Alstyne（2003）的研究表明，平台的最优定价结构是制定倾斜的价格结构，而平台企业定价向哪边用户倾斜则取决于哪边用户能产生更大的间接网络外部性。岳中刚（2006）认为，平台两端相对需求价格弹性的高低、网络外部性的强弱以及产品差异化程度的大小是影响平台定价策略的重要因素，通常平台对某一边用户制定的价格的高低与上述因素成反比；此外，平台两端用户（交易）数量的多寡也会影响平台的价格结构。王宏涛和陆伟刚（2012）通过对中国电信定价模式进行的分析也得到类似结论。Evans（2003b）则认为，"大宗买者"和忠实顾客的存在是影响平台企业制定价格结构的重要因素。

三、双边市场的判定标准及方法

解决"鸡蛋相生"问题以使市场两边的客户维持在平台上是构成双边市场的一个非常有用的特征，Galeotti 和 Moraga-González（2009）就曾以双边代理人通过平台实现互动并获益作为双边市场的判定依据。但若仅以此作为双边市场的判定标准则不甚严格，因为任何市场交易行为都需要有买者和卖者以完成交易并使双方从交易中获益，如此一来几乎所有的市场都可认定为双边市场（Rochet & Tirole，2006）。例如，在传统的经销商模式中，供货商向经销商提供商品（服务），再由经销商转卖给终端用户。从形式上来说，经销商连接着买方和卖方这两组不同的客户群体，并且由其连接的客户能从双方交易中获益，但这一市场中介却不能被认定为双边市场，而是纯粹的传统单边市场。

交叉网络外部性既是双边市场形成的重要前提条件，也是判定某一平台是否属于双边市场的重要指标。Rochet 和 Tirole（2003）、Evans（2003b）都曾指出，若非所有，至少大部分具有网络外部性的产业是双边市场。Evans（2003a）总结了双边平台形成的三个必要条件：①存在几组具有显著区别的顾客；②一组群体中的成员能从与另一组群体成员间的互动中受益，即两组成员间存在交叉网络外部性；③平台能比群组间的双边交易（Bilateral Transactions）更有效地内部化这一交叉网络外部性。这三个条件环环相扣、逐步递进。综合而言，可以表述为双边市场的形成条件是它能够比群组间的双边关系更有效地内部化由这些群组间的客户互动而产生的交叉网络外部性。Rochet 和 Tirole（2006）也表达了类似的观点，他们认为科斯定理失效是双边市场形成的必要条件，即双边用户不能通过协商（Bargain）实现双方剩余总和最大化；该条件的实质同样是存在双边用户无法内部化的网络外部性。因此，尽管 Evans（2003a）意在给出构成双边市场的充分条件，但这三个条件与 Rochet 和 Tirole（2006）提出的必要条件（科斯定理失效）并无本质区别，因此只能视其为双边市场存在的必要而非充分条件（郁义鸿和管锡展，2006）。

Rochet 和 Tirole（2006）提出判定双边市场的另一个重要条件是价格结构的非中立性，即在价格总水平既定的情况下，价格结构会影响平台总的经济产出（包括总交易量、总剩余以及利润等）。Evans（2003b）也曾指出，需要同时考虑价格结构和价格水平是区别双边市场与传统（单边）市场的关键，并且在双边市场中，若平台未制定恰当的价格结构，平台企业将不复存在。国内有不少学者将价格结构非中性条件解读为判定双边市场的充分条件，但实际上当平台企业的成本能够（在两端用户间）暗中转移（Pass Through）时，Rochet 和 Tirole（2006）提出的"价格结构非中性"的判定依据将不成立（Roson，2005）。Rochet 和 Tirole（2003）也曾详细阐述当双边用户可以协调购买、需求存在转移（Pass Through）等情况时会导致（价格结构）中立。诚如 Rochet 和 Tirole（2006）所述，社会各界（包括经济学家、私营业主和执法机构等）对价格结构之于利润和经济产出的影响深信不疑，但是如果在价格结构无法影响（平台的）经济产出时，价格结构仍然是中性的，所判定的双边市场就仍要退回到传统的单边市场。

即便按照上述条件对双边市场予以界定，仍然有可能存在过度包容（Over-Inclusiveness）的问题。Rochet 和 Tirole（2006）已经意识到这一点，并进一步提出至少竞争性企业属于单边市场，因为处在竞争性环境下的企业布局价格结构的回旋余地较小。但 Luchetta（2013）仍然觉得上述条件有过度包容之嫌，并提出了更为严格的判定条件：①由平台连接的两组顾客群体之间只存在一种交易；②双边用户群体之间必须产生互惠的、正向的交叉网络外部性；③无论是从逻辑上还是结构上来说，双边用户群体对维持平台运营而言都是必不可少的。他同时还指出，根据该判定标准，广告支持型媒体平台不能算是典型的双边市场，充其量只能算作一类特殊的双边市场，其原因在于：首先，在这类市场中，两边客户与平台之间是两种不同的交易，平台向一边用户提供内容（或其他服务）换取其关注力，而后将打包好的关注力出售给另一边用户（广告商）获取报酬；其次，两边客户间不存在互惠的正向交叉网络外部性，至少广告商对另一边客户的外部性为负或存在疑问。对广告支持型媒体平台的双边市场特性存在异议的学者还有 Wotton（2007）、蒋岩波（2012）、王小芳和纪汉霖（2013）等。

Luchetta（2013）对广告支持型媒体平台交易类型或性质的解读对于人们深入理解平台面临的竞争约束有一定的积极意义，但仍存在一些问题。首先，即便沿用其思路，我们也可以将两组客户群体间的交易解读为单一交易，因为两边交易始终围绕一个核心要素——关注力，广告提供商通过支付货币等有形资产从平台获得媒体受众的关注力，而媒体受众通过支付关注力等无形资产从平台获取内容或其他服务。其次，媒体受众之所以能以低于成本的价格、零价格甚至负价格享受到平台服务得益于广告商带来的交叉补贴，从这个意义上来说，媒体受众也能从双边互动中受益。最后，单纯就广告对受众的影响来说，也未必一定会带来负的交叉效应。Kaiser 和 Song（2009）的实证研究表明，没有证据显示消费者不喜欢广告，相反，其研究证实多种杂志的消费者喜欢广告。同样，Rysman（2004）的研究也说明，在黄页市场中，消费者与广告商之间存在互惠的正向网络外部性。还有几项研究表明，广告对读者的外部性几乎为零（Argentesi & Filistrucchi，2007；Fan，2009；Filistrucchi et al.，2012）。可见，广告对媒体受众的网络外部性可能为正、为零或为负。退一步说，即便广告商对消费者产生负的外部性，只要双边的净外部性为正，平台及双方代理人就能从平台的协调行为中获益（Evans & Schmalensee，2013）。因此如果要求两边用户之间一定要存在互惠的正向网络外部性，可能会出现包容不足（Under-Inclusiveness）。

如何调和双边市场识别条件中的这些争议？从前文对双边市场概念的梳理可以看出，越来越多的学者认为双边市场只是一个程度问题，或者说只是平台的一种竞争策略，而且有些平台从理论上来看可以认定为双边市场，但其双边特性在实践中却无关紧要（Rochet & Tirole，2006）。诚如Rysman（2009）所言，由于从某种程度上来说任何市场都可能是双边市场，有意义的问题不在于某一市场能否被认定为双边市场，而在于双边策略在决定（平台的）利润产出方面有多重要。因此笔者认为，双边市场的判定条件应从其存在的机理中去寻找答案。纪汉霖（2006a）通过将平台分为非瓶颈性平台和瓶颈性平台两种类型，详细阐述了平台存在的意义除了能够内部化两端用户间的外部性以外，对于非瓶颈性平台，双边市场存在的机理在于能通过扩大两边用户交易对象的范围来降低双方的交易成本，并为双方交易提供质量监控和保证；而对于瓶颈性平台而言，平台能为两边用户提供互动的枢纽和路径。换言之，双边平台应能比群组间的双边关系更有效地便利这两组顾客群体之间的互动交流（Rochet & Tirole，2003；Armstrong，2006；Evans & Schmalensee，2013）。综合而言，笔者认为，不必拘泥于平台两边客户之间互动的具体内容和形式，只要能满足以下条件即可将平台（企业）判定为双边市场：①平台两边连接着两（多）组需求相互依赖的顾客群体；②相比两边客户群体间的双边交易（Bilateral Transactions）而言，平台能更好地内部化双边用户间的交叉网络外部性，即科斯定理失效；③价格结构的非中立性。在该判定框架内，双边用户之间的交叉网络外部性的存在性以及是否存在转移（Pass Through）对于识别双边市场至关重要。

随之而来的问题是，在实践中应如何具体执行上述识别标准。Filistrucchi等（2013）的研究为双边市场识别的具体实施提供了一个完整的分析框架。他们提出，在判定某一平台是否属于双边市场时，至关重要的是要分析判定两端客户群体间的交叉网络外部性，即是否存在交叉网络外部性、单向还是双向、双向为正还是一正一负，以及该交叉网络外部性（对平台运营而言）有多重要。他们还指出，对于非交易型平台，判断其交叉网络外部性已足够，而对于交易型平台则还需检验双边用户的交易成本或者平台对双边价格的限制等，其实质是检验是否存在转移，即科斯定理是否失效。随后，他们还给出了一些定性与定量的识别方法。傅联英和骆品亮（2013）也认为双边市场的判定应该将定性分析和定量分析相结合，并建议使用归属曲线模型法予以定量识别。此前，有不少学者采用GMM 法（Rysman，2004）、似然有界估计法（Tucker，2005）、Logit 模型（Rysman，2007）等方法实证检验平台网络外部性的存在性及其符号和大小，尽管这些文献已经先验地认为该平台是双边市场，只是采用这些方法来检验平台两端用户之间交叉网络外部性的存在性及其符号等，但是在判定某一平台是否属于双边市场时仍然可以借鉴这些方法来检验平台两边客户群体间交叉网络外部性的存在性及其规模。还有一些研究着力于通过检验在具有非中立价格结构的平台两端用户群体之间的成本是否存在转移来验证该平台是否属于双边市场。Chakravorti 和 Roson（2006）的研究发现尽管各种支付卡的运行成本是不同的，但是商户对其收费都是一样的，说明存在支付卡成本的不完全通道，而且消费者与商户之间很少就不同成本的支付卡收费问题进行协商，从而做出科斯定理在银行卡市场中是失效的判断，进而得出银行卡市场为双边市场的结论。

四、小结

双边市场理论对包括反垄断经济在内的许多领域产生了重要影响，但是与该理论蓬勃发展不甚匹配的是对"双边市场"概念的研究十分匮乏，从而导致"双边市场"存在误用和滥用的倾向，并引发反垄断实务界在调查与分析的过程中出现一系列问题。因此，本书在梳理狭义和广义的双边市场概念的基础上总结了双边市场的核心特征，并进一步梳理、总结双边市场的判定标准与方法。

尽管学界对双边市场的概念莫衷一是，但可以总结出双边市场并非平台企业所固有的特征，而是平台的一种策略选择。因此，不能笼统地将某一类产业（企业）先验地划分为双边市场或单边市场，而应具体问题具体分析，这也更说明识别双边市场的标准与方法的重要性。由于双边市场的本质特征是需要解决"鸡蛋相生"问题、交叉网络外部性和价格结构非中立性，综合相关研究，本书总结出双边市场的判定标准为：①平台两边连接着两（多）组需求相互依赖的顾客群体；②相比两边客户群体间的双边交易（Bilateral Transactions）而言，平台能更好地内部化双边用户间的交叉网络外部性，即科斯定理失效；③价格结构的非中立性。在该判定框架内，双边用户间的交叉网络外部性的存在性以及是否存在转移对于识别双边市场至关重要。在具体判定过程中，应采用定性与定量相结合的方法，重点考察平台两边用户间交叉网络外部性的存在性及其重要性，以及是否存在转移。

第二节　传统相关市场界定方法

"相关市场"（Relevant Market）一词最早出现在 1948 年美国高等法院对哥伦比亚钢铁公司案（United States v. Columbia Steel Co.）的判决中，此后该词被广泛运用于各类反垄断案件的分析中，其内涵也随着反垄断理论与实践的发展而逐渐丰富。简言之，相关市场是指能够彼此施加一定竞争约束的产品（地域）集合（Motta，2004）。一般而言，衡量相关市场需要考虑产品、空间、时间三个维度，因此可以将相关市场细分为相关产品市场（Relevant Product Market）、相关地域市场（Relevant Geographic Market）和相关时间市场（Relevant Time Market）等①。

相关市场界定是评估市场势力的首要步骤（Motta，2004），因此在绝大多数的反垄断案件分析中，界定相关市场均具有举足轻重的作用（Blair & Kaserman，2009）。鉴于此，人们一直在努力探索界定相关市场的方法。由于相关市场界定理论的发展滞后于其司法实践，在早期缺乏明确理论指导的情况下，美国高等法院提出了一系列相关市场界定方法，这些方法赋

---

① 通常，在对案件进行相关市场界定分析时，均需界定相关产品市场和相关地域市场。但是当时间性因素已经构成产品的重要特征时，还应考虑时间因素。详见《国务院反垄断委员会关于相关市场界定的指南》（2009）。

予了反垄断审理机构较大的自由裁量权以确保其在反垄断诉讼中取得优势（黄坤等，2013）。随着哈佛学派的兴起，其结构主义思想逐渐融入反垄断司法实践。该学派的代表人物之一、时任美国反垄断局首席经济学家Turner 教授指导制定了美国首部《兼并指南》（1968）。该指南尝试统一相关市场的含义及界定标准并试图改变相关市场界定在司法实践中的混乱局面，但由于存在判定标准间自相矛盾且未明晰各标准的适用范围等缺陷（王为农，2001），该指南未能得到业界的普遍认同，相关市场界定的方法也未能系统化。而后，随着芝加哥学派的兴起，时任美国反垄断局局长Batter 教授将该学派的效率主义思想融入了美国《兼并指南》（1982）。该指南对 1968 年版指南做了根本性的修改，并提出了具有里程碑意义的相关市场界定分析范式——假定垄断者测试（Hypothetical Monopolist Test，HMT），该分析范式在后来的美国《兼并指南》（1984，1992，1997）中得以修订并逐步完善（李虹和张昕竹，2009）。假定垄断者测试（HMT）一经提出便引起学者激烈的讨论，以 Werden 为首的支持方基于该分析范式提出一系列具体的实施方法并形成了一套较为完善的方法体系；而以 Stigler为首的质疑方则基于套利理论提出了具有更好经济学基础的另一套方法体系（黄坤等，2013）。

本书拟根据上述相关市场界定方法发展的历史沿革，将其分成基于早期反垄断案件的相关市场界定方法、基于假定垄断者测试（HMT）分析框架的相关市场界定方法和基于套利理论的相关市场界定方法三类，系统梳理相关市场界定的方法体系。其中，假定垄断者测试分析框架下的界定方法是当前世界各国普遍采纳的方法，因此在分析过程中将有所侧重。

一、基于早期反垄断案件的相关市场界定方法

1. 需求交叉弹性分析法

Bain（1952）首次明确提出可根据需求交叉弹性的大小来判断产品间替代程度的强弱，并认为产业应是一组具有密切替代性的产品集合。Machlup（1952）也持类似的观点，他认为具有显著的需求交叉弹性或供

给交叉弹性的企业应属于同一个产业。尽管他们的初衷是用交叉弹性来界定产业，但是该思想一经提出便引起了反垄断执法部门的重视，并将其运用到相关市场界定中。1953 年，美国高等法院在审理 Times-Picayune Publishing Co. v. United States 案中，使用了需求交叉弹性法。在该案中，法院明确提出，在界定相关市场时应剔除需求交叉弹性较小的产品，但遗憾的是，法院并未给出判定需求交叉弹性大小的具体标准。在此后的反垄断案件分析中，该方法一直发挥着重要作用。

需求交叉弹性分析法的核心思想是利用经济学中的需求交叉弹性这一概念来判定产品之间的需求替代关系，其值越大，说明两组（种）产品间的替代性越强，从而可以初步断定这两组（种）产品很可能处于同一相关市场。该方法作为一种简单的定量方法，改变了以往仅靠定性分析界定相关市场的局面，使分析结果更客观也更易被接受（李虹，2011）。但是，该方法也存在不少问题。首先，该方法源自古典经济学中的局部均衡理论，其适用前提是须保证"其他条件不变"，而这个条件与现实不符，也很难获取到满足该条件的相关经济数据；其次，该方法并未明确给出据以界定相关市场的交叉弹性阈值，从而使据此判定的结果具有一定的主观性；最后，有时需求交叉弹性大并不必然意味着两种产品之间能构成有效的竞争约束，消费者偏好、消费习惯等因素会影响真实的约束水平，而寻求具有较强竞争约束的产品集合才是相关市场界定的目的所在。

2. 合理可替代性分析法

1956 年，美国高等法院在审理杜邦玻璃纸案（Du Pont Cellophane Case）时提出了合理可替代性分析法（Reasonable Interchangeable Analysis），即将功能上具有可替代性的产品划入同一相关市场。在随后几起案件的审理中，法院基本沿用了该方法，但是每起案件的具体评判指标不尽相同。《兼并指南》（1968）从商业习惯和消费者需求两个角度确立了合理可替代性分析的基本准则。在《兼并指南》（1982）颁布以前，美国各级法院基本将合理可替代性原则作为界定相关市场的主要依据（张志奇，2009）。

合理可替代性分析法具有简单、易操作等特点。但是，该方法由于缺乏定量分析的依据，很难识别相关市场的边界。其原因在于：一方面，任一品种内的产品之间，甚至不同品种的产品之间在功能上均具有一定的替代关系；另一方面，即便是具有密切替代关系的两种产品，在功能上也会存在一定的差异。可见，合理可替代性分析法赋予执法机关极大的自由裁量权，他们几乎可以运用该方法界定出任意的相关市场（Reycraft，1960）。

3. 次级市场分析法

反垄断意义上的"次级市场"（Submarket）的概念源自美国《克莱顿法》（*Clayton Act*）第七章。该法条明确提出，除了从整体上判断合并是否会大幅降低市场的竞争程度以外，还要特别留心是否会大幅降低次级市场的竞争程度。1962 年，美国高等法院首次运用"次级市场"的概念界定布朗鞋业案（Brown Shoe Co. v. United States）的相关市场，并最终形成次级市场分析法。

在布朗鞋业案中，美国高等法院提出运用次级市场分析法界定相关市场时，应从产品功能与特性、消费者特征与偏好、产品生产与销售的特性以及行业或公众的认可程度等角度予以综合评判。次级市场分析法有助于反垄断执法机构灵活地处理特定行业或区域的竞争问题，这种分类考察的思想为相关市场界定提供了一种新的思维模式（李虹，2011）。但是该方法也遭到很多质疑，有学者认为次级市场几乎没有任何经济含义（Hall & Pillips，1964），而且由于该方法还存在双重标准等问题，使分析人士可以根据自身立场选择市场（G. E. Hale & R. D. Hale，1966）。

4. 聚类市场分析法

聚类市场（Cluster Market）是指一揽子具有非替代性和非捆绑性的产品集合，即存在交易互补性的产品集合（Ayres，1985）。由于存在规模效应和交易补偿效应，消费者从同一家厂商购买一揽子具有非替代性和非捆绑性的产品组合所获得的效用高于从多家厂商分别购买这些产品的效用，即消费者的联合购买决策要优于分散购买决策，同时厂商也能从这种联合销售中获取一定的竞争优势，因此聚类市场能构成反垄断意义上的相关市场（Ayres，1985；Brunt，1990）。首次使用聚类市场法界定相关市场的案件是 1963 年美国高等法院审理的费城国家银行案（United States v.

Philadelphia National Bank）。此后，在一系列涉及多产品经营的反垄断案件，特别是银行、医院和百货公司的并购案中，执法机构沿用了这一分析方法。

与其他相关市场界定方法着力分析产品（地域）间的较强替代性产生的竞争约束不同，聚类市场分析法（Cluster Market Analysis）着重考察由产品间的互补性产生的竞争约束。从这个意义上说，聚类市场法拓展了相关市场界定的边界。但是该方法在早期的使用中以尚未界定清楚的商业（经济）现实、交易习惯等作为判定依据，未能解释清楚采用这些标准的依据。Ayres（1985）提出聚类市场中只能包含具有交易互补性的产品，即以从一个厂商处购买聚类商品能显著降低消费者的交易成本为原则。但是，该方法在确定合理的市场规模方面仍具有较大的主观性（黄坤等，2013），而且按照该方法界定的相关市场并未包含与涉案产品具有替代关系的产品（Baker，1988），却包含了不具有替代性的产品，这与相关市场界定的核心要义相背离，因此该方法并不是界定市场的有效方法（Baker，2007a）。

二、基于假定垄断者测试分析框架的相关市场界定方法

1. 假定垄断者测试（HMT）与 SSNIP 分析

如前所述，芝加哥学派对哈佛学派的结构主义思想提出了挑战，他们认为市场份额与市场势力之间并不必然一致，如果某一垄断者无法制定高于竞争性水平的价格并且有利可图，则该垄断者并不具有市场势力，此时该企业的市场份额并不能为其市场势力提供任何有价值的佐证（Bishop，1997）。基于这一原理，芝加哥学派提出了假定垄断者测试（Hypothetical Monopolist Test，HMT）的思想。该思想首次出现在美国《兼并指南》（1982）中，并已成为当前世界各国和地区普遍采用的一种界定相关市场的分析思路。

假定垄断者测试（HMT）中蕴含的思想是，相关市场应该是一批"值

得垄断的"最小的产品集合，该集合内的产品之间能够构成有效的竞争约束，并且该集合之外的产品对集合内产品的竞争约束较弱，因此假定垄断者在该集合内可以不受约束地实施反竞争行为[①]（包括价格行为和非价格行为）并仍能盈利（Davis & Garcés，2009）。当运用价格指标来具体实施假定垄断者测试（HMT）时，假定垄断者测试（HMT）可以描述为检验假定垄断者在备选市场中实施小而显著的非暂时性的涨价（Small but Significant and Non-transitory Increase in Prices，SSNIP）是否仍能有利可图[②] 的最小产品（地域）范围。在实践中，通常将"小而显著"的价格上涨幅度指定为 5%~10%，"非暂时性"则一般要求检测的时间跨度在一年左右。需要指出的是，SSNIP 分析是假定垄断者测试（HMT）基于价格维度的一种执行情况，其他非价格维度的竞争因素（如产品或服务的质量、声誉等）也能适用该原则。但是，由于价格是竞争的常用手段，相对而言也最易度量，SSNIP 分析成为假定垄断者测试（HMT）最常见的一种运用，致使很多学者错误地将 SSNIP 分析等同于假定垄断者测试（HMT）。

根据美国《兼并指南》（1982），运用假定垄断者测试（HMT）进行相关市场界定分析时，须满足以下假设前提：①在备选市场中，假定垄断者是备选产品当前和今后一段时期内的唯一提供者；②假定垄断者是以利润最大化为目标的理性人；③须保持备选产品外的其他产品的销售条件不变；④当地政府未在备选市场上实施价格规制。鉴于 SSNIP 分析是假定垄断者测试（HMT）最常用的执行方法，本书以 SSNIP 分析为例介绍假定垄

[①] 这些反竞争行为包括价格行为（如提高产品价格等），也包括非价格行为（包括降低产品质量、限制产品数量等）。此处之所以强调是反竞争行为而非像大多数学者所述"提高产品价格"，意在指出假定垄断者测试（HMT）与下文将要提到的 SSNIP 分析的区别。许多学者错误地将假定垄断者测试（HMT）等同于 SSNIP 检验，事实上，SSNIP 检验只是假定垄断者测试（HMT）在价格方面的一个运用，其他非价格竞争因素同样适用于假定垄断者测试（HMT）的原则。详见 Peter Davis，Eliana Garcés，*Quantitative Techniques for Competition and Antitrust Analysis*，Princeton：Princeton University Press，2009.

[②] 实际上"有利可图"可以有两种理解，一种是"增加利润"，另一种是"实现利润最大化"。因为依据美国《兼并指南》（1982），HMT 考察的是假定垄断者在实施 SSNIP 后能否增加利润，而《兼并指南》（1984）中则提出运用 HMT 考察假定垄断者实施 SSNIP 后能否实现利润最大化。在下文分析 HMT 的具体执行方法（如临界损失分析等）时，会做具体区分，因此在本小节中为了表述方便，统一称为"有利可图"。

断者测试（HMT）的分析思路（见图 2-1）。在进行假定垄断者测试分析时，首先应根据案件具体情况选定初始的产品（地域）市场，初始产品（地域）市场应是案件的焦点产品（区域）或包括与焦点产品具有明显紧密替代关系的产品（区域）集合。其次，对初始产品（地域）市场内的产品实施一个小而显著的非暂时的价格上涨（SSNIP），考察假定垄断者是否有利可图，如果答案是肯定的，则表明初始市场内的产品能够构成有效的竞争，所选初始市场即为该案的相关市场，分析即可终止；倘若答案是否定的，则须在上一次分析的备选市场中渐次加入次优替代产品（区域），直到假定垄断者在调整后的备选市场中能够有利可图地实施一个 SSNIP 为止，该调整后的备选市场即为案件的相关市场。可见，假定垄断者测试实际上是一个不断寻找假定垄断者在备选市场上实施一个 SSNIP 后仍然能够盈利的最小产品（地域）市场的过程。

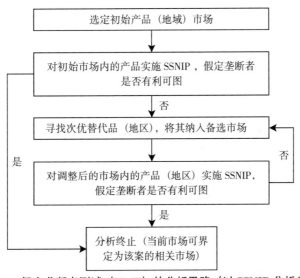

图 2-1　假定垄断者测试（HMT）的分析思路（以 SSNIP 分析为例）

假定垄断者测试（HMT）作为界定相关市场的抽象分析范式，其思想近乎完美，但是在实际操作中仍存在诸多问题（黄坤等，2013）。其中诟病较多的是"玻璃纸谬误"（Cellophane Fallacy）问题，即实施假定垄断者测试时通常将当前价格作为基准价格进行 SSNIP 分析，倘若当前价格水平已经接近或达到垄断价格水平，将会使界定的相关市场过宽从而低估涉案企业的市场势力（Turner，1982；Ordover & Willig，1983；Pitofsky，1990）。Schmalensee（1987）则指出，在实施 SSNIP 分析的具体操作标准中，对价格上涨幅度（5%~10%）与时间跨度要求（一年）这两个基准的确定具有较大的随意性，且调整这两个基准很可能会使所界定的相关市场发生变化。Stigler 和 Sherwin（1985）甚至认为假定垄断者测试（HMT）完全不具有可操作性，因为反垄断分析人士无法获得假定垄断者测试（HMT）所需的分析数据；Harris 和 Jorde（1983）也持类似的观点。尽管假定垄断者测试（HMT）存在上述瑕疵，但是瑕不掩瑜，总体而言它仍是当前最好的相关市场界定分析范式（Scheffman et al.，2003）。经过数十年的努力，学者们不断将新的理论方法融入 SSNIP 分析框架并不断完善其具体执行方法，从而形成了一套较为成熟的 SSNIP 执行方法体系。下文将做简要介绍。

2. 临界损失分析法

Harris 和 Simons（1989）首次提出了临界损失分析[①]（Critical Loss Analysis，CLA），该方法是 SSNIP 分析方法的一个应用，旨在回答在给定价格增长幅度下，假定垄断者为保持利润不变所能承受的最大销量损失率，即临界损失（Critical Loss，CL）是多少。该方法将 SSNIP 分析中的"有利可图"标准落地并予以量化分析。其分析思路的核心是考察备选市场上的备选产品价格施加一个小而显著的非暂时性价格上涨后，假定垄断者的临界损失（CL）是否大于预期的实际损失（Actual Loss，AL）。如果临界损失大于实际损失，即 CL>AL，则备选市场为相关市场；若临界损失小于实际损失，即 CL<AL，则应将次优替代品纳入备选市场重复上述步骤，直到临界损失大于实际损失（CL>AL）为止。可见，临界损失分析的分析思路与假定垄断者测试（HMT）一脉相承。

对假定垄断者实施提价会引起两个相反方向的效应，即由于价格上涨带来的利润增加，以及由提价导致销量减少进而引起的利润损失（见图

---

① 国内也有不少学者习惯将 Critical Loss Analysis 称为"关键损失分析"。

2-2)。因此要判断企业提价后是否有利可图，只需比较图 2-2 中阴影部分 A、B 的面积之差。而由于《兼并指南》（1982，1984）中对"有利可图"的解释不同，在具体执行假定垄断者测试（HMT）时，有"利润不变"和"利润最大化"这两种版本的分析思路。相应地，按这两种分析思路临界损失分析也有两种不同版本的执行方法。

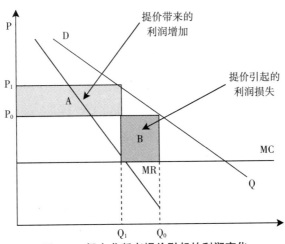

图 2-2　假定垄断者提价引起的利润变化

人们将 Harris 和 Simons（1989）的分析思路称为"利润不变"版本的临界损失分析。在该分析思路下，满足假定垄断者测试（HMT）提出的保证利润不变（使 A＝B，见图 2-2）的最大销量损失是使提价带来的利润增加与利润损失相等时的销售量损失率；若销售量下降引起的损失总额超过该临界损失，则说明假定垄断者的提价行为无利可图。Werden（1998）则根据"利润最大化"版本的分析思路，提出使假定垄断者的涨价有利可图的临界损失须满足提价带来的利润增加额大于提价带来的利润损失额，并且要使利润净增加值最大化；即按照"利润最大化"版本分析思路要求，需要满足 A＞B 且 Max（A－B）（见图 2-2）。在一系列假设下，Harris 和 Simons（1989）、Werden（1998）均推导出了临界损失的计算公式（见表 2-1）。

表 2-1 "利润不变"与"利润最大化"分析思路下的临界损失分析（CLA）计算公式

需求函数形式	利润不变版本	利润最大化版本
线性需求函数	$\dfrac{t}{t+m}$	$\dfrac{t}{2t+m}$
不变弹性需求函数	$\dfrac{t}{t+m}$	$1-(1+t)^{-\left(\frac{1+t}{1+m}\right)}$

注：①t 为价格上涨幅度且 $t=(P_1-P_0)/P_0$；②m 为毛利率且 $m=(P_0-MC)/P_0$（MC 为边际成本）。

相比较而言，"利润最大化"版本的临界损失分析更契合经济学中厂商利润最大化的目标原则，因而具有更好的经济学基础。但是，"利润不变"版本的临界损失分析更符合假定垄断者测试思路中的"最小市场"原则[①]（余东华和马路萌，2013）；此外，由于利润不变版本的临界损失分析独立于需求函数的形式，而利润最大化版本的临界损失分析结果取决于需求函数形式的设定，因而在实践中利润不变版本的临界损失分析更受欢迎（Werden，1998；Hüschelrath，2009）。上述标准临界损失分析计算公式只适用于备选市场上的产品是同质的情形，但是当备选市场上存在差异化产品时，情况将变得非常复杂。鉴于此，许多学者基于不同的假设前提，并沿用 Harris 和 Simons（1989）的思路，将标准临界损失分析计算公式予以拓展并得到了相同或相异的结论（黄坤和张昕竹，2013）。黄坤和张昕竹（2013）系统比较分析了各种情境下[②]的临界损失分析计算结果的差异，并提醒有关各方警惕反垄断案件的当事人利用这种差异，通过挑选临界损失分析的情境来获得对自身有利的相关市场。

3. 临界弹性分析法

最先提出临界弹性分析法[③]（Critical Demand Elasticity Analysis，CEA）

---

① 在线性需求函数形式下，较之利润最大化版本，利润不变情境下界定的相关市场要更小；在不变弹性需求函数形式下，这一结论虽并不总是成立，但考虑到现实中线性需求函数更为常见，因此作者做出此判定。详见余东华、马路萌：《反垄断法执行中相关市场界定的临界损失分析——以雀巢—辉瑞案为例》，《中国工业经济》2013 年第 7 期。

② 具体包括不同分析思路（"利润不变"与"利润最大化"）、不同需求函数形式（线性及不变弹性需求函数形式）下的不同价格上涨方式（单一价格上涨、统一价格上涨、平均价格上涨和可变价格上涨四种情形）等情形的临界损失计算结果。

③ 国内也有学者习惯称之为"关键弹性分析法"。

的是 Johnson（1989）。该方法旨在解决在给定的价格上涨幅度下，假定垄断者为保证有利可图地提高产品价格所能承受的最大需求价格弹性，即临界弹性（Critical Demand Elasticity，CE）。临界弹性分析法蕴含的经济逻辑是，市场势力与产品的价格弹性存在密切的关系，若在备选市场中，备选产品缺乏弹性，说明备选市场中缺乏与之具有较强替代关系的其他产品，从而可进一步判断生产该备选产品的厂商在备选市场中具有市场势力，并且有能力有利可图地提高产品的价格；反之，若备选产品在备选市场中富有弹性，则说明备选市场中含有与之具有较强替代关系的其他产品，从而可进一步推断该厂商在备选市场中不具有市场势力，因而它在备选市场中的提价行为也将无利可图。

临界弹性分析法的核心思路是，比较备选产品在备选市场中的实际弹性（Actual Demand Elasticity，AE）与关键弹性（CE）的大小，以此确定假定垄断者在该备选市场中是否能有利可图地实施一个 SSNIP。具体而言，人们可根据备选市场的当前价格计算出对应的实际价格弹性，然后比较临界弹性与实际弹性，若临界弹性大于实际弹性，即 CE>AE，则表明假定垄断者的涨价行为有利可图，备选市场可以构成一个相关市场；反之，若临界弹性小于实际弹性，即 CL<AL，则须扩大备选市场的范围，直到满足临界弹性大于实际弹性（CL>AL）为止（李虹，2011）。

临界弹性分析法同样也有"利润不变"与"利润最大化"两种分析思路，具体计算公式如表 2-2 所示。通过比较各种情形下的临界弹性计算公式，可以发现临界弹性（CE）与备选产品的毛利率（m）成反比（Werden，1998），即在其他条件相同的情况下，毛利率越高的产品倾向于界定出越宽的相关市场。通过比较两种不同需求函数形式下的临界弹性计算公式可以发现，相较于不变弹性需求函数情境下的两种情况，线性需求函数情境下的对应临界弹性通常更小，即在其他条件相同的情况下，采用线性需求函数将倾向于界定出较宽的相关市场（Baumann & Godek，1995）。而通过比较"利润不变"与"利润最大化"这两种不同分析思路下的临界弹性计算公式可以发现，通常情况下，"利润不变"版本中两种需求函数形式计算出的临界弹性要小于"利润最大化"版本中对应情境的临界弹性

（Werden，1993），即在其他条件相同的情况下，采用"利润不变"分析思路通常会界定出较宽的相关市场。但是，当价格上涨幅度（t）较小或者备选产品的毛利率（m）较大时，根据表2-2中呈现的四种情境计算出的临界弹性较为接近（Werden，1998），换言之，在这种情况下，四种情境下界定出的相关市场较为一致。

表2-2 "利润不变"与"利润最大化"分析思路下的临界弹性分析（CEA）计算公式

需求函数形式	利润不变版本	利润最大化版本
线性需求函数	$\dfrac{t}{t+m}$	$\dfrac{1}{2t+m}$
不变弹性需求函数	$\dfrac{\log(m+t)-\log(m)}{\log(1+t)}$	$\dfrac{1+t}{t+m}$

注：①t为价格上涨幅度且 $t=(P_1-P_0)/P_0$；②m为毛利率且 $m=(P_0-MC)/P_0$（MC为边际成本）。
资料来源：Werden（1998）。

临界弹性分析中包含了价格上涨信息和与之相应的销量变化信息，因此从这个意义上说，该方法要优于仅包含销量变化信息的临界损失分析（Werden，1998）。但是相较于临界损失分析法，临界弹性分析方法对数据要求更高、计算过程也更复杂，而且更重要的是，当需求函数存在尖点时，使用该方法将得出错误的结论，因此从这个意义上说，临界损失分析法要优于临界弹性分析法（Langenfeld & Li，2001）。Baumann 和 Godek（2006）认为，标准的临界弹性分析法虽然有助于确定市场中其他产品限制（垄断）厂商进一步有利可图地提高价格的替代弹性阈值，却不能确定这种替代关系在实际中是否会发生，因此他们认为标准临界弹性分析法在反垄断实务中的实际作用值得商榷，并进一步提出了改进的临界损失分析法。

4. 临界转移率分析法

标准临界损失分析法的其中一个不足是，未能有效衡量涉案产品的毛利润率与其需求弹性之间的关系，从而导致倾向于界定较宽的相关市场。这是因为尽管毛利润率较高意味着临界损失较小，但依据经济理论，毛利润率较高的企业面临的需求弹性也往往较小，从而使企业实施一个 SSNIP

的实际损失也较小。换言之，若能有效衡量毛利润率和需求弹性之间的关系及其对实际损失的影响，便可发现较高的毛利润率并不必然意味着较宽的相关市场（O'Brien & Wickelgren，2003）。因此，O'Brien 和 Wickelgren（2003）基于 Bertrand 模型和 Lerner 指数推导出统一价格上涨情形下假定垄断者实施一个 SSNIP 后的实际损失计算公式，并沿用标准临界损失分析中的临界损失计算公式推导出相关市场的界定标准（见表 2-3），从而形成了一种新的界定相关市场的方法——临界转移率分析法（本书称之为 O-W 版临界转移率分析法）。

表 2-3　标准临界损失分析与临界转移率分析计算公式比较

	临界损失计算公式（CL）	实际损失计算公式（AL）
标准临界损失分析	$\dfrac{t}{t+m}$	$t\varepsilon$
O-W 版临界转移率分析	$\dfrac{t}{t+m}$	$\dfrac{t(1-D)}{m}$
K-S 版临界转移率分析	$\dfrac{t}{t+m}$	$\dfrac{t(1-D^{*})}{m}$
D-S-T 版临界转移率分析	$\dfrac{t(1+D)}{t+m}$	$\dfrac{t}{m}$

注：①t 为价格上涨幅度且 $t=(P_1-P_0)/P_0$；②m 为毛利润率且 $m=(P_0-MC)/P_0$（MC 为边际成本）；③ε 表示备选产品的自价格弹性；④D 表示备选市场中的其他产品价格上涨导致其消费者转向购买备选产品的数量总和占备选产品销量的比例；⑤D^{*} 表示目标产品价格上涨导致其消费者转向购买备选市场上其他产品的数量占相应产品销量的比例的总和；⑥ O-W 版、K-S 版、D-S-T 版临界转移率分析法分别是指由 O'Brien 和 Wickelgren（2003），Katz 和 Shapiro（2003），Daljord、Sorgard 和 Thomassen（2008）提出的临界转移率分析法。
资料来源：笔者整理。

Katz 和 Shapiro（2003）也意识到毛利润率和需求弹性对假定垄断者实际损失及相关市场的影响，并为临界转移率分析提供了另一种分析思路（本书称之为 K-S 版临界转移率分析法），他们建立了单一价格上涨情形下假定垄断者实施一个 SSNIP 后的实际损失计算公式及相关市场界定的标准，同时证明该计算公式可以推广到统一价格上涨的情形（见表 2-3）。尽管 K-S 版临界损失分析中的计算公式及判定依据与 O-W 版在形式上完全一致，但是它们的临界转移率（分别为 D^{*} 与 D）却有着截然不同的含义。前者是指目标产品价格上涨导致其消费者转向购买备选市场上其他产品的数量占相应产品销量的比例的总和，而后者是指备选市场中的其他产品价格上涨导致其消费者转向购买备选产品的数量总和占备选产品销量的比例。

上述两种版本的临界转移率分析只是改变了临界损失分析中实际损失的估算方法，从标准临界损失分析中利用现实证据直接估算实际损失转向从特定经济模型中推导出实际损失（黄坤等，2013）。Daljord 等（2008）认为，当面临差异化产品市场时，上述两个版本沿用的临界损失计算公式将无法适用，从而使其提出的临界转移率也无法适用，因此他们沿用标准临界损失分析法的思路并将其推广到对称的差异化产品市场上，从而推导出单一价格上涨情形下的临界损失计算公式，而后他们运用 Lerner 指数转换了标准临界损失分析中实际损失的计算公式并推导出了相关市场的判定依据（见表 2-3），从而提供了另一种版本的临界转移率分析思路（本书称之为 D-S-T 版临界转移率分析法）。

临界转移率分析法与标准临界损失分析法的主要区别在于前者在公式推导的过程中考虑了备选市场中备选产品之间的替代关系（即转移率）并且使用了 Lerner 指数（黄坤等，2013）。因此较之临界损失分析法，临界转移率分析法有着更好的经济学基础和实证分析基础（Farrell & Shapiro，2010b）。但是临界转移率分析在推导中运用了 Lerner 指数这一点却也引起一些学者质疑该方法是否总是成立（Scheffman & Simons，2003；Coate & Simons，2009）。

三、基于套利理论的相关市场界定方法

上述基于假定垄断者测试（HMT）分析框架的相关市场界定方法有其独特的优点，但是收集该方法论体系下各个分析方法所需的数据将耗时耗力、成本高昂，并且数据可得性的限制或（和）严格的假设条件有时会使这些方法的适用性受限（Audy，2005）。此外，这些方法也并非完美无缺，就假定垄断者测试中最常见的 SSNIP 分析来说，该方法也存在分析结果受

所选取的基准价格和价格上涨幅度的影响较大，以及可能导致"玻璃纸谬误"等局限性（余东华，2010）。因此在质疑假定垄断者测试（HMT）的过程中，以 Stigler 为首的经济学家基于套利理论形成了另一套具有更好经济学基础的相关市场界定的方法体系，包括基于价格的一系列检验方法和基于产品流的检验方法。本节将对其进行逐一阐述。

1. 基于价格的检验方法

本书将利用备选市场中备选产品的价格数据来进行相关市场界定的系列方法统称为基于价格的检验方法。其背后的经济逻辑是一价定律（Law of One Price），即在可自由贸易的市场中，套利行为的存在会使位于同一市场中的（同质）产品的价格在剔除运输成本后趋于一致。一价定律的内在原理表明，可以利用产品价格水平之间的相似程度来判定它们之间的替代性程度（Davis & Garcés，2009）。目前基于价格的检验方法已经形成了较为成熟的方法体系，包含对价格相似性、价格趋同性及价格变动的因果性等维度进行检验的一揽子方法（吴玉岭和胡甲庆，2011）。

Stigler 和 Sherwin（1985）提出了价格相似性检验方法，他们认为在外部条件相同的情况下，替代性越强的产品之间的价格变动趋势越趋于一致，因此他们提出可以根据备选产品之间价格变动趋势是否趋于一致作为相关市场界定的判定依据。价格相似性可利用备选产品间价格序列的相关系数 ρ 来衡量（$-1 \leqslant \rho \leqslant 1$），若 $\rho > 0$ 则说明备选产品间的价格变动方向相同，而且此时 ρ 越接近 1 说明备选产品间的价格相似度越高，这也就意味着它们位于同一相关市场的可能性也越大（李虹，2011）。但是当 $0 < \rho < 1$ 时，能将备选产品界定为同一相关市场的阈值是多少？进一步而言，若备选产品间的相关系数尚未达到明显具有相关性时当如何处理？该方法对这样的标准设定问题并没有一个明确的规定。可供参考的方法是 Davis 和 Garcés（2009）提出的，可以通过将该相关系数和涉案产品与跟其具有明显替代性的产品的价格相关系数进行比较来加以检验。

Mathis 等（1978）认为，由一价定律可以延伸出，同一市场内产品的价格和质量应当面临着几乎相同的竞争约束并对这些竞争约束做出相同的反应，而且这些产品之间的价格也应该是相互影响的，据此，他们提出了价格相对调整速度检验法，即通过考察两种备选产品对彼此价格变动的相对调整速度来界定相关市场。具体而言，他们采用交叉需求列联表法（Cross-demand Schedule Approach）来分析相对于基准产品（区域）而言，两种备选产品价格的相对调整速度是否相似。Horowitz（1981）也认为，同一市场内产品的价格应在受到冲击后会逐渐调整并趋于一致，他在剖析价格相似性检验法的潜在问题的基础上提出了绝对调整速度检验法，即通过考察两种备选产品对彼此价格变动的绝对调整速度来界定相关市场。具体而言，他将时间因素引入计量模型，通过估计同一时期内两种备选产品价格之间的差额向均衡值调整的一阶自回归过程来获得其价格之差的绝对调整速度，若该绝对调整速度超过某一阈值，即可判断这两种产品位于同一相关市场。

上述两类价格检验方法分别从静态和动态两个角度检验了备选产品价格的相关性，但是无法确保产品价格变动之间具有因果关系，而且当这两种产品的价格序列之间存在自相关或者具有时间趋势时，将很可能出现伪相关，从而得出错误的结论。因此一些学者提出了基于价格的格兰杰因果关系检验法，该方法旨在通过验证两种产品价格之间是否存在即时的格兰杰因果关系来判定它们是否位于同一相关市场（Uri et al.，1985；Slade，1986）。此外，为了解决前述价格相关性检验方法可能出现的伪相关问题，Walls（1994）将协整检验的方法引入对价格序列的分析，用以界定相关市场；Forni（2004）则将平稳性检验的方法引入相关市场界定并形成了价格平稳性检验法，即通过验证两种备选产品价格取对数后的一阶差分序列是否平稳来验证这两种备选产品是否位于同一个相关市场。

较之假定垄断者测试及其执行方法，上述基于价格的检验方法只需要备选产品的价格信息，具有较好的数据可得性，并且这些检验方法操作更为简单、直接，有助于执法人员在反垄断审查之初对案件做初步分析并据此判断是否需要做进一步的调查分析（Audy，2005）。但是这些方法也有其不足之处，首先，基于价格的检验方法只能证明备选产品的价格之间存在相关性乃至价格变动之间存在因果关系，但其结论并不能对判断假定垄断者是否拥有市场势力提供任何有意义的参考（Baker，1987）；其次，基于价格的检验方法界定的是经济市场而并不一定是反垄断意义上的市场，从严格意义上来说经济市场的外延要大于反垄断市场的外延，也就是说，经济市场并不一定是反垄断市场，但反垄断市场一定是经济市场；最后，基于价格的检验方法是根据历史和当前价格数据做出的判断，但是反垄断分析（尤其是对并购案件的分析）更关注对假定垄断行为未来影响的预判（Audy，2005），因此在用基于价格的检验方法推断反垄断市场时要格外小心。唐明哲等（2015）建议，在反垄断实务中应综合使用多种价格检验方法，以避免采用单一价格检验方法所带来的误判风险，若所有（至少大部分）证据都指向同一结论，则采用基于价格检验的相关市场界定方法仍能得到较为正确的结论。

2. 基于产品流的检验方法

在界定相关地域市场时，如果备选产品在备选地域市场与其他区域之间只有少量的流通，那么该备选地域市场就可构成一个相关地域市场。据此，Elzinga 和 Hogarty（1973，1978）提出可以利用货运数据（Shipment Data）构造指标，检验备选地域市场内关于备选产品的产品流是否满足"少量流出"（Little Out From Inside，LOFI）和"少量流入"（Little In From Outside，LIFO），并以此判断该备选地域市场是否构成相关地域市场。他们构造的指标计算公式如下[①]：

$$\text{LOFI} = 1 - \frac{\text{当地生产且当地销售的产品总量}}{\text{当地厂商销售的产品总量}} \qquad (2-1)$$

$$\text{LIFO} = 1 - \frac{\text{当地生产且当地消费的产品总量}}{\text{当地消费的产品总产量}} \qquad (2-2)$$

Elzinga 和 Hogarty（1973）认为，若上述两个指标（LOFI，LIFO）小于 25%，则备选区域可构成弱相关地域市场；若该指标小于 10%，则备选区域可构成强相关地域市场。但随后，Elzinga 和 Hogarty（1978）将 LOFI 和 LIFO 检验的阈值统一确定为小于 10%。该检验虽能提供较有用的信息，但是其检验阈值的确定较为武断，缺乏可靠的理论基础（黄坤等，2013）。

---

① 这两个公式中的"当地"是指备选的地域市场。

此外，采用这种检验方法得到的分析结果有时会存在一定的偏误。例如，当 A 地区和 B 地区之间的产品价格相同且两地之间的货运成本较低时，即便这两个地区之间的产品流通过了 LOFI 和 LIFO 检验，但是 B 地区厂商仍能有效限制 A 地区厂商实施市场势力，因此应谨慎解释 LOFI 和 LIFO 检验的结果（Motta，2004）。Shrieves（1978）也指出上述 LOFI 检验和 LIFO 检验存在两个主要不足：第一，关于该检验的分析起点选择问题，若起点选择不当将会使计算工作量变得很大；第二，关于该检验的适用范围问题，对于煤炭产业及其他采掘工业等厂商选址受地理因素限制较大的产业而言，LOFI 检验和 LIFO 检验意义不大。

结合煤炭产业的特征，Shrieves（1978）尝试将"调整的价格方法"（Adjusted Price Approach）和"一致的供需均衡"（Coincidental Demand-Supply Equilibria）相结合，提出具有相同供给模式的地区倾向于构成一个相关地域市场，为此他构造了供给模式相似度（Similarity in Supply Patterns，S_{ik}）和消费地活跃度（Substantial Consumers of Their Common Supply Districts，L_{ik}）两个指标予以衡量，并规定若 $S_{ik} \geqslant 0.5$ 且 $L_{ik} \geqslant 0.05$[①]，则备选地域市场构成一个相关地域市场。这两个指标的计算公式如下：

$$S_{ik} = \sum_{j=1}^{m} \min\left[\frac{q_{ij}}{q_i}, \frac{q_{kj}}{q_k}\right] \tag{2-3}$$

$$L_{ik} = \left[\frac{1}{n} \sum_{j=1}^{m} \frac{q_{ij}}{q_j} \times \frac{q_{kj}}{q_j}\right]^{\frac{1}{2}} \tag{2-4}$$

其中，i、k 表示两个备选地区，q_{ij} 和 q_{kj} 分别表示从供货商 j 处销往这两个地区的产品总量，q_i 和 q_k 表示这两个备选地区从所有供货商处购买的总产量，q_j 表示供货商 j 的总产量，m 表示 i 或 k 地区供货商的总量，n 表示 i 和 k 地区供货商的总量。

上述基于产品流的相关市场界定方法只需要货运数据且操作较为简单，并且相较于直接研究产品价格的界定方法，该方法能更直观地解释产

---

① 诚如 Shrieves（1978）所言，该判定阈值的确定具有一定的武断性。

品的流动模式，因而成为界定相关地域市场的重要方法（李虹，2011）。但是 Werden（1981）指出，上述两种基于产品流的相关地域市场界定方法存在两个致命的缺陷：一是由于货运数据未考虑离岸价格（FOB）和运输成本，运用上述方法很容易将本该属于同一相关市场的两个区域界定为两个独立的相关市场，持这种观点的还有 Motta（2004）；二是当产品同质、不存在价格歧视且消费者（能够）选择分销成本最低的供货商时，货运信息将没有任何价值，因为交叉货运（Cross Shipment）只会出现在错误的产品市场界定和数据存在问题的情况下，而建立在此基础上的货运观测数据会使基于产品流的市场界定方法建立在非常不牢靠的基础之上。Stigler 和 Sherwin（1985）甚至认为基于产品流的测试结果不能为相关市场界定提供任何有价值的参考，因为其测试结果既不是相关地域市场界定的充分条件，也不是其必要条件。

四、小结

相关市场界定是反垄断分析的基石，因此本节在介绍有关相关市场概念及相关市场界定缘起的基础上，按照早期反垄断案件的相关市场界定方法、基于假定垄断者测试（HMT）分析框架的相关市场界定方法和基于套利理论的相关市场界定方法三大类别系统梳理了相关市场界定的方法。

在本节所梳理的方法体系中，既有定性的分析方法，也有定量的分析方法。相对而言，定性分析方法更为便捷并且分析成本也更低，因此一般而言，建议将定性的相关市场界定方法作为反垄断分析的起点，其有助于分析人员界定出一个较为宽泛的、看似具有较强替代性的产品集合，而后依据该产品集合再结合恰当的定量界定方法做出更为细致的分析，从而最终确定相关市场的范围。还需指出的是，在所有的相关市场界定方法中，没有一种方法是完美无缺的，每一种方法都有其独特的优点，也有其不足之处，因此在相关市场界定过程中，应根据案件具体情况灵活选择。若条件允许，建议运用多种方法加以验证，若所有（至少大部分）证据链都指向同一界定结果，则该分析结果的可信度将大大提高。

本节所梳理的相关市场界定方法皆是根据传统价格理论和单边市场逻辑推理而来，但这些方法在当前盛行的免费商业模式和双边市场模式下是否仍能适用？若不适用该如何改进？进一步说，从世界范围来看，当前最具活力的互联网产业已成为各国反垄断审查的重点，而该产业大多兼有免费商业模式和双边市场的特性，因此如何结合该领域的产业特征及传统相关市场界定方法中的有益思想来找到适合该领域的相关市场界定方法已成为当前各界亟待解决的重要问题。

第三节 双边市场相关市场界定及其他反垄断分析问题的困境

双边市场理论一经提出便点燃了大量学者的研究热情，并被大量运用于经济学、法学和商业的研究中，对反垄断理论与实践也产生了深远的影响。但在该理论刚引入反垄断分析时，业界至少存在两种批判：一种观点认为，双边市场并未提供任何新信息，因为有经济学家认为该理论无非是"新瓶装旧酒"，与间接网络外部性理论并无本质区别，而反垄断分析者也认为早在广告类案件出现以前，这种现象就已纳入分析范畴了；另一种观点认为，由于几乎所有市场都可认定为双边市场，双边市场理论几乎能解释所有市场，故而也可理解为毫无解释力（Evans et al.，2011）。

随着双边市场理论的逐步成熟，持上述观点的人已经越来越少了。诚然，网络效应理论是理解双边市场理论的关键所在，但是以往的网络效应理论文献并未考察产业中不同群体间网络效应的重要性，从这个意义上说，双边市场理论至少是一杯更丰富、更精巧的"酒"（Evans et al.，2011）。更重要的是，双边市场具有一些标准厂商无法解释的特征（Rochet & Tirole，2003），若将从基于单边市场逻辑推导出来的结论直接运用于双边市场，则很可能会得到错误的结论（Wright，2004；Evans & Schmalensee，2013）。

当前，大多数学者已经意识到这一点，但遗憾的是至今仍未形成具有权威性和可操作性的分析理论与分析方法。在探寻新方法论的艰难过程中，甚至有不少学者提出"双边市场单边化"的简化思路，试图规避这些难题。具有双边市场的产业在经济基础、商业模式等方面都显著异于单边市场逻辑的传统产业，太过简化的处理显然有失妥当。因此，有必要系统梳理双边市场理论给传统反垄断分析，特别是相关市场界定分析带来的困扰，以期为推进新形态下的反垄断相关问题研究提供理论基础和理论依据。

一、双边市场的反垄断分析

自双边市场理论形成以来便有一大批学者致力于研究这种特殊商业模式下的反垄断分析问题。Evans 及其合作者是双边市场反垄断分析的集大成者。早在 2003 年，Evans 就在深入剖析双边市场的经济基础及其商业策略的基础上，系统分析了双边市场的相关市场界定、市场势力判定、进入障碍分析、掠夺行为后果等一系列反垄断分析问题，并指出针对双边市场领域的反垄断分析一定要遵循其特殊的经济原则（Evans，2003b）。随着互联网经济的兴起以及针对互联网产业反垄断案件的增多，Evans（2008b）又专门阐述了基于网络经济的双边市场反垄断分析问题。通过查阅近十多年来发表于国际权威期刊的 200 多篇关于双边市场的文献，E-vans（2013c）总结出经济学家关于双边市场反垄断分析达成的一些主要共识，其核心要义是若将未考虑（群体间）相互依赖的需求关系的传统经济模型和反垄断分析工具直接运用于双边市场中很可能会得到不可靠的结论，因此经济学家必须要么在构建模型时充分考虑（群体间）需求的相互依赖性，要么在运用传统工具进行分析后再评估该结论的偏差（以及偏差的方向），从而确保分析结论的可靠性和稳健性。在后续的研究中，Evans 及其合作者也多次重申了这一观点（Evans & Schmalensee，2013）。

其他学者则主要围绕定价策略、市场结构等主题分析这些策略在双边市场情境中的特殊经济效应。就定价策略而言，学者们基本认为，在双边市场中，倾斜的价格结构并不必然是反竞争的。在 Wright（2004）总结的将单边市场逻辑下推导的反垄断分析结论运用于双边市场会产生的八大逻辑错误中，有六项与价格策略相关，其核心要义便是双边市场中的倾斜定价策略并不必然是反竞争的。杨冬梅（2006）的研究也表明，双边平台对某一边用户收取低于边际成本的定价与单边市场的掠夺性定价有着本质区别，其目的是解决双边用户的参与问题；此外，她还指出，平台企业的高市场份额并不代表其具有垄断地位，因为双边用户需求的相互依赖性限制了平台企业实施垄断势力的能力。胥莉等（2009）的分析则表明，在双边市场中，具有初始规模优势和较高品牌价值评价的平台企业将设定更加倾斜的价格结构，它们可以通过这种倾斜价格结构的强化机制来削弱竞争对手。

　　此外，还有一些研究关注了具有双边市场特征的产（行）业在不同市场结构条件下的经济效率问题。在前文提到的 Wright（2004）总结的八大逻辑错误中，有两项是关于双边市场中的市场结构的政策含义，他认为竞争程度的提高并不必然带来更有效、更均衡的价格结构。换言之，具有双边市场特征的产（行）业中市场集中程度的提高并不必然意味着具有反竞争的效果。Caillaud 和 Jullien（2003）也持类似的观点，他们的研究表明在媒体平台中，独占和寡头垄断是有效的市场结构，在这类市场结构中通常存在有效均衡，而在充分竞争的市场结构下，平台的利润通常会下降甚至为零，因此平台所有者有激励提供排他性的服务，以此来减少竞争并使自己能运用市场势力。但是，Chakravorti 和 Roson（2006）通过构建模型研究了不同市场结构条件下银行卡网络的竞争均衡并得到一个稳健的结论——竞争能切实地提高消费者和商户的福利。

　　还有不少学者研究了双边平台纵向限制行为的竞争效应。程贵孙等（2006）的研究表明，双边市场中的捆绑行为意在内部化网络外部性，从而最小化交易费用并最大化平台利润。Amelio 和 Jullien（2007）的研究表明，平台可以将捆绑作为提供隐性补贴的工具，以此来解决常规的协调失败、提高两边用户的参与度等问题，并且捆绑行为也是有利于消费者的；与垄断情形不同，竞争平台的搭售策略也许并非事后和（或）事前的最优策略，如果均衡的隐性补贴足够大，竞争平台能从搭售中获益，而其对消费者剩余和社会总福利的影响则取决于双边外部性的对称程度，若强对称则效率为正，若不对称则效率为负。Li（2009）的研究表明，在寡占市场中，较大的网络外部性使搭售行为不仅让企业有利可图，还能提高整体社会福利，该结论在消费者不至于太厌恶广告的情况下仍成立，并解释了为什么搭售行为在双边市场中如此普遍。Choi（2010）的研究表明，由于多归属具有阻止冒尖（Tipping）和锁定效应（Tipping）(Lock-in Effect)的特性，在两边用户均可多归属的双边平台中，搭售并不必然阻碍竞争反而会增加社会总福利。Chao 和 Derdenger（2013）对网络游戏平台的研究表明，垄断平台的最优策略是提供混合捆绑而非单一捆绑或不捆绑，并且在混合捆绑情形下，游戏玩家与开发者的价格均低于独立价格竞争均衡的情形；混合捆绑可作为价格歧视工具使市场细分更有效率，并且可作为协调手段以解决"鸡蛋相生"问题（Chicken and Egg Problem）。Evans（2013b）详细分析了纵向限制行为可能带来的竞争促进效应和反竞争效应，尤其强调要权衡临界数量（Critical Mass）在提高消费者福利和限制竞争对手进入乃至成长之间的利弊；此外，分析平台所处的生命周期阶段也很重要，一般而言，在成长初期的平台，其纵向限制行为是合意的。

还有一些学者关注双边平台的兼并行为。Chandra 和 Collard-Wexler（2009）从理论模型中推导出双边产业（特别是报纸产业）中的兼并行为并不必然导致市场中任一边产品价格的上涨，这一观点在对 20 世纪末加拿大报纸业大量兼并行为的研究中得到了验证。程贵孙等（2009）对电视传媒平台企业兼并效应的分析结果表明，兼并提高了电视平台企业和广告商的利润，但是在广告商较少的情况下，兼并导致广告量低于社会福利最大化水平下的广告量。李新义和汪浩瀚（2010）通过实证分析网络传媒业横向兼并的经济效率，发现横向兼并显著提高了兼并发起方的福利，对社会整体而言也是有益的。

还有一些学者开始关注双边市场的价格歧视等问题对平台竞争策略以及社会福利的影响。Weyl（2009）的研究表明，垄断双边平台的歧视定价可以增加平台交易量、提高平台利润，并且当该平台向两边用户均实施三级歧视价格时，平台的价格结构将接近社会最优水平。Weisman 和 Kulick（2010）的研究也表明价格歧视能改善社会福利。但 Q. Liu 和 Serfes（2013）的研究表明，传统单边市场中的价格歧视策略能促进竞争的结论在双边市场中并不成立，价格歧视策略会减缓双边平台间的竞争，因此他们认为双边市场中的价格歧视行为可能具有一定的反竞争性。人们通常认为，双边平台运用价格歧视策略的主要目的是吸引更多用户或者提高平台的利润，但是 Zhang 和 W. Liu（2016）通过分析寡占双边平台市场中的二级价格歧视现象，发现价格歧视策略不能帮助平台在吸引更多用户的同时提高利润，更低的价格歧视门槛并不能保证更高的市场份额，更高的贴现率有损于平台的利润；但是价格歧视策略有利于市场份额的提高，并且能加强平台间的竞争。

此外，还有学者从合谋、兼容策略等角度研究了双边市场的反垄断问题。Ruhmer（2011）的研究表明，双边市场中两边用户群体之间由交叉网络外部性而产生的反馈效应的存在会使双边平台之间的合谋难以维持，并且交叉网络外部性越强，合谋成功的可能性越小。在单边市场逻辑下，企业间的价格协同行为能使它们获得与完美卡特尔相同的利润，但是 Kind 等（2016）的研究表明这一结论在双边市场中并不成立，因为在像电视产业这样的媒体类双边市场中，尽管在平台的某一边存在一个共同的批发商可以实施跨平台的价格协同行为，但是在这种市场结构中，电视频道间的竞争越激烈，电视产业的联合利润就越大。可见，在这类双边市场中，平台间的价格协同行为并不会产生反竞争的效果。平台的兼容性问题也是双边市场反垄断研究的另一个关注点。Doganoglu 和 Wright（2004）的研究表明，虽然兼容能降低用户多归属（Multi-homing）的意愿、提高社会总体福利，但是由于兼容会增加平台的竞争压力，因而对平台而言，兼容策略并不合意。胥莉等（2006）也认为，在非对称的双边市场中，消费者的多方持有行为虽然提高了其自身的剩余，但是将导致厂商制定较高的价格并实施不兼容策略；相比之下，若厂商实施兼容策略，消费者福利与社会整体福利都将得到更大改善。

二、双边市场领域相关市场界定的困境与方法改进

当前，大多数有关双边市场反垄断的研究仍停留在批判阶段，仅指出将传统基于单边市场逻辑的反垄断分析方法与分析结论直接套用在双边市场情境下会导致错误结论，鲜有研究给出具有可操作性的指导建议，而具体论述双边市场的相关市场界定这一反垄断分析的基石问题的研究则更少。

尽管相关市场界定一直备受争议，但是在任何反垄断分析中，厘清竞争约束、确定竞争轮廓是涉案企业市场势力评估实践中的重要步骤。实际上，双边市场面临的竞争约束要比传统市场复杂很多，它们一般至少面临以下三方面的约束：①来自服务于相同顾客群体的差异化双边平台的竞争；②来自为平台某一边顾客提供服务的单边市场的竞争；③来自于只在某一边与其提供类似产品或服务的双边平台的竞争（Evans & Noel，2005）。尽管这些竞争约束并非在所有案件中都很重要，但在双边市场相关市场界定分析中应予以考量。如此复杂的竞争约束会带来分析中应界定一个相关市场还是两个相关市场，运用 SSNIP 分析时应以哪个价格为基准等一系列追问。Filistrucchi 等（2014）指出，区分双边交易型市场与双边非交易型市场是回答上述问题的关键，针对双边交易型市场只需界定一个相关市场，而针对双边非交易型市场则需界定两个相关市场；并且无论需要界定几个相关市场，分析中均应考虑双边用户群体需求间的相互依赖性；在进行 SSNIP 分析时，双边交易型市场应以价格总水平为基准价格，而双边非交易类市场则应分别以一边价格为基准进行分析。

接下来的问题是，在具体执行 SSNIP 分析时，如何调整分析工具使其适应双边市场的特征？Emch 和 Thomson（2006）通过阐述双边市场定价策略和相关市场界定及其界定方法的核心要义，提出双边市场特征并未颠覆假定垄断者测试（HMT）或市场势力的传统分析工具，并认为将 SSNIP 分析方法运用于双边市场的关键在于采用平台向两边用户收取的总价格作为测试的基准价格，并且在具体分析时应允许市场两边的价格根据市场反应通过价格结构做出最佳调整。该思想抓住了 SSNIP 分析和相关市场界定的

核心要义，使双边市场中的 SSNIP 分析的逻辑基础与单边市场保持一致，并且这一方法还具有易于操作的优点。但遗憾的是，作者并未给出具体的计算公式，而且运用该方法时须满足的隐含条件是平台两端的价格可累加，可见该方法只适用于银行卡类的（交易型）双边市场，而对媒体类（非交易型）双边市场则不适用；此外，该方法虽然考虑了双边市场的价格结构问题，但未能合理衡量交叉网络外部性对市场界定可能带来的影响。

Evans（2003b）、Wright（2004）通过分析双边市场的特性指出，在对双边平台，特别是对那些交叉网络外部性非常显著的平台进行反垄断分析时，必须考虑两边用户及其需求之间的相互依赖性，若只关注平台的某一边而忽略另一边的反应，将会得出错误的分析结论。随后，Evans 和 Noel（2005）进一步指出，当运用关键损失分析法等 SSNIP 相关执行方法进行实证分析时，两边客户需求间的正反馈效应会形成一个封闭的反馈环（Feedback Loop），即当提高 A 边用户的价格时，A 边的自价格弹性会导致该边需求量下降，而交叉网络外部性会导致 B 边需求量也随之下降，而后会带来 A、B 边需求量的渐次下降、循环往复。这种乘数效应的存在会使价格上涨导致的 A 边的损失比传统单边市场的损失更大，而且还会使 B 边产生额外的损失。与不考虑这种效应相比，将其纳入模型后得到的平台各边的需求弹性会更大，而且涨价带来盈利的可能性也更低（Armstrong，2006）。

在上述研究的基础上，Evans 和 Noel（2008）进一步指出，若将未能衡量上述反馈效应的传统关键损失分析公式直接套用在双边市场分析中将会产生两种方向相反的偏误——估计偏误（Estimation Bias）和勒纳偏误（Lerner Bias）。前者是指低估了价格上涨带来的全部反应，进而导致所界定的相关市场偏窄；后者则是指高估了产品的价格弹性，进而导致所界定的相关市场偏宽。在具体案件分析中，总偏误的方向取决于所采用的分析技术和价格上涨的绝对幅度及相对幅度。为纠正这一偏误，他们推导出了能衡量所有反馈效应的关键损失计算公式，该公式的突出特点是充分考虑了平台两边市场的反馈效应。但是在具体操作过程中，由于他们建议提高平台一边的价格而固定该平台另一边的价格，平台另一边市场无法根据该边市场价格的反应做出最佳调整,从而使界定的市场过于宽泛(Filistruc-chi,2008)。

为弥补 Emch 和 Thomson(2006)、Evans 和 Noel(2008)相关方法中的不足,Filistrucchi(2008)在充分考虑双边市场特性,特别是两端用户需求之间的乘数效应对相关市场界定分析影响的基础上,紧扣相关市场界定和 SSNIP 分析的核心要义,推导出能够衡量平台两边市场的利润和所有反馈效应的关键损失计算公式,并且强调在计算时应在分别提高某边价格的同时允许另一边价格做相应调整。该公式综合了 Emch 和 Thomson(2006)、Evans 和 Noel(2008)相关方法中的精髓,将双边市场价格结构特性及交叉网络外部性这两种核心特质都纳入了分析,从而使分析更准确。但是,Filistrucchi(2008)的计算公式只适用于媒体类的双边市场,并且其计算过程较为复杂,对数据要求也比较高,从而使其适用性有所降低。Filistrucchi 等(2010)在此基础上构建结构计量模型,估算了荷兰日报业市场两端用户交叉网络外部性的符号、规模以及并购后的福利和价格效应等,得出广告对读者的交叉网络外部性不显著的结论。随后,Filistrucchi 等(2012)继续沿用该分析框架,证明在具体运用过程中,只要按照文中方法予以调整,采用 HHI 指数、SSNIP 测试和 UPP 测试等(2012)分析方法均能得到较为可靠的分析结论。综上不难发现,Fihistrucchi 等(2012)对报纸业交叉网络外部性的假设与其上一篇文章(Filistrucchi et al.,2010)的结论并不吻合,我们也无法确知倘若改变报纸业两端客户间网络外部性符号的假设是否会影响其分析结论。

三、小结

本节通过梳理双边市场反垄断研究的探索,可以进一步佐证从传统单边市场逻辑下总结出的许多反垄断分析结论在双边市场逻辑下通常不成立。而后,本节通过系统梳理一些学者在双边市场相关市场界定问题上所做出的有益探索后发现,尽管当前的方法会由于数据获取和复杂的计量分析等难题而使这些理论探索很难付诸实践,但是可以总结出以下相关市场界定方法改进的方向：一是经过调整后的 SSNIP 等分析工具应该充分考虑双边市场的交叉网络外部性和价格结构等核心特征；二是调整后的分析方法应具有较强的可操作性。此外，还应指出的是，尽管业界普遍认为将单边市场逻辑下的 SSNIP 等分析工具直接运用于双边市场会导致错误的结论，但是，鉴于运用传统 SSNIP 公式计算要比调整后的公式计算出的相关市场窄，因而可将传统工具分析出的市场作为相关市场界定的下限；当假定垄断者在运用单边 SSNIP 分析的结论表明在相关市场内不具有市场势力，那么在正确计算情况下的更宽的相关市场内也不存在市场势力。因此当数据较难获取或分析较为复杂时，采用单边逻辑界定出的相关市场仍能发挥重要作用。

第三章 基于反垄断经济学视角的
互联网产业技术经济特征分析

　　互联网产业与"新经济""网络经济""互联网经济"等概念① 相伴相生。Posner（2001）曾指出，新经济是由计算机软件开发业、各类基于互联网的行业（包括提供互联网准入、服务和内容等产品或服务的行业）以及为前述两类行业和通信服务业提供设备支持的行业三类截然不同而又紧密相关的行业组成。此后，许多学者根据 Posner（2001）提出的这一定义来界定互联网产业。但是，随着互联网技术及互联网经济的飞速发展，人们对互联网产业内涵及外延的理解也随着该产业发展实践的变化而变化。刘茂红（2011）结合其研究目的，在分析个人互联网使用特征数据的基础上重新定义了互联网产业，她认为互联网产业是依托互联网为其用户提供互联网基础服务和信息、休闲、电子商务等网络服务的新兴产业群体。该定义强调了互联网产业的应用性和服务性，而未将互联网基础设施建设的相关产业纳入互联网产业的范畴。根据本书的研究目的，本书倾向于采用刘茂红（2011）的定义方式，而当前互联网企业已进入平台战略时代，平台竞争已经成为互联网产业竞争的主要形式（张江莉，2015），因此本书所研究的互联网产业更侧重于平台型的互联网企业群体。

　　经历二十多年的商业化发展，中国互联网产业已成为国民经济中的重要组成部分同时也是最具活力的部分。根据《第 37 次中国互联网发展统计报告》，截至 2015 年底，中国互联网个人用户规模达 6.88 亿，互联网普

---

① 尽管从严格意义上来说"互联网经济""网络经济""新经济"等概念有一定的区别，但是多数情况下人们将它们视为同一概念。

及率达 50.3%，比全球互联网平均普及率高出 3.9%，比亚洲互联网平均普及率高出 10.1%；与此同时，企业用户的普及率更是高达 89.0%，并且企业利用互联网进行在线采购、营销及销售的比例均超过 30%。而在全球范围内，随着互联网产业的飞速发展，特别是一些全球互联网企业巨头的出现，互联网企业已经逐渐引起反垄断执法机构及相关政策制定者的密切关注，如微软、谷歌、eBay 等互联网公司在多地遭受了反垄断调查；而从另一个角度来看，这些企业也似乎确实需要接受管制（Evans，2008a）。而且种种迹象也表明，针对互联网企业的反垄断调查案件的数量还会继续增加（Evans，2012）。

即便如此，社会各界对反垄断法在互联网产业的适用性问题一直存在较大争议。一种观点认为，互联网产业不需要接受反垄断审查，因为互联网产业高度动态的创新性能有效地牵制在位垄断企业实施垄断势力，不恰当的干预反而会阻碍该产业的正常发展，并且反垄断执法机构有时会因为未能有效衡量该产业的效率而做出错误的判断，最终导致为此付出巨大的执法成本（Lopatka & Page，1999）；另一种观点则认为，互联网产业应该接受反垄断审查，因为反垄断法制定之初便具有有效平衡对经济社会的干预与促进公平的张力（Page，1991）。此外，即便是从维护互联网产业的健康发展这一角度来看，维护该产业的市场竞争秩序和竞争力量也是至关重要的，更何况互联网产业的技术或结构变革并没有大到足以使该行业豁免于反垄断审查的程度，一旦该行业内具有优势地位的互联网企业实施限制竞争的私人行为，同样也会带来巨大的社会福利损失（Katz & Shapiro，1998；Kovacic & Shapiro，2000；Evans，2008a）。

对该争议所持的态度甚至会影响一个国家（地区）对待互联网产业反垄断的态度。相对而言，美国对互联网产业的反垄断施行相对宽松的政策，美国联邦贸易委员会（FTC）鼓励互联网企业的自治行为，因为他们确信在该产业内，企业自治比政府的立法或规制更有效；欧盟对互联网产业的反垄断政策则相对严格，欧盟委员会密切监视互联网企业，特别是一些互联网巨头的竞争行为，以确保其市场行为合乎反垄断法的规范（Gürkaynak et al.，2013）。对当前的中国而言，互联网产业正处于快速发展的历史进程，并且已深度融合于经济社会发展和民众的生活之中。在这样的背景下如何在互联网领域内正确地实施反垄断政策、营造公平竞争的市场环境对于维护互联网产业的健康发展、实现互联网强国战略具有深刻的理论和现实意义。

诚然，长久以来，对富有创新性和动态发展的行业进行反垄断调查都是冒险的行为（Manne & Wright，2011），但是不能因此就放任互联网产业中可能存在的反竞争行为（Kovacic & Shapiro，2000）。有关各界应该正确认识互联网产业反垄断实施可能带来的收益与损失（Rubinfeld，1998），反垄断执法机构在审理该类案件时，应格外注意平衡保护消费者的权益、以使其免受互联网企业的反竞争行为带来的权利侵害与干扰互联网产业这一迅速发展而又充满变数的产业的正常发展所带来的危害之间的关系（Evans，2008a），而理解互联网产业的经济特征是破题的关键所在。因此，笔者认为有必要深入探讨互联网产业的经济特征，并在此基础上剖析互联网产业在反垄断分析，特别是相关市场界定分析中可能遇到的困难与挑战，以期为构建互联网产业的需求替代结构模型提供理论基础，为关注互联网产业反垄断政策的社会各界人士提供参考，同时也为促进反垄断法在互联网产业的正确实施提供参考。

第一节 基于双边市场的免费商业模式

20 世纪初，美国吉利公司通过交叉补贴的方式，推出了免费赠送剃须刀的运营模式。自此，免费商业模式得以滥觞并逐渐成为主流的商业运营模式，特别是随着互联网时代的到来，"免费"几乎成为互联网产业中通行的商业模式。综观国内外知名的互联网企业，它们几乎均向用户免费提供基础服务。例如，谷歌、百度等搜索平台免费为用户提供搜索服务，eBay、阿里巴巴、京东等互联网商业平台免费为用户提供购物服务，腾讯、MSN 等免费为用户提供即时通信服务；等等。这些企业在提供"免费午餐"的同时仍能实现盈利,特别是一些成功的互联网企业依靠免费商业模式带来的巨大商机不仅占据了较大的市场份额,而且获得了可观的利润。这一点从近年来的福布斯富豪榜单也可看出端倪。在全球富豪榜榜单中,互联网企业的创始人或 CEO 在榜单中占据的席位越来越多。中国的情形也同样如此,在 2015 年公布的福布斯中国富豪榜前十强的榜单中,互联网企业的"掌门人"占据的席位过半数。Evans(2008a)很早就关注到这一现象,并指出在互联网产业中通行的这种商业模式的实质是通过免费的基础服务吸引流量,再将流量出售给广告商并以此谋利。可见,免费商业模式并未改变企业逐利的本性,而恰恰是企业在追逐利润最大化过程中的一种理性选择(张昕竹和黄坤,2013)。

Evans(2011)进一步系统阐述了免费产品的反垄断问题,并指出企业在提供免费产品的同时往往还会提供与之配套的伴随产品(Companion Product),企业在利润最大化目标的驱使下将两者同时出售给同一用户或者不同的用户群体;他还根据免费产品与其伴随产品之间经济逻辑的差异将免费商业模式分为提供互补品(Complementary Products)、多边平台(Multi-Sided Platforms)、增值服务(Premium Upgrade Strategies)和免费软件(Free Software)四种类型。张昕竹和黄坤(2013)也做出了类似的分类,但他们认为将免费软件作为一种类型的分类方式太过笼统,而使用"开元软件"的表述更为贴切,他们还进一步指出企业提供开元软件的三种情形。这三种情形实则可分别归并到免费商业模式的前三种类型中。因此笔者认为,企业采取的免费商业模式实际上可以分为提供互补品、采用多边平台策略和增值服务策略三种类型,而在互联网产业中较常使用的是多边平台策略和增值服务策略。也有学者在此基础上进一步提出免费商业模式背后隐含的经济逻辑是存在即期购买的付费品对免费品的补贴、后期购买的付费产品对当前免费产品的补贴和付费人群对免费人群的交叉补贴等形式不一的补贴方式(安德森,2012),而由于多边平台模式在互联网中的广泛运用,付费人群对免费人群的交叉补贴是互联网产业中最为常见的补贴方式。

尽管在传统工业经济中免费商业模式也较流行,但是厂商一般都是采用提供互补品的免费策略。他们将免费产品和与其互补的收费产品销售给同一个用户来赚取利润，倘若顾客只领取免费产品而不购买配套的收费产品将影响免费产品的正常使用。换言之，厂商是通过将免费产品和与之互补的收费产品销售给同一用户来谋利的。从这个意义上来说，传统工业经济中的免费商业模式实质上是"羊毛出在羊身上"式的免费。在使用这一策略时，厂商往往需要在与免费品互补的收费产品市场中具有一定的市场支配力以左右消费者在购买收费产品时的决策（Evans，2011）。倘若企业无法做到这一点，即消费者可以领取厂商的免费产品同时转向购买其他厂商的互补品时，这种免费商业模式将难以为继。这也是导致免费商业模式无法在传统工业经济中盛行的一个重要因素。但是在网络经济时代，特别是随着互联网产业进入平台战略时代以来，免费商业模式在互联网产业中已成为通行的商业模式。互联网企业为用户提供免费产品并不以用户购买其相应的收费产品为前提，尽管许多互联网企业也会为用户提供增值服务，但用户不购买增值服务往往并不影响其对免费产品的正常消费。这种免费商业模式得以为继，很大程度上是因为互联网平台两端客户群体之间存在交叉补贴（下文将详细阐述）。人们将互联网产业中的这种免费模式形象地称为"羊毛出在猪身上，让狗来买单"。需要指出的是，互联网企业采用免费商业模式通常不必以其在伴随产品中具有市场势力为前提；反过来，免费商业模式实际上是企业为了获取或者维持垄断地位而施行的理性决策。可见，互联网产业中的免费商业模式背后的经济逻辑与传统工业经济中的免费商业模式有着本质的区别。

经过二十多年的探索，互联网产业已经形成了基于双边市场模式的主流盈利模式（吴韬，2013），因此许多学者从双边市场定价结构的角度去解释互联网产业中免费商业模式的内在逻辑。在传统单边市场中，利润最大化的价格通常是高于或等于边际成本的；尽管企业可能在实施"剃须刀—刀片"策略（即在免费赠送某产品的同时出售互补品）或者掠夺性定价策略等情况下会制定低于边际成本的价格，但是长期将产品的价格维持在边际成本以下的情况在单边市场中是极为少见的（Evans，2012）。然而在双边市场中，双边市场具有显著的交叉网络外部性的这一核心特质的存在决定了平台企业能否成功运营的关键取决于平台企业能否有效地解决"鸡蛋相生"问题。而双边平台为解决该问题往往会采取倾斜的价格结构，因为无论是从利润最大化的角度还是社会福利最大化的角度看，对平台某一边用户收取低于边际成本的价格而通过对平台另一边用户收费，即制定"非中立的价格结构"都是最优的价格（Rochet & Tirole，2006；Armstrong，2006）。在平台 A 边的用户对 B 边用户而言更为重要，或者 A 边用户比 B 边用户的需求弹性更大等情况下，平台通常会制定向 A 边用户倾斜的价格结构，即利用 B 边用户为 A 边用户提供价格补贴（Evans，2012）。而目前在互联网双边平台企业中，最常使用的倾斜定价结构是对受补贴方收取零价格，企业通过这种免费策略为提供补贴方吸引大量的用户群体，以此来提高其整体效用。双边市场与传统单边市场在定价策略上的这种差异也能解释互联网产业与传统产业免费商业模式的本质区别。

随着注意力经济学的兴起，一些学者也开始从免费用户的注意力的价值这一视角来解释互联网产业中的免费商业模式。注意力经济学的核心观点是，互联网时代是信息大爆炸的时代，因此信息并非稀缺资源，而是人们的注意力成为了稀缺资源，并且用户的注意力成为互联网企业竞争的关键资源（Goldhaber，1997）。通过对比 2001~2010 年美国网民上网时间的变化和 2002~2012 年美国网民访问不同类别网站时长的变化，Evans（2013a）在论证互联网产业中注意力的重要性及稀缺性的同时得出了不同互联网平台企业之间为争夺注意力的竞争非常激烈的结论，因此免费为用户提供吸引其注意力的基础产品是注意力寻求者（互联网平台）的典型做法，并且对互联网平台而言，免费也是它们平衡互联网平台两端用户之间需求的均衡价格，这也解释了为什么现实中的一些互联网平台企业尝试偏离免费价格的努力均以失败告终，即便是居于垄断地位的互联网平台企业也是如此。可见，互联网平台通过免费商业模式争夺用户注意力，认识到这一点便能理解为什么不同类型的互联网企业之间会存在竞争，而这也正说明免费商业模式并未改变企业之间存在竞争这一特质。

此外，人们对互联网产业中的免费商业模式还有新的解读。Gal 和 Rubinfeld（2016）从行为经济学的一些研究成果中发现，免费商业模式得以盛行还源于免费产品具有所谓的"免费效应"（Free Effect），即免费产品对人们的诱惑力远高于其实际价值，而且免费效应的存在会使人们产生过度消费的现象。也有不少学者指出，免费产品并不是真正免费的，将其称为免费产品并不恰当，确切地说应该是"零价格"产品。因为真正的免费产品通常意味着人们以零成本获得该产品，而在互联网产业的免费商业模式中，人们为了获得互联网企业提供的免费产品（服务）虽未支付任何货币成本，但却付出了诸多非货币成本。在这些免费产品的成本体系中，除了机会成本和外部性成本等非市场信号成本外，还包括私人信息成本和注意力成本。因此用户实际上是用私人信息及其注意力代替货币去换取免费产品，而互联网企业除了可以转售这些私人信息和注意力来获利，还可以运用它们维护或锁定客户、巩固平台的交叉网络外部性及获得垄断地位，甚至可以运用它们从事一些策略性的竞争行为（J. M. Newman，2015）。在网络经济中，变成重要无形资产的顾客的私人信息、注意力和（或）信息的信息越多，信息交换也就越普遍，而这些信息就是那些被认为是免费产品的价格（Shelanski，2013）。从某种程度上说，当互联网平台通过转售用户的注意力和信息等重要的无形资产谋利时，这些用户已不是该互联网平台的消费者，而是变成了其产品（N. Newman，2014）。

由于反垄断法深深根植于传统的价格理论，有不少学者认为免费商业模式下的互联网平台应豁免于反垄断审查。其理由如下：首先，反垄断法是规制企业交易行为的，而互联网企业是免费为用户提供产品（服务），故而双方之间并不存在交易行为，自然不必接受反垄断法的审查；其次，免费产品不存在市场，没有市场就没有市场势力，自然也就不存在竞争损害问题；最后，用户享用互联网企业的产品（服务），这能提高用户的效用并提高整体社会福利，因此不存在损害消费者福利和社会整体福利的情况。但是，从上文的论述中可以看出，人们已经逐渐意识到免费产品并不是真正的免费，用户是用私人信息和注意力等重要的无形资产换取了"免费"产品，而用户的这些无形资产是互联网企业赖以生存的重要资源，从这个角度上来说，两者之间存在交易行为，也存在"免费"产品的交易市场。更为重要的是，人们已经开始意识到免费产品也可能产生有损社会福利的效应，因为企业可以利用免费商业模式实施反竞争的策略性行为，包括企业利用免费商业模式采取显现的或隐蔽的捆绑和搭售行为；在双边市场中，企业运用免费商业模式启动平台强大的交叉网络效应可能会导致市场进入壁垒的提高（J. M. Newman，2015）。因此免费商业模式下具有垄断地位的互联网企业理应接受反垄断审查。互联网产业普遍采取基于双边市场的免费商业模式，尽管这种特殊的商业形态给现行的反垄断分析理论与分析工具带来了不小的挑战，但是这并不能成为妨碍反垄断法在互联网产业中实施的理由，相反社会各界应着力解决这些问题以规范互联网产业的反垄断执法行为。这也是本书意欲解决的关键问题之一，也是本书的主要价值所在。

第二节　网络效应

网络效应[①]是指在网络产业中，用户从某一产品使用中获得的效用会随着市场中使用与之相同或相关产品的用户规模的扩大而增加（Katz & Shapiro，1985）。通常人们将网络效应分为直接网络效应和间接网络效应。所谓直接网络效应，是指同一产品或兼容产品的新用户对原有用户从使用该产品中获得的效用的增加，也同时表现为原有用户规模对新用户的吸引程度。根据梅特卡夫法则（Metcalf Law），用户从产品网络中获得的价值（直接网络效应）等于该产品用户数量的平方，即网络效应随着网络用户的增加而呈指数增长。而间接网络效应是指用户使用某种互联网产品所获

---

① Katz 和 Shapiro（1985）将这种现象称为"网络外部性"，但是闻中和陈剑（2000）认为，在 Katz 和 Shapiro（1985）的研究范畴内，应采用"网络效应"的表述。因为在网络效应理论研究的早期阶段（包括现在），人们并未将"网络外部性"与"网络效应"做严格的区分，而是通常将其视为同等的概念，但是实际上两者之间存在一定的差异，只有无法被市场行为主体内部化的网络效应才能称为网络外部性。详见闻中、陈剑：《网络效应与网络外部性：概念的探讨与分析》，《当代经济科学》2000 年第 22 卷第 6 期。

得的效用会随着与其互补或兼容的产品的质量和数量的增长而提高。换言之，某一互联网产品的互补品与兼容产品越多，其用户规模就越大；与此同时，与该种互联网产品兼容的互补品的种类会随着该产品用户规模的扩大而增加，其价格也会随着该产品用户规模的扩大而降低，从而间接地增加了该产品用户的效用。因此，人们通常将这种间接网络效应称为由硬件/软件范式产生的网络效应。随着双边市场模式在互联网产业中的广泛运用，人们逐渐认识到互联网平台两端客户之间的交叉网络效应，即平台一边用户的收益除了受本边用户规模的影响外，还取决于平台另一边用户的规模，由此会产生每一个互联网平台必须面临和解决的"鸡蛋相生"问题（Chicken and Egg Problem）。从这个意义上说，能否有效维护和利用交叉网络外部性是互联网平台型企业能否成功运营的关键。

尽管许多具有网络特征的传统产业也具有一定的网络效应，但是这些产业的网络性受网络传输的物质性、单向性的限制，其网络效应的作用无法与互联网产业中强大的网络效应相提并论（蒋岩波，2008）。网络效应是互联网产业的本质特征，同时也是最重要的特征。网络效应不仅对互联网产业市场结构具有重要的影响，而且也深刻地影响着互联网企业竞争策略的选择。在直接网络效应的作用下，网络规模代替传统产业中的产品价格与质量成为市场竞争的关键要素，此时企业的兼容与标准策略成为决定企业命运的重要竞争策略；在间接网络效应的作用下，互补品的种类、数量和质量则成为市场竞争的关键要素，此时企业有较强的动机采用捆绑或一体化策略；而在交叉网络效应的作用下，能否制定合理的价格结构以解决"鸡蛋相生"等问题是决定互联网平台企业成败的关键，此时定价策略是企业的重要策略选择（傅瑜，2013）。

网络效应对市场竞争的直接影响之一是转移成本的出现。用户一旦选择某款互联网产品便会形成购买（注册）该产品的沉淀支出、使用该产品后逐渐形成的个人效应以及在使用过程中形成的各种社会效应等各种专用性资产。这些专用性资产便构成了日后其转向使用其他替代性互联网产品的转移成本。事实上，只要消费者发生从某一产品转向另一产品的消费时就会发生转移成本。但是，在互联网产业乃至整个网络型产业中，由于网络构成的特殊性以及网络效应的普遍存在性，消费者的转移成本较传统产业更引人关注。因为网络效应使转移成本更明显，而转移成本对这类产业的市场竞争的影响也更大。转移成本会通过提高顾客的黏性、降低其消费弹性，从而使在位厂商在该市场中具有一定的市场势力并能获得一定程度的垄断利润；同时，转移成本会使在位厂商获得斯坦伯格先发优势，从而无形中提高了该市场的进入壁垒，因为进入厂商要想与在位厂商争夺市场份额，其产品定价不能高于在位厂商产品价格与转移成本之差，进入者必须付出额外的努力才能弥补这一差距，并且转移成本越高，进入厂商所须付出的努力将越大（Diamond，1971）。

网络效应及由其带来的上述转移成本又会带来新的连锁反应，即"锁定"（Lock-in）现象的出现。尽管导致锁定的原因很多，但是经济学家普遍认为网络效应和转移成本是其产生的最主要的原因。用户在转换替代性互联网产品时必须考虑这些转移成本的存在，除非使用新的互联网产品的预期效用大于转移成本，否则用户仍会继续使用该款产品，此时，用户锁定现象便悄然产生了。锁定现象会限制用户的流动、导致细分市场的出现，从而增强了在位互联网企业的市场势力，使其能实施歧视性定价策略以及获得垄断利润。网络效应也是导致技术锁定的主要原因。网络效应存在于使用兼容技术的用户群体间，即用户从使用该技术中获取的效用不仅受该技术本身质量的影响，还受该技术网络规模的影响。此时，用户在决定是否使用某一新技术时会在很大程度上受其对这项新技术潜在网络规模预判的影响。如果某种具有更高品质的新技术由于潜在用户对其网络效应的预期较低或存在较大不确定性时，很可能会导致该技术无法取代品质较差的旧技术，从而出现技术锁定的现象（Farrell & Saloner，1985）。技术锁定效应的出现会阻碍创新的发展，使整个产业被锁定在较低品质的技术中并最终导致社会整体福利的损失。但是也有学者认为，技术锁定效应产生的逻辑基础是市场机制无法内部化网络效应产生的用户之间的网络外部性，进而言之，网络效应并不必然引起技术锁定效应，因为网络用户偏好的多样性、潜在用户间的自发协调性以及技术赞助者的作用等因素可以从一定程度上化解技术锁定效应（郭水文，2011）。

网络效应会提高互联网产业的市场进入壁垒。鉴于新古典经济学中一直将厂商的进入行为视作推动市场竞争的重要力量，进入壁垒问题一直是反垄断经济关注的一个焦点问题。在以具有网络效应为显著特征的互联网产业中，由用户安装基础和网络外部性强度推动的网络效应的存在会提高市场的进入壁垒。这是因为，一方面，在网络效应明显的市场中，网络规模、消费者预期等因素在网络效应的正反馈机制作用下往往会使市场由具有网络优势的企业所主导，其他企业进入该市场的结构性壁垒无形中被提高了；另一方面，在位企业很容易利用其优势地位采取策略性行为阻止其他企业的进入，从而进一步提高行业进入的策略性壁垒（李太勇，2000）。在成长性的网络市场中，企业可以在初始时期采取掠夺性定价策略以获取广泛的用户安装基础，而后在网络效应的作用下形成"滚雪球"效应，从而使竞争对手因无法获得临界规模而不能进入该市场。此时，用户安装基础是形成技术进入壁垒的一个重要因素（Farrell & Saloner，1986）。在位厂商可以通过产品预告（Product Pre-announcement）的策略来调整消费者的预期（Nagard & Manceau，2001），从而提高市场进入壁垒。此外，在位厂商还可以在间接网络效应的作用下，通过控制互补品市场来提高进入壁垒（Church & Gandal，2000）。

由上述分析可以总结出网络效应在互联网产业中的作用机制（见图3-1）。互联网产业强大而普遍存在的网络效应在吸引用户并提高用户使用产品的效用的同时也会加大用户的转移成本并进一步产生锁定效应，而这些因素在有意无意中提高了市场进入壁垒，并最终在马太效应的作用下，使互联网产业很容易出现"赢者通吃"的现象，并且这种特殊的市场结构会在新一轮的网络效应作用机制下不断得到加强。网络效应在互联网产业中的这种特殊作用机制以及互联网企业为应对网络效应采取的上述一系列策略性行为很可能会带来反竞争的效果，所以网络效应成为使互联网产业容易引起反垄断执法机构关注的主要原因；而由于其对互联网产业的市场结构及市场行为乃至市场效率产生重要的影响，网络效应也是反垄断执法机构在对互联网产业进行反垄断审查时必须分析的至关重要的因素（Melamed，1999）。

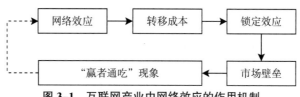

图 3-1　互联网产业中网络效应的作用机制

第三节　竞争性垄断的市场结构

　　现代微观经济学理论通常根据市场的竞争性程度将市场结构划分为完全竞争市场、垄断竞争市场、寡头垄断市场和完全垄断市场四种基本类型，其中完全竞争与完全垄断的市场结构位于市场结构的两极。在传统经济理论中，这一理论框架不仅能包含几乎所有的市场经济行为，而且能运用 SCP 范式有效地解释市场中出现的经济行为（李怀和高良谋，2001）。而且在此框架内，存在着著名的"马歇尔冲突"，竞争与垄断是一对不可调和的矛盾，从而导致市场竞争与规模经济难以兼得。但是随着网络经济的发展，该理论框架已无法解释互联网产业中较常出现的竞争与垄断共生共荣、互相强化的态势。在此情境中，"马歇尔冲突"得以协调。这种新的市场结构是在互联网产业所具有的强大的网络效应和高度动态的创新性等因素的推动下演化出来的。学者们将这种特殊的市场结构称为竞争性垄断的市场结构[①]。

[①]　傅瑜等（2014）将这种市场结构称为"单寡头竞争性垄断"，从其阐述的产业结构特点、形成原因等内容来看，与其他学者所称的"竞争性垄断"并无本质差别，因此本书沿用大多数学者的做法，将这种市场结构称为"竞争性垄断的市场结构"。蒋岩波（2008）则认为"竞争性垄断"市场结构的提法不够准确，因为竞争性垄断市场结构与传统的垄断竞争或寡头垄断并无太大差别。本书对此提法不甚认同，因为在传统市场结构的分类中，垄断与竞争是此消彼长的关系，而"竞争性垄断"市场结构意在着重强调竞争与垄断的互相强化关系，并且竞争性垄断在市场壁垒、产品差异、企业数量等衡量市场结构的指标上与垄断竞争及寡头垄断也有较大的差别，李怀和高良谋（2001）、傅瑜等（2014）对此也有较为详细的论述。详见李怀、高良谋：《新经济的冲击与竞争性垄断市场结构的出现——观察微软案例的一个理论框架》，《经济研究》2001 年第 10 期；傅瑜、隋广军、赵子乐：《单寡头竞争性垄断：新型市场结构建构理论——基于互联网平台企业的考察》，《中国工业经济》2014 年第 1 期；蒋岩波：《网络产业的反垄断政策研究》，中国社会科学出版社 2008 年版。

与传统的市场结构类型相比，竞争性垄断市场结构的一个突出特质是将"可垄断性市场"与"可竞争性市场"这两种二律背反的特质集于一身（李怀和高良谋，2001）。所谓"可垄断性市场"是指，在市场竞争较为激烈的情况下，市场集中度仍然较高的一种状态。这是因为在互联网产业中，由于受网络效应的作用机制及技术不相容定律等因素的影响，市场上出现"赢者通吃"的局面，优势企业能获得垄断地位。而所谓"可竞争性市场"，是指在市场垄断程度较高的情况下，市场上的竞争依旧非常激烈的一种状态。这是因为从某种意义上来说，互联网经济是追求垄断地位的经济，市场中只有获得技术优势和网络规模优势的企业才能存活或者保持垄断地位，也唯有获得垄断地位才能弥补高昂的固定成本并获取规模报酬（孙有平，2003）。也就是说，优势地位的取得或维持关系到一个互联网企业的存亡。因此在互联网市场中，企业为成为行业内的垄断者而展开的竞争异常激烈。互联网产业具有"可竞争性市场"特质的另一个重要原因是，潜在进入者的进入压力也能在一定程度上限制拥有垄断地位的互联网企业实施市场势力。此外，互联网市场快速的创新、特殊的商业模式以及长尾理论效应等特质也会导致互联网市场的包容性竞争（傅瑜等，2014）。在这一系列因素的影响下，互联网市场在集中度较高的情况下仍能保持竞争的活力。

人们通常认为，互联网市场竞争性垄断市场结构的形成源于需求方规模经济。而网络效应又是互联网产业中产生需求方规模经济的源泉（Rohlfs，1974）。这种需求方规模经济的产生须以用户规模达到临界规模（Critical Mass）为前提，若厂商无法有效地使用户规模达到临界规模，则该厂商将面临市场失败的风险，但是一旦其用户规模超过临界点，其用户间会产生很强的网络效应（Economides，1996）。换言之，网络效应的产生存在启动问题，只有用户规模超过临界规模的网络才能产生强大的网络效应，进而通过网络效应的自增强机制使该网络得以存活并发展壮大。其原因在于，用户基础越小（未达到临界规模）的互联网产品越容易导致用户（包括潜在用户）产生悲观的预期并使该产品较难吸引新用户和留住老用户，从而导致该产品用户规模产生自我弱化机制并最终退出市场；而用户基础越大（超过临界规模）的互联网产品越容易促使其用户（包括潜在用户）产生积极的预期并使该产品对老用户和新用户的吸引力增大，从而使该产品用户规模实现自我增强的正反馈效应并最终在市场竞争中胜出。而网络效应的正反馈效应启动后产生的提高用户的转移成本、形成锁定效应、提高市场壁垒等一系列连锁反应（即上文所述的网络效应的作用机制），会导致互联网产业具有"赢家通吃"的结构特征，也就是人们常说的"冒尖"（Tipping）现象。

也有学者从供给方规模经济的角度解释互联网产业中竞争性垄断市场结构形成的原因。（供给方）规模经济是指厂商的平均成本随着产出的增加而下降，而倘若一个厂商在其运营区间内具有一条严格递减的平均成本曲线，则在该运营区间内，该产业以一个厂商生产整个产业的产出是有效率的（卡尔顿和佩洛夫，2009）。经济学中通常将这种产业称为自然垄断产业。从互联网产业生产的产品特征来看，互联网产业的主要产品由传统产业的物质产品转为新经济中的信息产品，而信息产品极易复制再生产，从而使互联网产品的边际成本几乎为零（波斯纳，2003）。从互联网产品生产的投入要素来看，信息和技术知识是该产业的关键资源，其投入资源的特性决定了互联网产业的前期开发成本很高，并且由于信息和技术知识资源具有较高的资产专用性，这意味着互联网产业也面临着较高的沉没成本。由此可见，互联网产业的平均成本会随着产量的增加而下降，具有较强的规模经济效益。尽管（供给方）规模经济并非互联网产业所特有，但是互联网产业的规模经济却比一般自然垄断行业更为极端（傅瑜等，2014）。传统经济的物质资源受资源稀缺性的限制，使（供给方）规模经济受到有效规模的限制，超出该范围将会出现规模不经济，而互联网的投入资源（特别是信息资源）并不受传统产业资源稀缺性的限制，从而使（供给方）规模经济的区间趋于无穷大（李怀和高良谋，2001）。

尽管需求方规模经济和供给方规模经济并非互联网产业中所特有的新事物，但是这两种规模经济同时出现在同一个产业中却是在网络经济条件下才出现的新事物，而这两种规模经济的结合又会产生奇妙的化学反应——需求规模的增长除了能降低供给成本，还能使产品更具吸引力，从而进一步增加了供给方规模经济，而供给方规模经济的增加又会进一步加速需求的增长并使该网络更具吸引力，从而进一步增加了需求方规模经济。可见，互联网产业在这两种规模经济的双重作用以及这两种规模经济的相互促进下形成了极强的正反馈效应，这一特征使得网络经济时代下，整个互联网产业的产生和毁灭的速度都要快于工业时代（夏皮罗和瓦里安，2000）。可以总结出，正是互联网产业中显著的需求方规模经济和供给方规模经济，以及两种规模经济间的互相促进效应引发的强大的正反馈机制构成了互联网产业竞争性垄断市场结构的形成机理（见图 3-2）。

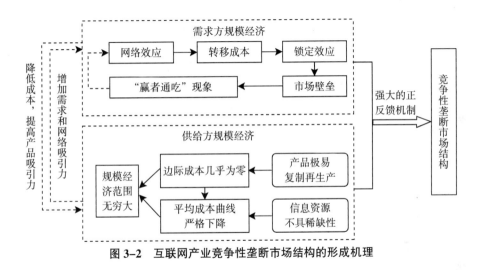

图 3-2　互联网产业竞争性垄断市场结构的形成机理

　　互联网产业中竞争性垄断的市场结构是该产业较易引起反垄断关注的又一个重要原因。这一点从世界范围内多家成功的互联网企业频频遭受反垄断诉讼这一事实也能看出端倪。受哈佛学派结构主义思想的影响，传统反垄断理论往往将市场份额① 作为衡量市场势力的重要指标。许多国家在反垄断法律法规的设置及其反垄断实践中也通常会依据企业的市场份额来推定企业是否拥有市场支配地位并以此作为是否需要做进一步反垄断分析

---

① 此处 "市场份额" 是指企业在相关市场中的市场占有率，而本小节中所述的市场份额大多没有做如此严格的限制，而是指一般意义上的市场占有率的概念。

的重要标准。尽管企业的市场份额与其市场势力不能直接画等号，但是将市场份额作为市场势力的重要衡量指标也有其合理性，因为在同等条件下，垄断厂商通常会为了获取尽可能大的市场势力而努力提高市场份额；同样，一个市场份额很低的厂商通常很难动用很大的市场势力（Motta，2004）。借此，有不少学者提出，鉴于互联网产业中高度集中的市场结构特征，有关当局应密切关注垄断企业可能实施的反竞争行为。但是，也有不少学者认为，在互联网产业中，竞争性垄断的市场结构中竞争与垄断双双被强化的特性不同于传统经济中垄断与竞争之间存在此消彼长的特性，因此应该辩证地看待互联网产业中企业的垄断地位。还有学者进一步强调，互联网产业中的垄断具有不稳定性，企业顷刻之间便可能获得或者失去垄断地位，故而提出有关当局针对该领域的反垄断政策应持相对宽松的态度。诚然，互联网产业中的垄断结构与传统经济中的垄断结构相比有其特殊性，但是这并不能作为其获得"特别通行证"的依据，而只能说需要有关各方在对该领域进行反垄断分析时应更加仔细地分析潜在竞争能在多大程度上限制垄断企业市场势力的实施。

第四节　动态创新性

Petoskey（2001）认为，互联网经济的本质特征是其日益依赖于创新性的产品和服务。从这个意义上说，创新性是互联网产业的本质特征之一。Shelanski（2013）甚至认为，高度动态的创新性是互联网产业唯一的，也是最能恰如其分地体现该产业核心特征的关键词，因为互联网产业一直都是通过密集、持续的研发投入来改善现有产品的应用或开发新产品。互联网产业的这种高度动态的创新性特质从一直以来存在于互联网产业中的摩尔定律（Moore's Law）也可见一斑。根据摩尔定律，计算机硅芯片的功能每 18 个月就能翻一番，而其价格则每 18 个月就要减少一半。该定律不仅反映了互联网产业中信息技术功能变革的日新月异，还揭示了该产业快速增长与持续变革的根源（乌家培，2000）。而根据 Schumpeter（1942）提出的"创造性毁灭"（Creative Destruction）理论，技术创新速度的加快从某种意义上来说会对原有的技术和实施形成一种"毁灭性"的打击，因为当技术创新的周期越来越短，新技术的出现会使原有技术在尚未收回成本之前就已"过剩"。在网络经济条件下，由于技术创新的速度不断加快，"创造性毁灭"现象在互联网产业中表现得尤为突出，在技术创新过程中各方利益的巨大冲突的推动下，技术竞争也更为激烈，从而最终使经济社会在这种"创造性毁灭"的过程中得以发展（于同申，2006）。

由于技术创新是衡量市场绩效的重要指标，经济学家一直在探寻竞争与技术创新之间的关系，而这一问题又集中反映在市场结构与技术创新之间的关系上。围绕市场结构与技术创新的关系问题存在三种典型的观点：以熊彼特为代表的学者认为垄断的市场结构有利于促进技术创新，因为技术创新需要较大的研发投入而且具有很大的不确定性，居于垄断地位的厂商显然比竞争性厂商更有能力承担研发成本与风险，此外，厂商对垄断地位的追求是其不断创新的内在动力；以阿罗为代表的学者认为完全竞争的市场结构更有利于创新，因为垄断厂商在创新过程中存在"替代效应"，这会导致其在均衡状态下的创新激励低于竞争性厂商，因此他们认为垄断是技术创新的"麻醉剂"，垄断企业为了维护既得利益会抑制技术创新，相反，在竞争性市场中，企业为了生存和发展会积极地投入到技术创新中；而以卡曼和施瓦茨为代表的学者认为最有利于创新的市场结构是垄断与竞争并存的市场结构，在这种市场结构中，企业既能避免垄断市场中企业的"惰性"，又能避免完全竞争市场中企业创新能力的约束。受第三种观点的影响，孙有平（2003）提出，互联网产业中特有的竞争性垄断的市场结构是最有利于创新的，在这一市场结构下生存的企业不仅具有致力于创新的动力，而且拥有从事创新的能力，因为在竞争性垄断的市场中，激烈的市场竞争给企业带来的巨大压力和获得垄断地位带来的高额利益是企业技术创新的原动力，而从高度竞争环境中脱颖而出的垄断企业具有为技术创新提供密集、有效的研发投入的能力。有学者通过完全信息条件下的静态博弈分析，发现技术创新和竞争者的潜在进入威胁能够确保竞争性垄断的市场结构是互联网产业的最优市场结构，因为技术创新是互联网产业形成竞争性垄断市场结构的根本动因，而潜在竞争者的进入威胁是在位垄断者持续创新的重要动力（曹宝明和辛馨，2009）。

长久以来，反垄断执法机构和经济学家通常认为技术创新比静态的价格竞争更能促进经济增长和社会福利的增加（Baker，2007b），因而激发厂商的创新热情、促进创新技术的发展从而推动经济和社会发展也是反垄断政策实施的核心目标之一。就互联网产业而言，互联网产业的关键特征之一是其产出主要是知识产权等无形产品，而非传统产业的有形产品。而"生产"知识产权类产品往往意味着该产业的固定成本较高而边际成本却较低甚至可以忽略不计。互联网产品生产成本的这一特征说明降低平均成本的关键是提高产品的销售量，因此互联网厂商会尽量增加产品的销售量和用户数量；相应地，在厂商扩大销售量的努力下，产品的价格通常会在短期内立即下降（Shapiro & Varian，1999）。从这个意义上说，厂商为启动互联网产业中普遍存在的、强大的正反馈机制，努力成为行业的领先者以扩大知识产权类产品的覆盖范围是有利于消费者的，而且也是值得鼓励和保护的（Petoskey，2001）。按照这个逻辑，知识产权保护对维护该产业的健康发展是极为重要的，若无知识产权保护，则投入研发的企业很可能由于竞争者的"搭便车"行为导致开发者无法收回投资（Posner，2001），从而严重挫伤企业研发的积极性进而损害消费者福利和社会整体福利。然而，知识产权保护是一把"双刃剑"，在鼓励和保护厂商创新的同时，其竞争特性会导致市场中出现单寡头垄断者或者完全的垄断者。其原因在于以下两点：首先，知识产权保护的相关法律法规赋予了厂商在一定时间范围内排除竞争的权利，从而使其具有了一定的垄断势力；其次，知识产品往往具有很强的网络效应，拥有知识产品的厂商有激励推动该产权背后的技术成为行业内的技术标准，因而知识产权的这种标准化倾向会减少行业内的竞争并导致垄断性市场结构的出现，而垄断性市场结构不仅可能导致排除限制竞争后果的出现，更可能阻碍创新的进一步发展（Petoskey，2001）。

也有学者认为，技术创新是产业组织结构演进的重要动力和内在原因之一，它既能帮助在位企业维持垄断地位，也能帮助潜在竞争企业打破原有的垄断格局并在新的市场竞争中获得垄断地位，而究竟是在位企业还是潜在竞争企业能在竞争中获胜则关键取决于谁能在技术创新和专利竞赛中掌握主动权（海和莫瑞斯，2001）。尽管网络效应及技术不相容定律的存在会使市场中出现技术锁定现象并形成上文所述的竞争性垄断的市场格局，但正因如此，互联网企业要想在竞争中获胜必然需要通过技术创新并形成新的技术标准。从这个意义上说，技术创新与标准之争是互联网企业在市场竞争中产生新的正反馈机制并最终在竞争角逐中脱颖而出的不二法门。一旦有企业通过技术创新形成新的标准，则旧有的垄断格局将会被打破，新的垄断格局就此产生。换言之，互联网产业的动态创新性特点使该产业内企业获得和失去垄断地位比传统工业经济要快，并且技术创新的速度越快，企业获取或失去垄断地位的周期就越短。鉴于此，有学者认为，高度动态的创新性会使互联网企业无法长期获得垄断势力，依靠市场力量便足以有效而快速地打破垄断势力而无须通过任何政府的规制手段（Shapiro & Varian，1999）。这些论述有其合理性，但是我们依然要清楚地认识到，互联网产业等高科技产业中知识产权保护法律法规、网络效应造成的商标识别系统及企业声誉等因素的存在一方面有利于在位企业，另一方面会使进入者的进入更加困难。规模较大的企业不仅有很强的动机而且有很大的便利阻止更有效率的竞争者的进入行为，更何况就算互联网产业中优势企业的垄断地位不像传统工业经济中有些企业那样持续近半个世纪，但即便是获得十年、二十年的垄断优势地位仍足以造成社会经济资源的巨大浪费、损害社会福利、阻碍科学技术的进一步发展等严重后果（Petoskey，2001）。

　　为检验互联网产业高度动态创新的特征对市场竞争格局的影响，本书以中国互联网企业为例，通过收集工业与信息化部历年公布的《中国互联网企业百强排行榜》整理出 2010~2015 年中国互联网企业十强榜单（见表3-1），该榜单是依据当年各互联网企业年度信息服务收入进行编制的。从表 3-1 可以看出，短短六年时间里，榜单中各大互联网企业的排序发生了较大的变化。有些企业在激烈的市场竞争中脱颖而出，如奇虎 360 在 2011 年迅速成长，其年度信息服务收入排名从 2010 年的第 51 位迅速蹿升至第

11 位，并于 2012 年成功跻身榜单的前十名（居第 7 位），随后几年的排名虽然有起伏，但都位列榜单前十名。另一个成长速度惊人的企业是小米科技，该公司 2012 年在百强榜单中仅居第 91 位，短短一年的时间里（即到 2013 年），该公司成功跻身榜单前十名（居第 7 位）。而 2010 年在榜单中居第 5 位的阿里巴巴则用了四年的时间（即到 2014 年）超越一直雄踞榜单第 1 名的腾讯公司，并且其市值在 2015 年已经超过了腾讯（第 2 名）和百度（第 3 名）市值的总和。在这六年间，也有企业在市场竞争中逐渐失利。比如在 2010 年仍是中国互联网百强企业榜单前十强的盛大网络和盛大游戏到 2015 年均已跌出互联网百强企业榜单。此外，在 2010 年位于榜单第 2 名的京东商城在 2011 年跌出了十强，经过两年的整改，直到 2013 年才重回十强榜单（居第 4 位）。此外，腾讯公司近六年的表现虽然一直都很不错，但自 2014 年，此前一直稳居榜首的腾讯公司退居第 2 位，阿里巴巴则一跃成为榜单中的第 1 名。从表 3-1 显示的信息来看，中国互联网企业的竞争确实比较激烈，也能从一定程度上反映出中国互联网产业中企业优势地位的更替较传统产业要更快。但是正如 Petoskey（2001）所言，这并不足以证明互联网企业可以免受反垄断法律法规的约束。我们仍应留心互联网企业优势地位的变动情况，密切关注具有优势地位的企业可能采取的排斥、限制竞争以及阻碍科技创新的行为。

表 3-1　2010~2015 年中国互联网企业十强排行榜

排名	2010 年	2011 年	2012 年	2013 年	2014 年	2015 年
1	腾讯	腾讯 (→)	腾讯 (→)	腾讯 (→)	阿里巴巴 (↑1)	阿里巴巴 (→)
2	京东商城	网易 (↑2)	阿里巴巴 (↑4)	阿里巴巴 (→)	腾讯 (↓1)	腾讯 (→)
3	百度	百度 (→)	百度 (→)	百度 (→)	百度 (→)	百度 (→)
4	网易	搜狐 (↑5)	网易 (↓2)	京东商城 (↑7)	京东商城 (→)	京东商城 (→)
5	阿里巴巴	盛大网络 (↑1)	搜狐 (↓1)	搜狐 (→)	奇虎 360 (↑1)	网易 (↑2)

续表

排名	2010 年	2011 年	2012 年	2013 年	2014 年	2015 年
6	盛大网络	阿里巴巴 （↓1）	新浪 （↑4）	奇虎 360 （↑1）	搜狐 （↓1）	乐视 （↑18）
7	淘宝网	完美世界 （·）	奇虎 360 （↑4）	小米科技 （↑84）	网易 （↑1）	携程 （↑2）
8	盛大游戏	巨人 （↑13）	盛大网络 （↓3）	网易 （↓4）	新浪 （↑2）	小米科技 （↑10）
9	搜狐	号码百事通 （·）	巨人 （↓1）	苏宁云商 （↑9）	携程 （↑6）	滴滴出行 （·）
10	卓越亚马逊	新浪 （↑3）	完美世界 （↓3）	新浪 （↓4）	搜房 （↑9）	奇虎 360 （↓5）

注：①本表根据各互联网企业的年度信息服务收入进行排序，且榜单的年份数据是指该信息服务收入指标被统计时的年份，而非工信部公布榜单的年份。②本表中括号内显示的是上榜企业较上一年度排名的变动情况。其中，"→"表示排名与上一年度一致，"↑"表示位次上升情况，"↓"表示位次下降情况，"·"表示该企业上一年度未进入百强榜，因而位次变动情况不详。

资料来源：笔者根据工业与信息化部历年公布的《中国互联网企业百强排行榜》整理而得。

　　互联网经济中快速变化的网络技术经济和经济结构，以及相应的市场结构使人们关注到一个重要的竞争政策问题，即针对互联网产业的反垄断执法是否能在保护消费者的同时又不至于干扰互联网产业这种正在飞速发展而又尚未被完全理解的复杂商业体系的正常发展（Evans & Schmalensee，2002；Shelanski，2013）。对动态变化市场中的创新性企业进行反垄断执法是一种冒险的行为，即便在反垄断施法与反垄断经济研究已取得重大进步的今天依然如此（Manne & Wright，2011）。有学者认为，由于互联网产业同时具备供给方规模经济和需求方规模经济，较高的市场集中度有利于发挥双重规模经济优势从而提高产业内的静态效率，并且互联网企业为了获取或维持垄断地位而进行的持续创新行为又能提高产业内的动态效率，而反垄断执法部门的不当干预很可能会抑制这两种效率的产生并最终有损于社会福利，因此对像互联网产业这种同时具备较强网络效应和较高创新性的产业而言，相应的反垄断政策宜宽不宜严（傅瑜等，2014）。但正是由于网络效应的创新性特征同样也会带来反竞争的效果，反垄断执法中的消极失误成本也不容小觑。

第五节　本章小结

　　深刻理解互联网产业的技术经济特征是解决当前互联网产业反垄断分析，特别是相关市场界定分析中遇到的困难与挑战的关键所在，也是反垄断执法机构在该领域内正确实施反垄断政策的重要前提。因此本章基于反垄断经济学的视角，从商业模式、网络效应、市场结构和创新表现等角度详细分析了互联网产业的技术经济特征及其对市场竞争及竞争分析的影响，以期为后续探索互联网产业相关市场界定方法找到突破口。

　　基于双边市场的免费商业模式是互联网产业中通行的商业模式，它是传统反垄断分析理论和工具无法适用于互联网产业的症结所在。本书通过分析发现，免费商业模式是互联网企业利润最大化的策略选择，而其盈利性的本质是免费互联网产品须接受反垄断审查的理论基础，也是解决免费产品的相关市场界定问题的突破口。虽然互联网产业所具有的强大的网络效应是传统产业所无法比拟的，但由网络效应所引起的转移成本、锁定效应和市场进入壁垒等一系列连锁反应也很可能会带来反竞争的效果，因此网络效应是互联网产业进行反垄断分析中必须考量的重要因素。而在供给方规模经济和需求方规模经济的双重作用下形成的竞争性垄断的市场结构是互联网产业的又一重要特征，也是其引起反垄断关注的重要原因。尽管在这种市场结构条件下互联网产业表现出高度垄断与高度竞争并存的现象，并使市场份额在衡量市场势力时的指示性作用有所降低，但是仍应密切关注它们可能引起的反竞争效应。需要强调的是，在反垄断分析中既不能夸大垄断性结构的反竞争效果，也不能过分夸大其高度竞争性特征在促进市场竞争中所起的作用，而应仔细衡量潜在的竞争因素能在多大程度上限制在位垄断企业实施市场势力。高度动态的创新性是互联网产业的核心特征，它所产生的创造性破坏力量可能使互联网企业在顷刻之间获得或失去垄断地位。互联网产业的这一特征要求在反垄断分析中应该考虑相关时间市场因素，并注意观察企业的长期表现。

第四章 互联网产业的需求替代分析

曾一度引起社会普遍关注的奇虎360诉腾讯滥用市场支配地位案虽然已经于2014年10月中旬审结，但该案仍遗留一些问题，如相关市场界定、互联网的网络外部性等，对此进行深入的经济分析仍大有裨益。纵观案件的审理过程，相关市场界定是各方争论的焦点，而即时通信产品与（移动和桌面）社交产品（微博）是否同属一个相关市场是争论的关键问题所在。即时通信产品与社交产品（微博）都是免费的网络沟通途径，并且都具备保留用户档案和检测其他用户在线状态的功能。两者的关键区别在于社交网络主要针对大量用户间的群体交流，对即时的功能要求偏低。相对而言，即时通信产品专注于为相对少的用户群提供同一时间的交流，对交流沟通的即时性要求较高。尽管存在前述差异，仍不能完全排除这两种产品可能存在重叠，使社交网络可以限制即时通信产品垄断者的行为。例如，限制其盈利性地增加价格或者降低质量。

控辩双方就案件中相关产品的相关性进行了辩论。广东省高级人民法院（一审法院）采用了SSNIP的分析思路，最后判定即时通信产品与社交产品（微博）应纳入同一个相关市场。而最高人民法院在终审判决中支持了一审法院的大部分判定，但就该问题予以了纠正，认为即时通信产品与社交产品（微博）不属于同一相关市场。各方在这一问题上存在分歧的根本原因在于未能就相关产品市场界定提供关键性的经济分析证据，如需求替代及网络效应的直接证据。而无法就相关产品的需求替代性进行实证分析的主要原因在于，涉案企业采用的是基于双边市场的免费商业模式，这种特殊业态使现有基于价格理论和单边市场逻辑的传统反垄断分析方法无法直接适用；此外，缺乏传统分析替代或转移行为所需的数据是另一个重要原因。

基于类似的原因，在其他国内外已审理的多起涉及互联网企业的反垄断案件中，各方就如何实证分析涉案产品的相关市场等问题均选择了回避（张昕竹和黄坤，2013）。但由于其本身所具有的网络效应等特性，互联网企业已成为近年来各国反垄断审查的重要对象（Spulber & Yoo，2014）。更重要的是，种种迹象表明，该领域的反垄断调查案件还会继续增加（Evans，2012）。如果这些核心问题不能得到有效解决，该领域的反垄断执法将会遇到很大挑战，由此产生的社会成本很可能是巨大的，并将直接影响目前最有活力的互联网产业的发展。但非常遗憾的是，国内外经济学界对该问题仍未形成一个公认较好的分析框架。

在反垄断实践中，需求替代分析是相关市场界定的重要依据，其中如何计量反映涉案产品需求替代关系的相关指标，如自弹性、交叉弹性、转移率等，是需求分析的基本内容，也是界定相关市场和认定市场支配力的关键。为了解决免费产品问题，本书以奇虎360诉腾讯案为例，采用结构计量的方法，利用相关优化条件和Lerner指数构造需求弹性结构方程，并通过设定嵌套选择模型，构造反映不同即时通信产品和微博产品的需求替代性关系的结构方程，并利用艾瑞互联网用户使用数据估计出相关的弹性，由此分析涉案产品的需求替代性，以期解决互联网企业所具有的免费特性和双边市场特征给反垄断分析带来的难题。

本章的贡献在于以下三点：①通过构造结构计量方程，得出相关弹性的估计方程，从而解决没有价格信息下的弹性分析问题；②通过对真实案例中的产品进行需求替代分析，为免费产品和（或）双边市场的需求替代分析提供一个分析思路；③运用本章得出的关键经济参数可进一步运用SSNIP相关方法界定相关市场，从而为解决该领域的相关市场界定的实证分析难题提供一个解决路径。

第一节　相关研究背景

在 Rochet 和 Tirole 于 2001 年最先建立双边市场理论框架后[1]，该理论被大量运用于经济学、法学和商业的研究，并且对反垄断理论与实践产生了深远的影响。双边市场是指能同时满足两组（多组）不同消费群体需求的平台，并且该平台的交易量不仅取决于平台向两端顾客群体收取的价格总水平，还取决于其价格结构。也就是说给定平台价格总水平不变，平台向一端顾客群体增加一定额度的收费，同时向另一端顾客群体减少相应额度的收费，会导致平台总交易量发生变化（Rochet & Tirole，2003，2006）。双边市场的核心特征有三点：一是须同时满足平台各端消费群体的需求，以此解决"鸡蛋相生"问题（Chicken and Egg Problem）；二是间接网络外部性，即平台对一边用户的价值取决于平台另一边用户的数量；三是平台在制定利润最大化的价格策略时，通常采取"非中立"的价格结构，即平台的最优价格策略可以是向平台一端客户收取低于边际成本的价格、零价格甚至负价格（Rochet & Tirole，2003，2006；Evans，2003a；Ambrus & Argenziano，2009；Rysman，2009；Weyl，2010）。

至于如何对双边市场进行反垄断分析，早期的一些评论认为，双边市场不过是"新瓶装旧酒"，并未给反垄断分析工具带来实质性的挑战，因而不需要特别调整分析工具。但是，双边市场所具有的上述特征是标准厂商理论无法解释的（Rochet & Tirole，2003），并且从 2000 年以来的大量文献中可得出一个稳健的结论，即从单边市场商业模型里推导出来的反垄断分析结论通常无法直接适用于双边市场；相应地，传统的分析工具，如

---

[1] 该文于 2003 年正式发表，详见 Jean-Charles Rochet，Jean Tirole，"Platform Competition in Two-Sided Markets"，*Journal of the European Economic Association*，Vol.1，No.4，2003，p. 990-1209.

SSNIP等，若不经过调整也无法直接适用于双边市场（Evans & Schmalensee，2013）。Wright（2004）历数了将传统单边市场的反垄断分析逻辑运用于双边市场可能带来的八种错误。出现这些错误的主要原因，或者说双边市场带来的主要挑战，在于传统的分析工具忽略了平台两边客户需求之间的依赖关系，特别是他们需求之间的乘数效应。具体而言，当提高平台A端的价格后，其自价格弹性会导致A端的需求量下降，而由于B端顾客从平台获得的效益取决于A端的需求量，A端需求量的下降会导致B端需求量的下降，相应地，B端需求量的下降又会反过来引起A端需求量的下降，以此往复（Evans & Noel，2005）。为解决该问题，在一系列假设下，Evans和Noel（2008）、Filistrucchi（2008）推导出了运用于双边市场的临界损失分析计算公式，但是因假设过于严格以及运算过程太过复杂而较难运用于反垄断分析的实践。

另外，双边市场通常采用非中立的价格结构，对于互联网产业而言，通行的做法是为平台一端的顾客提供免费的产品或服务，即采用免费的商业模式。当被诉垄断行为发生在免费一侧时，除了上述双边市场反垄断分析的困扰以外，"免费"又带来了新的难题。人们首先面临的问题是，免费产品是否应该接受反垄断审查。有学者认为，顾客是免费获得产品的，因而不存在交易，也就自然不能适用规制交易行为的反垄断法（Sousa，2014）。还有学者认为，对于免费产品而言，没有价格便没有市场，没有市场也就没有市场势力，因而就不需要接受反垄断审查（N. Newman，2011）。但是随着研究的深入，现如今越来越多的学者对上述观点予以驳斥，特别是随着注意力经济学的兴起，人们逐渐意识到免费产品并不是真正免费，人们只是以零价格获得该产品，但支付了注意力和信息等重要的无形资产，而隐藏于这些重要无形资产背后的价值便被认为是免费产品的价格（Gal & Rubinfeld，2016；Evans，2013a；Shelanski，2013）；企业则可利用这些无形资产从事盈利活动，这种转换等价于交易（J. M. Newman，2015）。在数字经济中，变成重要无形资产的顾客的注意力、私人信息和（或）信息的信息越多，信息交换也就越普遍（Shelanski，2013）。另外，免费产品不会改变企业和消费者对产品供给和需求的基本属性的认识。企业在提供免费产品时，仍然需要决定该产品的投资规模及如何货币化该产品的消费群；而顾客在确定某类免费产品的使用量时，仍然需要考虑获取该产品所消耗的机会成本及存在的其他替代产品（Evans，2011）。此外，企业通常在提供免费产品的同时提供与之配套的收费产品，并通过而向同一（组）顾客或不同（组）顾客出售它们来提高总体利润（Evans，2011）。并且，企业提供免费产品时通常能便利地为其自身经营的其他竞争性产品提供广告并培养大量忠实的顾客（甄艺凯和孙海鸣，2013），从而为该企业在竞争性产品市场竞争中创造有利条件。由此可见，免费产品理应接受反垄断审查。

随之而来的问题是，如何对免费产品进行反垄断分析，即在进行相关市场界定时如何处理企业提供的免费产品与收费产品的关系，以及采用何种分析工具。N. Newman（2014）认为，免费获取服务的顾客实际上已成为企业的产品而非消费者，故并不存在市场，而反垄断当局最终应关注的是该企业与广告商之间的市场，即只关注收费端产品市场。但是，互联网平台一端的顾客之所以能以零价格获取产品，很大程度上是因为另一端顾客的交叉补贴；并且无论从利润最大化的角度还是社会福利最大化的角度看，这种"非中立的价格结构"都是最优的价格（Rochet & Tirole，2006）。这些结论都表明，无论是从供给还是需求的角度看，将平台两端的产品割裂开来是不科学的。因此在任何反垄断审查中，都应同时考虑平台两端的产品，而不能仅关注某一端（Wright，2004；Gal & Rubinfeld，2016；Evans，2011），但对于具体该如何操作学者们尚未给出权威的答案。

然而，传统反垄断分析方法大多建立在价格理论的基础上，当直接运用它们分析免费产品时会带来很大的困扰。最典型的问题是，当直接运用SSNIP分析免费产品时，零价格乘以任一上涨幅度，价格仍为零（Evans，2011），从而导致SSNIP分析方法无法直接适用。有学者提出一种变通的方法，即采用一个微小的价格总量增加，而不是百分比增加（徐炎，2014）。这种方法虽看似可行但经不起推敲，因为偏离零价格的任意小的一个正价格，其价格上涨幅度为无穷大，从而背离了SSNIP分析的基本精神。

囿于产品的零价格，一些学者提出了将 SSNIP 变换成 SSNIQ（小幅、非暂时的质量变化）（Gal & Rubinfeld，2016）和 SSNIC（小幅、非暂时的成本变化）（J. M. Newman，2014）。张昕竹和黄坤（2013）提出可以通过影子价格、隐性价格等方式衡量免费产品的"价格"，再运用 SSNIP 方法进行分析；同时，他们还提出了假定垄断者行为测试的思想。黄坤（2014a）在该文的基础上进一步阐述了假定垄断者行为测试方法，并运用该方法对奇虎 360 诉腾讯案进行分析。此外，黄坤（2014b）还尝试将互联网提供的免费服务看作平台的基础投资，将收费服务收入看作平台收益，从而将互联网免费双边平台问题转化为普通的单边收费平台问题加以分析。这种双边市场单边化的处理方法虽有一定的借鉴意义，但却未能很好地体现基于双边市场的免费商业模式中所蕴含的核心要义。

本书以奇虎 360 诉腾讯案为例，通过构建既能解决"免费"产品对需求分析的挑战，又能体现互联网平台两端客户需求之间相互依赖关系的数理模型，并运用第三方（艾瑞）数据对涉案产品进行实证的需求替代分析，以期为免费产品和双边市场的反垄断分析提供一个分析思路和分析框架。

第二节　基本模型设定

由 McFadden（1981）提出的选择模型（Logit Model）在大量涉及差异化产品的反垄断案件中得到了广泛的应用（Werden & Froeb，1993）。该模型的优点在于仅需市场份额和商品价格等数据，就能得到诸如自弹性、交叉弹性和转移率等丰富的需求替代性参数。并且 Anderson 等（1992）的研究进一步表明，每种商品的市场份额和价格等信息与由此推断出的消费者需求参数之间具有唯一对应性。由此可以看出，在反垄断领域中，可以基于产品的市场份额和价格序列等数据，推断出产品的自弹性、交叉弹性等需求参数。

Berry（1994）在以往研究的基础上，将可观测的产品特征向量、消费者特征向量及不可观测的产品特征向量引入嵌套选择模型（Nested Logit Model），并将模型进行线性化处理以解决传统 Logit 模型中由于参数过多而难以估计的问题。结合本书所选取的案例的特点，笔者将以 Berry（1994）的模型为基础并加以改进，构建涉案产品活跃用户数市场份额模型、企业目标利润模型，并通过模型的优化条件及转化 Lerner 指数的估计条件，最终推导出涉案产品的自弹性、交叉弹性及转移率等需求替代性参数的计算公式。

一、活跃用户数市场份额模型构建

奇虎 360 诉腾讯案争议的焦点在于，即时通信产品与微博产品这两个产品集合之间的替代性高低问题。从产品选择集看，即时通信产品集合和微博产品集合内部都有多种产品可供选择。一般而言，在各产品集合内部，产品之间的替代性较高；但产品集合之间产品的替代性程度需要估计才能得到。在正式建模之前，笔者结合本案信息，先验地假定用户选择集包括三个选择子集：子集 g_1 为即时通信产品，包括腾讯 QQ、MSN、飞信等产品；子集 g_2 为微博产品，包括新浪微博、腾讯微博、百度微博等；子集 O 为外部产品，产品集合嵌套结构如图 4-1 所示。定义子集 g_1、g_2 内对应的产品分别为 j_m 和 k_n，其中 $m \in (1, J)$，$n \in (1, L)$；反映组内相关性的参数分别为 ρ_1 和 ρ_2[①]。约定产品 j_m、k_n 在整体市场中的份额分别为 s_{j_m}、s_{k_n}；而产品 j_m、k_n 在子组内的市场份额分别为 s_{j_m/g_1}、s_{k_n/g_2}。此外，在行文中为了表述方便，有时会采用产品 j 笼统表示子集 g_1 和 g_2 中的产品（包括 j_m 和 k_n），用 s_j 笼统地表示各产品在整体市场中的市场份额（包括 s_{j_m} 和 s_{k_n}）。

---

① $0 \leqslant \rho \leqslant 1$，$\rho$ 越接近于 1，说明组内产品的相关性越大，使用嵌套选择模型是合适的；反之则反是。

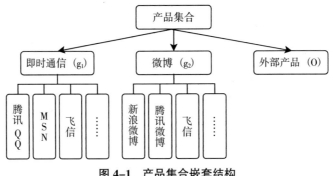

图 4-1　产品集合嵌套结构

根据 Berry（1994）的研究，在效用最大化框架内，消费者（i）选择某一差异化产品（j）的效用取决于产品特征和消费者偏好及不可观测的产品特征等因素，即：

$$u_{ij} = \sum Z'_j \beta - ap_j + \Im_j + \varepsilon_{ij} \tag{4-1}$$

其中，p_j 为产品的价格，作为度量产品特征的指标；Z_j 为度量消费者偏好的指标，通常包括性别、年龄、收入、受教育年限等人口统计学特征变量；$\Im_j$ 为不可观测的产品特征；ε_{ij} 为随机误差项，且 ε_{ij} 满足广义极值分布。

但是在本书中，涉案产品均是免费的，没有一般意义上的价格信息，而产品质量、隐性价格等信息又难以度量，因此采用每用户单位在线时长（记为 MOU）代替传统意义上的价格指标来作为产品特征指标。这一选择的原因在于，互联网企业竞争的核心在于用户的注意力并以此获利（Evans，2014），并且基于理性人的假设，用户使用某款即时通信（或微博）产品的在线时长是其在效用最大化的情况下根据产品特性愿意并且能够"支付"的最长时间，它与消费者的效用成正比，并且反映了网络效应的强弱。由此可见，用户单位在线时长（MOU）是度量产品特性的合意指标。因此在本案中，消费者选择某一即时通信（或微博）产品 j 的效用为：

$$u_{ij} = \sum Z'_j \beta + \gamma \ln(MOU_j) + \Im_j + \varepsilon_{ij} \tag{4-2}$$

其中，参数 Z_j 是即时通信（或微博）产品的用户个体特征指标，度量的是这些用户的偏好。根据嵌套选择模型（Nested-Logit Model），随机效

用 ε_{ij} 的均值为 0，定义产品 j 的确定性效用的均值为 δ_j，并定义 δ_j 为：

$$\delta_j \equiv \alpha_0 + \gamma \ln(MOU_j) + \sum Z_j' \beta \tag{4-3}$$

其中，α_0 表示该种产品不可观测变量的均值，该式在下文模型推断中将会起到重要作用。

根据嵌套选择模型，某一产品的市场份额即为该产品被消费者选择的概率。以选择即时通信产品子集（g_1）内某款即时通信产品 j_1（如腾讯 QQ）为例，用户先在市场中选择即时通信产品子集（g_1），而后在 g_1 中选择某款即时通信产品 j_1。因此用户最终选择产品 j_1 的概率为在整体市场中选择即时通信产品子集（g_1）的概率乘以在 g_1 中选择产品 j_1 的概率。

为了得到市场份额的表达式，首先得到用户选择即时通信产品子集（g_1）的概率为：

$$s_{g_1} = \frac{(D_{g_1})^{(1-\rho_1)}}{(D_{g_1})^{(1-\rho_1)} + (D_{g_2})^{(1-\rho_2)} + (D_o)} \tag{4-4}$$

其次，在即时通信产品子集（g_1）内，某一款即时通信产品 j_1 被选择的概率为：

$$s_{j_1/g_1} = \frac{\exp(\delta_{j_1}/(1-\rho_1))}{\sum_{m=1}^{J} \exp(\delta_{j_m}/(1-\rho_1))} \tag{4-5}$$

其中，$\delta_{j_1} = \alpha_0 + \ln(MOU_{j_1})\gamma + \sum Z_{j_1}' \beta$。为方便表达，将式（4-5）中的分母定义为：$Dg_1 = \sum_{m=1}^{J} \exp(\delta_{j_m}/(1-\rho_1))$。

给定上述两个条件概率，按照选择次序，子集 g_1 内某款即时通信产品 j_1 的市场份额为：

$$s_{j_1} = s_{j_1/g_1} s_{g_1} = \frac{\exp(\delta_{j_1}/(1-\rho_1))}{(D_{g_1})^{\rho_1} \left[(D_{g_1})^{(1-\rho_1)} + (D_{g_2})^{(1-\rho_2)} + (D_o) \right]} \tag{4-6}$$

同理可得到微博产品子集（g_2）内的某款微博产品 k_1（如新浪微博等）的市场份额 s_{k_1}。将子集 g_1 中某款即时通信产品 j_1 的市场份额 s_{j_1}，与子集 g_2 中某款微博产品 k_1 的市场份额 s_{k_1} 相除，再取对数进行线性化处理，整理后可以得到如下设定方程：

$$\ln s_{j_1} - \ln s_{k_1} = (\delta_{j_1} - \delta_{k_1}) + \rho_1 \times \ln(s_{j_1/g_1}) - \rho_2 \times \ln(s_{k_1/g_2}) \tag{4-7}$$

估计方程（4-7）即可得到即时通信产品子集（g_1）和微博产品子集（g_2）的组内相关性参数 ρ_1 和 ρ_2、各用户属性变量及变量 MOU_j 的系数。

二、Lerner 指数估计的条件转换

在反垄断经济研究中，Lerner 指数是评估产品可替代性以及分析市场支配势力的重要工具。一般情况下，均采用价格、成本等信息予以估算。但是本案涉及的即时通信产品与社交网络产品等均为基于双边市场的免费产品（出于结构和行文的需要，本书将在第五章中详细论证涉案企业的双边市场特性），而人们通常认为获得免费产品一方用户是由于获得了平台另一边用户的交叉补贴，平台也能通过制定这种非中立的价格结构来提高平台总交易量并实现平台利润最大化。但是，从注意力经济学的角度来看，传统意义上的受补贴一方实际上并不是真正获得平台（或平台另一端用户）的无偿补贴，而是支付了注意力、信息等重要的无形资产，这些无形资产可以视为平台向其收取的隐性价格。但是，由于这些产品的隐性价格难以度量，且其显性价格为 0，需要做一些合理的转换以计算 Lerner 指数，并为后续评估案件中即时通信（或微博）产品的可替代性做准备。因此在计算中，假定有 N 种即时通信（或微博）产品，产品 j 存在某个虚拟价格（隐性价格）p_j，其需求量 q_j 取决于相关市场中所有产品的价格（包括其自身价格）及该产品用户人口统计特征向量 $X\beta$，则可得到产品 j 的一般性利润函数表达式：

$$\pi_j = (p_j - c_j) \times q_j(p_1, \cdots, p_i, p_j, \cdots, p_N, X\beta) \tag{4-8}$$

对上述利润函数求一阶导数，可以得到利润极大化条件，即 $\frac{\partial \pi_j}{\partial p_j} = q_j +$

$(p_j - c_j) \times \frac{\partial q_j}{\partial p_j} = 0$，整理后最终可以将 Lerner 指数的计算条件转换为：

$$\frac{(p_j - c_j)}{p_j} = \frac{1}{\varepsilon_{jj}} \Rightarrow \frac{\pi_j}{R_j} = -\frac{1}{\varepsilon_{jj}} \tag{4-9}$$

通过上述转换后的 Lerner 指数条件具有以下优势：一是对于某个产品 j 的自弹性 ε_{jj}，可根据其利润与收入的比值换算得到，而无须利用真实的价格信息，也无须估计免费产品的隐性价格，从而大大地减少了反垄断分析的工作量，降低了分析成本；二是平台两端客户需求之间的相互依赖性及其乘数效应经过一年以上时间的调整，最终会体现在平台在各端产品的收益以及平台的总体收益上，因此运用平台某端产品市场的利润和收入信息计算的弹性系数实际上已经考虑了两端客户之间的依存性。较之运用平台总收益与总收入信息，采用平台免费一端产品市场的收益与收入信息得到的分析结果更契合双边市场的性质。但是，在本案分析中，由于很难得到独立的即时通信（或微博）等免费产品的利润和收入数据，需要进一步建立模型予以估计。

三、利润目标函数模型构建

在互联网产业中，各企业竞争的焦点是如何吸引用户注意力，让用户在线驻留时间尽可能长，正如电视台关注"用户收视率"指标，互联网企业通过收集用户收视率指标以便收集分析用户上网数据、挖掘用户偏好、寻找商业模式（如精准投放广告）等进行变现。因此，互联网企业的核心竞争工具是通过提供各种免费服务、不断创新改善用户体验以提升用户黏性，即增加单位用户的平均在线时长，而后通过增值服务、出售广告等获取收入，用这些收入减去流量增加带来的存储和计算成本后，就是企业利润。对本书选取案例中的即时通信产品和微博产品而言亦是如此。

因此对即时通信（或微博）产品 j 而言，设定其利润目标为：

$$\pi_j = \left[I_j \times MOU_j - c(MOU_j) \right] \times s_j(\delta_j) \times N \tag{4-10}$$

其中，参数 MOU_j 代表即时通信（或微博）产品 j 的用户单位在线时长；参数 I_j 代表即时通信（或微博）产品 j 的每个用户单位在线时长给企业带来的平均收益。也就是说，相同的每单位用户在线时长给不同互联网企业带来的平均收益是有差异的，该参数取值的大小可以反映各互联网平台货币化单位用户平均在线时长能力的强弱。参数 $C(MOU_j)$ 代表每单位用户在线时长的存储和计算成本，可设定为 $c(MOU_j) = c_0 + c_1 \ln(MOU_j)$；参数 s_j 代表单位时间内订购即时通信（或微博）产品 j 的活跃用户账号的份额[①]，某一款即时通信（或微博）产品市场份额的高低取决于该产品能为其使用用户带来的确定性效应 δ_j 的高低；参数 N 代表单位时间内市场上活跃用户账号总数。

四、模型的优化条件

从利润函数模型，即式（4-10）可知，参数 MOU_j 为非负数，即 $MOU_j > 0$，并且利润函数连续且可导，因此运用即时通信（或微博）产品 j 的每用户单位在线时长 MOU_j 对其利润函数进行求导，便可得到模型的优化条件如下：

$$\frac{\partial \pi_j}{\partial MOU_j} = \left[I_j - \frac{\partial C(MOU_j)}{\partial MOU_j} \right] \times s_j + \left[I_j \times MOU_j - c(MOU_j) \right] \frac{\partial s_j}{\partial MOU_j} = 0 \quad (4-11)$$

该模型优化条件虽看似复杂，但是仍然遵循基本的经济学框架，即在边际成本等于边际利润处可以得到利润最大化时的 MOU_j。对式（4-11）进行整理后便可得到如下计量方程：

$$\left(s_j + MOU_j \frac{\partial s_j}{\partial MOU_j} \right) = \frac{c_1}{I_j} \left(\frac{s_j}{MOU_j} + \ln(MOU_j) \frac{\partial s_j}{\partial MOU_j} \right) + \frac{c_0}{I_j} \left(\frac{\partial s_j}{\partial MOU_j} \right)$$

$$(4-12)$$

在式（4-12）中，$\frac{\partial s_j}{\partial MOU_j}$ 可由式（4-6）对 MOU_j 微分整理后得到，即：

$$\frac{\partial s_j}{\partial MOU_j} = s_j \left(\frac{1 - \rho_i s_{j/g_i}}{1 - \rho_i} - s_j \right) \frac{\hat{\gamma}}{MOU_j} \quad (4-13)$$

式（4-13）中的下标 $i = (1, 2)$，即 g_i 表示子组 g_1 或子组 g_2；ρ_i 表示组内相关性参数 ρ_1 或 ρ_2。该式可根据计量方程（4-7）的估计结果直接计算出来，将式（4-13）代入式（4-12），即可估计出参数 $\frac{c_0}{I_j}$、$\frac{c_1}{I_j}$。

[①] 由于用户个体存在多归属（Multi-homing）问题，用户可能会注册多款即时通信（或微博）产品的账号，但在实际使用过程中又通常以某一款产品为主，因此本书采用活跃用户账号的份额数据而非注册用户个体的份额以使模型设定更符合现实。

五、自弹性、交叉弹性及转移率的计算公式

1. 自弹性

需求弹性能为反垄断分析提供关于消费者需求对产品价格增长等因素反应的无量纲测量，因而在竞争政策的很多领域起到非常重要的作用（Davis & Garcés，2009）。产品的自价格弹性度量了消费者对于产品自身价格改变的敏感程度，它能反映一个以利润最大化为目标的企业价格上升而导致需求变化的轨迹。通过上述 Lerner 指数的转化条件，运用本书中的相关方法计算出的产品自弹性可以度量出互联网产品（包括本案中的即时通信产品和微博产品）的消费者对其隐性价格的敏感程度。

根据上文的回归结果，可以得到 $\dfrac{\hat{c}_0}{I_j}$、$\dfrac{\hat{c}_1}{I_j}$ 等关键参数，而后可计算出互联网平台在免费一端市场上的利润与收入，其计算公式如下：

$$\pi_j = \left[\, I_j \times MOU_j - c_0 - c_1 \ln(MOU_j)\, \right] \times s_j = I_j \left[MOU_j - \frac{c_0}{I_j} - \frac{c_1}{I_j} \ln(MOU_j) \right] \times s_j$$

$$R_j = I_j \times MOU_j \times s_j \tag{4-14}$$

根据式（4-14）中免费端互联网产品的利润和收入的计算公式，再结合式（4-9）中 Lerner 指数的转化条件，整理后便可以得到互联网产品的自弹性计算公式，即：

$$\varepsilon_{jj} = \frac{-R_j}{\pi_j} = \frac{1}{\left[\, 1 - \left(\dfrac{\hat{c}_0}{I_j}\right)\dfrac{1}{MOU_j} - \left(\dfrac{\hat{c}_1}{I_j}\right)\dfrac{\ln(MOU_j)}{MOU_j}\, \right]} \tag{4-15}$$

由式（4-15）可以看出，产品自弹性（ε_{jj}）[1] 的大小与产品市场份额的大小无关，而与每个用户单位在线时长给企业带来的平均收益（I_j）、互联网平台用户的单位在线时长（MOU_j）等参数相关。一般而言，在其他

---

[1] 此处所述产品自弹性（ε_{jj}）的大小是指弹性绝对值的大小，下文中关于各参数与自弹性、交叉弹性及转移率之间关系的讨论亦是各参数与它们的绝对值之间的关系。另外，本书中若无特别说明，在比较需求替代参数（自弹性、交叉弹性和转移率）的大小时，均是指其绝对值。

条件不变的情况下，产品的自弹性（ε_{jj}）与产品用户单位在线时长给企业带来的平均收益 I_j 负相关，即单位在线时长带来的平均收益 I_j 越大的企业，其自弹性越小；平均收益 I_j 越小的企业，其自弹性越大。而互联网平台用户的单位在线时长（MOU_j）与产品自弹性 ε_{jj} 的关系较为复杂，在其他条件不变的情况下，当 $MOU_j < e^{\frac{\hat{c}_0 + \hat{c}_1}{\hat{c}_1}}$ 时，产品的自弹性 ε_{jj} 与 MOU_j 之间呈正相关关系；而当 $MOU_j > e^{\frac{\hat{c}_0 + \hat{c}_1}{\hat{c}_1}}$ 时，产品的自弹性 ε_{jj} 与 MOU_j 之间呈负相关关系。

2. 交叉弹性

交叉弹性可以为两种产品之间是互补关系还是替代关系提供较为直接的证据。本书通过计算某一社交产品用户单位在线时长的变化对另一社交产品市场份额的影响来度量其交叉弹性。根据嵌套选择模型的相关理论，交叉弹性的模型构建较为复杂，需根据这两种产品是否位于同一子集内予以分析。

情形 1：两款产品位于同一个子集中。以即时通信产品子集（g_1）内的两种即时通信产品 j_1（如腾讯 QQ）和 j_2（如 MSN）为例，利用式（4-6）可以得到两者的交叉弹性为：

$$\varepsilon_{j_1 j_2} = -\frac{\partial s_{j_1}}{\partial MOU_{j_2}} \frac{MOU_{j_2}}{s_{j_1}} = \left[\frac{\rho_1 s_{j_2/g_1}}{1 - \rho_1} + s_{j_2} \right] \hat{\gamma} \qquad (4-16)$$

其中，$\dfrac{\partial s_{j_1}}{\partial MOU_{j_2}}$ 可由式（4-6）对 MOU_j 微分得到，即 $\dfrac{\partial s_{j_1}}{\partial MOU_{j_2}} = -s_{j_1} \left(\dfrac{\rho_1 s_{j_2/g_1}}{1 - \rho_1} + s_{j_2} \right) \dfrac{\hat{\gamma}}{MOU_{j_2}}$。

由式（4-16）可知，位于同一子组内的两种产品（仍以产品 j_1 和 j_2 为例）的交叉弹性 $\varepsilon_{j_1 j_2}$ 与该组产品的组内相关系数 ρ_i、产品 j_2 在子组内的市场份额 s_{j_2/g_1} 及其在整体市场中的市场份额 s_{j_2} 等因素相关。一般而言，在其他条件不变的情况下，组内相关系数 ρ_i 与该组内产品之间的交叉弹性正相关，即 ρ_i 越大，该组内产品之间的交叉弹性就越大；而 ρ_i 越小，该组内产品的交叉弹性就越小。位于同一子组内的产品 j_1 和 j_2 的交叉弹性 $\varepsilon_{j_1 j_2}$ 与

产品 j_2 在子组内的市场份额 s_{j_2/g_1} 和在总体市场中的市场份额 s_{j_2} 也呈正相关关系。

情形 2：两款产品位于不同的子集中。以即时通信产品子集 (g_1) 中的某款即时通信产品 j_1（如腾讯 QQ）与微博产品子集 (g_2) 中的某款微博产品 k_1（如新浪微博）为例，此时的交叉弹性为：

$$\varepsilon_{j_1 k_1} = -\frac{\partial s_{j_1}}{\partial MOU_{k_1}} \frac{MOU_{k_1}}{s_{j_1}} = s_{k_1}\hat{\gamma} \tag{4-17}$$

其中，$\dfrac{\partial s_{j_1}}{\partial MOU_{k_1}}$ 可由式 (4-6) 对 MOU_j 微分得到，即 $\dfrac{\partial s_{j_1}}{\partial MOU_{k_1}} = \dfrac{-s_{j_1/k_1}\hat{\gamma}}{MOU_{k_1}}$。

从式 (4-17) 可以看出，位于不同子集中的两种产品（仍以 j_1、k_1 为例）的交叉弹性 $\varepsilon_{j_1 k_1}$ 与产品 k_1 在总体市场中的市场份额 s_{k_1}，以及计量方程 (4-7) 中 MOU 的参数估计值 $\hat{\gamma}$ 正相关。在其他条件不变的情况下，产品 k_1 的市场份额 s_{k_1} 越大，组间产品的交叉弹性 $\varepsilon_{j_1 k_1}$ 越大；反之，产品 k_1 的市场份额 s_{k_1} 越小，组间产品的交叉弹性 $\varepsilon_{j_1 k_1}$ 也越小。同样，在其他条件不变的情况下，参数估计值 $\hat{\gamma}$ 的值越大，组间产品的交叉弹性 $\varepsilon_{j_1 k_1}$ 越大，反之亦然。

3. 转移率

转移率（Diversion Ration，用 D 表示）是关于产品之间需求替代效应的直接估计方法之一（Davis & Garcés，2009）。在本书中，转移率是指当某一即时通信（或微博）产品的单位用户平均在线时长（MOU）下降后，该即时通信（或微博）产品所丧失的销售量中转向另一即时通信（或微博）产品的份额。与交叉弹性相同，转移率的计算也需要根据两种产品是否位于同一子组内予以分析。

情形 1：两款产品位于同一子集内。以即时通信产品子集 (g_1) 中的两款即时通信产品 j_1（如腾讯 QQ）、j_2（如 MSN）为例，当即时通信产品 j_1 单位时间的用户在线时长 MOU_{j_1} 下降后，部分用户会转移到位于同一子集 (g_1) 中的即时通信产品 j_2 上，提高产品 j_2 的用户份额 s_{j_2}，对应的转移率计算公式为：

$$D_{j_1j_2} = \frac{\partial s_{j_2}}{\partial MOU_{j_1}} \Big/ \frac{\partial s_{j_1}}{\partial MOU_{j_1}} \qquad (4-18)$$

其中分子可由式（4-6）对 MOU_{j_1} 微分得到，即：

$$\frac{\partial s_{j_2}}{\partial MOU_{j_1}} = -s_{j_2}\left(\frac{\rho_1}{1-\rho_1}s_{j_1/g_1} + s_{j_1}\right)\frac{\hat{\gamma}}{MOU_{j_1}} \qquad (4-19)$$

分母可由式（4-6）对 MOU_{j_1} 微分得到，即：

$$\frac{\partial s_{j_1}}{\partial MOU_{j_1}} = s_{j_1}\left(\frac{1-\rho_1 s_{j_1/g_1}}{1-\rho_1} - s_{j_1}\right)\frac{\hat{\gamma}}{MOU_{j_1}} \qquad (4-20)$$

整理后可以得到位于同一子组内的两种产品之间的转移率计算公式为：

$$D_{j_1j_2} = \frac{-s_{j_2}\left(\dfrac{\rho_1}{1-\rho_1}s_{j_1/g_1} + s_{j_1}\right)}{s_{j_1}\left(\dfrac{1-\rho_1 s_{j_1/g_1}}{1-\rho_1} - s_{j_1}\right)} \qquad (4-21)$$

由式（4-21）可知，位于同一子组内的两款产品（仍以产品 j_1 和 j_2 为例）的转移率 $D_{j_1j_2}$ 与产品子集的组内相关系数 ρ_1、产品 j_1 和 j_2 在整体市场中所占的市场份额 s_{j_1} 和 s_{j_2}，以及产品 j_1 在子组内的市场份额 s_{j_1/g_1} 相关。一般而言，在其他条件不变的情况下，产品 j_2 在整体市场中的市场份额（s_{j_2}）与转移率 $D_{j_1j_2}$ 之间呈正相关关系，即 s_{j_2} 越大，这两种产品之间的转移率（$D_{j_1j_2}$）也越大；反之则反是。而转移率与 $D_{j_1j_2}$ 子集的组内相关系数 ρ_1、s_{j_1} 及 s_{j_1/g_1} 之间的变动方向较难确定。

情形 2：两款产品位于不同子集内。仍以即时通信产品子集（g_1）中的某款即时通信产品 j_1（如腾讯 QQ）的部分用户转向使用微博产品子集（g_2）中的某款微博产品 k_1（如新浪微博）为例。当即时通信产品 j_1 单位时间内用户在线时长 MOU_{j_1} 下降时，部分用户会转向使用微博产品 k_1，提高微博产品 k_1 的用户份额 s_{k_1}，对应的转移率公式为：

$$D_{j_1k_1} = \frac{\partial s_{k_1}}{\partial MOU_{j_1}} \Big/ \frac{\partial s_{j_1}}{\partial MOU_{j_1}} \qquad (4-22)$$

其中分子可由式（4-6）对 MOU_{j_1} 微分得到，即：

$$\frac{\partial s_{k_1}}{\partial MOU_{j_1}} = \frac{-s_{j_1}s_{k_1}\hat{\gamma}}{MOU_{j_1}} \qquad (4-23)$$

分母可由式（4-6）对 MOU_{j_1} 微分得到，即：

$$\frac{\partial s_{j_1}}{\partial \text{MOU}_{j_1}} = s_{j_1} \left(\frac{1 - \rho_1 s_{j_1/g_1}}{1 - \rho_1} - s_{j_1} \right) \frac{\hat{\gamma}}{\text{MOU}_{j_1}} \qquad (4\text{-}24)$$

整理后可得到组间产品的转移率计算公式为：

$$D_{j_1 k_1} = \frac{-s_{k_1}}{\left(\dfrac{1 - \rho_1 s_{j_1/g_1}}{1 - \rho_1} - s_{j_1} \right)} \qquad (4\text{-}25)$$

从式（4-25）可以看出，位于不同子集中的两款产品（仍以 j_1、k_1 为例）的转移率 $D_{j_1 k_1}$ 与被试产品 j_1 所在产品子集的组内相关系数 ρ_1、该产品在子组内的市场份额 s_{j_1/g_1}，以及两款产品在整体市场中所占的市场份额 s_{j_1} 和 s_{k_1} 相关。一般而言，在其他条件相同的情况下，产品 j_1 在子组内以及整体市场所占市场份额 s_{j_1/g_1} 和 s_{j_1}、产品 k_1 在整体市场中的市场份额 s_{k_1} 与转移率 $D_{j_1 k_1}$ 之间呈正相关；而产品 j_1 所在产品子集的组内相关系数 ρ_1 与转移率 $D_{j_1 k_1}$ 之间呈负相关。

第三节　数据说明与实证结果分析

一、数据来源与基本统计量

1. 数据来源

本书数据来自第三方机构艾瑞用户使用数据的数据库（iUserTracer），对于每款互联网产品，艾瑞数据库中收集了包括消费者人口统计特征的向量和显示产品使用特征的向量。自 2010 年 3 月 1 日开始，艾瑞每周统计用户个体属性数据，鉴于互联网产业中高度动态的创新性特征，并且为了更好地衡量涉案产品市场的竞争情况，本书所选样本的时间跨度从 2010

年 3 月 1 日开始，到 2012 年 3 月 12 日止，合计 107 周①。数据库收集统计了即时通信产品和微博产品这两大类产品中几乎所有产品的相关信息。根据研究需要，本书选取了在样本期间内每周市场份额持续超过 1% 的产品作为样本。其中，即时通信产品子集（g_1）中包括腾讯 QQ、阿里旺旺、飞信、MSN、YY 语音、人人桌面及 Skype 七款产品；微博产品子集（g_2）中包括新浪微博、腾讯微博、百度微博、搜狐微博、网易微博、奇虎微博六款产品②。需要指出的是，2011 年 4 月以前，艾瑞数据库统计的新浪微博名称为"新浪［微博］"，自当年 4 月起，该公司启用新的域名，因此艾瑞数据库显示的名称为"新浪微博［微博］"，即"新浪［微博］"与"新浪微博［微博］"实则是同一产品。还需指出的是，该公司在 2011 年 4 月启用新域名时，双域名均可登录，因此当年 4 月的统计数据中同时出现了"新浪微博［微博］"和"新浪［微博］"，考虑到用户使用的实际情况，笔者将 2011 年 4 月"新浪微博［微博］"和"新浪［微博］"数据进行了加总，加总后的数据与该产品前后月份的数据更一致，从而保证了数据的延续性。

根据模型设定的要求，本书的核心变量主要有两大类：一类是显示消费者人口统计特征的向量，本书主要选取了性别（记为 gend）、婚姻（记为 marr）、年龄（记为 age）、教育水平（记为 edu）和户均月收入（记为 inco）等指标予以衡量；另一类是显示产品使用特征的向量，主要选取了户均周有效使用时长（MOU）、产品占总体产品市场的份额（简称总体份额，记为 s_{j_m}、s_{k_n}，分别对应即时通信产品和微博产品在总体市场中的市场份额）、产品占子组内市场的份额（简称子组内份额，记为 s_{j_m/g_1}、s_{k_n/g_2}，分别对应即时通信产品和微博产品在子组内的市场份额）。

---

① 在本案中，腾讯 QQ 的被诉垄断行为发生在 2010 年 11 月，考虑到互联网产品的动态创新性，为使分析具有更好的预测性，同时使分析结果更具稳健性，本书将观测数据顺延至 2012 年 3 月，即采用案件发生前后两年左右的时间。这样处理也符合我国《相关市场界定指南》的基本精神以及国际反垄断分析的通行做法。

② 艾瑞公司还统计了其他即时通信和微博产品的观测数据，但由于它们在样本期间内数据严重缺失或者在样本期间内市场占有率非常小（低于 1%），未将其纳入本书的分析。微信是腾讯公司于 2011 年 1 月推出的一款即时通信产品；截至 2012 年 3 月，微信用户数才突破 1 亿，市场占有率低于 1%，因此本书未将其纳入分析范畴。

根据研究需要，本书对艾瑞数据库统计的用户个体属性数据进行预处理变成加总数据，为下文计量分析做准备，主要变量说明及数据处理方法如表 4-1 所示。由于性别变量（gend）中男性取值为 1，女性取值为 0，性别变量的取值表示一周覆盖用户中男性用户的比例。同样，在婚姻（marr）变量中，已婚取值为 1，未婚取值为 0，因此婚姻变量的取值表示一周覆盖用户中已婚用户的比例。年龄（age）、教育水平（edu）和户均月收入（inco）指标均是按各分组数据的组中值加总后除以一周覆盖用户总数后得到的均值。户均周有效使用时长（MOU）等于一周覆盖用户的总有效使用时长除以一周覆盖人数总和。总体份额（s_{j_m} 或 s_{k_n}）和子组内份额（s_{j_m/g_1} 或 s_{k_n/g_2}）则分别等于某款即时通信（或微博）产品一周覆盖人数除以整体市场一周覆盖人数总和、某即时通信（或微博）产品一周覆盖人数除以该产品对应子组内产品市场一周覆盖人数总和。

　　2. 基本统计量分析

　　从人口统计特征向量（Z）来看，即时通信产品与微博产品面向的消费者群体非常接近，但也有细微差别（见表 4-2）。从性别构成来说，约

表 4-1　主要变量说明及数据处理方法

变量名称		变量符号	数据处理方法
消费者人口统计特征变量	性别	gend	男性用户赋值为 1，女性用户赋值为 0 该变量等于性别变量数值加总后除以一周覆盖人数总和（可理解为男性用户的占比）
	婚姻	marr	已婚用户赋值为 1，未婚用户赋值为 0 该指标等于婚姻变量数值加总后除以一周覆盖人数总和（可理解为已婚用户的占比）
	年龄	age	该指标等于个体年龄加总后除以一周覆盖人数总和。其中，18 岁以下赋值 9 岁；19~24 岁赋值 21.5 岁；25~30 岁赋值 27.5 岁；31~35 岁赋值 33 岁；36~40 岁赋值 38 岁；40 岁以上赋值 55 岁
	教育水平	edu	该指标等于个体教育年限加总后除以一周覆盖人数总和。其中，教育水平初中以下赋值 7.5 年；高中赋值 12 年；大专赋值 15 年；本科赋值 16 年；硕士及以上赋值 20 年
	户均月收入	inco	该指标等于加总的收入除以一周覆盖人数总和。其中，收入 1000 元以下赋值 700 元；1000~2000 元赋值 1500 元；2000~3000 元赋值 2500 元；3000~4000 元赋值 3500 元；4000~5000 元赋值 4500 元；5000 元以上赋值 7500 元

续表

变量名称		变量符号	数据处理方法
产品使用特征变量	户均周有效使用时长	MOU	该指标等于一周总有效使用时长除以一周覆盖人数总和
	总体份额	$S_{j_m}(S_{k_n})$	该指标等于某产品一周覆盖人数除以整体市场一周覆盖人数总和
	子组内份额	$S_{j_m}/_{g1}$ $(S_{k_n}/_{g2})$	该指标等于子组内某产品一周覆盖人数除以该子组内所有产品一周覆盖人数总和

定男性为 1、女性为 0，有四款即时通信产品以男性用户为主（性别变量均值大于 0.5），其余三款即时通信产品则以女性用户为主；而微博产品集合中大部分产品以男性用户为主（新浪微博除外）。从婚姻状况看，约定已婚为 1、未婚为 0，即时通信产品均以未婚用户为主（婚姻变量的均值小于 0.5），而微博产品中有一半产品的用户中已婚者居多（婚姻变量的均值大于 0.5）。从年龄构成来看，即时通信产品用户的年龄集中在 21~30 岁；微博产品用户的年龄则集中在 26~32 岁，其用户群体的年龄要略长于即时通信产品的用户。从学历构成来看，两类产品用户均集中在专科、本科学历（受教育年限为 15~16 年）。就收入而言，即时通信产品用户的月均收入为 1400~3300 元；而微博产品用户的月均收入集中在 2000~2900 元。

就产品活跃用户占总体用户覆盖份额（s_{j_m} 或 s_{k_n}）而言（见表 4-2），市场占有率超过 5% 的产品分别是：腾讯 QQ（48.97%）、阿里旺旺（9.08%）、飞信（8.56%）、新浪微博和腾讯微博（均占 7.17%）。可见，在

表 4-2　样本基本统计量

指标	性别（男=1）	婚姻（已婚=1）	年龄（岁）	教育水平（年）	月收入（元）	总体份额（%）	子组内份额（%）	有效使用时长（户/周/小时）
腾讯QQ	0.544 (0.006)	0.440 (0.007)	28.335 (0.131)	15.064 (0.118)	2373.1 (90.8)	48.97 (4.74)	61.67 (1.47)	2.707 (0.312)
阿里旺旺	0.493 (0.017)	0.453 (0.016)	28.261 (0.451)	15.219 (0.091)	2530.3 (114.9)	9.08 (0.62)	11.49 (1.01)	0.722 (0.086)
飞信	0.539 (0.013)	0.341 (0.027)	27.094 (0.830)	15.616 (0.110)	2471.4 (151.4)	8.56 (1.71)	10.69 (1.24)	0.400 (0.038)

续表

指标	性别 (男=1)	婚姻 (已婚=1)	年龄 (岁)	教育水平 (年)	月收入 (元)	总体份额 (%)	子组内份额 (%)	有效使用时长 (户/周/小时)
MSN	0.454 (0.021)	0.451 (0.029)	29.458 (0.643)	15.534 (0.156)	3244.4 (132.3)	4.38 (0.018)	5.34 (0.016)	0.547 (0.077)
YY 语音	0.674 (0.027)	0.287 (0.021)	24.347 (0.826)	14.448 (0.144)	1939.8 (123.7)	2.53 (0.15)	3.52 (0.21)	0.819 (0.099)
人人桌面	0.566 (0.037)	0.124 (0.024)	21.866 (1.095)	15.660 (0.223)	1408.3 (174.1)	1.49 (0.13)	1.89 (0.23)	0.440 (0.148)
SKYPE	0.473 (0.033)	0.437 (0.029)	29.848 (1.012)	15.484 (0.243)	3263.0 (161.9)	0.89 (0.21)	1.11 (0.15)	0.593 (0.095)
新浪微博	0.493 (0.029)	0.362 (0.028)	27.227 (0.746)	15.313 (0.164)	2414.0 (137.1)	7.17 (3.19)	35.61 (7.96)	0.528 (0.216)
腾讯微博	0.596 (0.058)	0.373 (0.064)	27.057 (1.333)	14.982 (0.204)	2283.1 (202.7)	7.17 (4.74)	29.53 (13.45)	0.085 (0.028)
百度微博	0.591 (0.040)	0.360 (0.030)	26.231 (1.077)	14.834 (0.197)	2059.5 (155.0)	1.67 (0.29)	10.75 (6.69)	0.028 (0.006)
搜狐微博	0.581 (0.038)	0.568 (0.049)	31.674 (1.499)	15.298 (0.257)	2745.0 (150.1)	2.16 (1.20)	10.12 (3.92)	0.043 (0.018)
网易微博	0.658 (0.042)	0.514 (0.081)	31.164 (1.494)	15.429 (0.242)	2858.6 (242.2)	0.91 (0.46)	4.25 (0.97)	0.054 (0.035)
奇虎微博	0.583 (0.055)	0.514 (0.049)	30.311 (1.510)	15.041 (0.368)	2398.1 (177.3)	0.64 (0.38)	5.39 (5.79)	0.094 (0.055)

注：①本表报告的是样本基本统计量的均值，括号内为样本标准差；②总体份额是指产品覆盖用户占两组产品总市场的份额；子组内份额是指该产品占对应产品子集的市场份额；③有效使用时长是指户均周有效使用时长。

整体市场中，腾讯 QQ 用户覆盖率显著高于其他产品。就各产品在子组内的市场份额（s_{j_m/g_1} 或 s_{k_n/g_2}）而言，在即时通信产品子集（g_1）中，腾讯 QQ 占 61.67%、阿里旺旺占 11.49%、飞信占 10.69%，其他产品的市场份额则在 6% 以下；在微博产品子集（g_2）中，新浪微博的市场份额在子组内占 35.61%、腾讯微博占 29.53%、百度微博占 10.75%、搜狐微博占 10.12%，其他产品的市场份额在 5% 左右。可见，就子组内的市场占有率而言，腾讯 QQ 在即时通信产品中"一枝独秀"；而新浪微博与腾讯微博在微博产品中平分秋色。

就产品的户均周有效使用时长（MOU）而言（见表 4-2），在即时通信产品子集（g_1）中，腾讯 QQ 的户均周有效使用时长为 2.707 小时、YY 语音为 0.819 小时、阿里旺旺为 0.722 小时，其他产品的户均周有效使用时长为 0.4~0.6 小时；而在微博产品子集（g_2）中，只有新浪微博的户均周有效使用时长为 0.528 小时，其他微博产品的户均周有效使用时长均未超过 0.1 小时。从整体来看，微博产品的户均周有效使用时长要短于即时通信产品，这也是两组产品的观测变量中差异较大的一个。

二、模型设定及模型估计思路

根据上节模型推导中得到的设定方程，即式（4-7）与式（4-12），可以分别得到关于市场份额和模型优化的计量方程。

1. 市场份额方程设定

$$\ln s_{j_m} - \ln S_{k_n} = (\delta_{j_m} - \delta_{k_n}) + \rho_1 \times \ln(s_{j_m/g_1}) - \rho_2 \times \ln(s_{k_n/g_2}) \tag{4-26}$$

其中，$\delta_{j_m} - \delta_{k_n} = (\alpha_{g_1} - \alpha_{g_2}) + [\ln(MOU_{j_m}) - \ln(MOU_{k_n})]\gamma + \sum(Z'_{j_m} - Z'_{k_n})\beta$

2. 优化方程设定

$$\left(s_j + MOU_j \frac{\partial s_j}{\partial MOU_j}\right) = \frac{c_1}{I_j}\left(\frac{s_j}{MOU_j} + \ln(MOU_j)\frac{\partial s_j}{\partial MOU_j}\right) + \frac{c_0}{I_j}\left(\frac{\partial s_j}{\partial MOU_j}\right)$$

或定义为：

$$y_j = \frac{c_1}{I_j}(x_{c_1 I_j}) + \frac{c_0}{I_j}(x_{c_0 I_j}) \tag{4-27}$$

3. 模型估计思路

如上节所述，模型可采取两步法予以估计。第一步，利用基于嵌套选择模型（Nested Logit Model）变换的市场份额方程（4-26），采用 OLS 回归方法，可得到两个产品集合 g_1、g_2 的组内相关性参数的估计值 $\hat{\rho}_1$、$\hat{\rho}_2$、解释变量 $\ln(MOU_{j_m}) - \ln(MOU_{k_n})$ 的系数估计值 $\hat{\gamma}$，以及个体解释变量 $Z'_{j_m} - Z'_{k_n}$ 的系数估计值 $\hat{\beta}$；第二步，利用第一步得到的估计值，按照式（4-13）计算出 $\frac{\partial s_j}{MOU_j}$，再将 $\frac{\partial s_j}{\partial MOU_j}$、$s_j$、$MOU_j$ 等参数代入方程（4-27）进行回归，

便可估计出关键参数 $\dfrac{\hat{c}_0}{I_j}$、$\dfrac{\hat{c}_1}{I_j}$。

三、模型估计结果

1. 变量缺失情况及缺失值的处理

在样本期间内，即时通信产品子集（g_1）内的所有数据均是完整的，不存在缺失值。但是微博产品子集（g_2）内反映消费者人口统计特征向量的数据存在不同程度的缺失（见表4-3）。相对而言，缺失值较多的变量是微博产品子集（g_2）中的年龄（age）、教育水平（edu）和收入（inco）三个变量。考虑到总体样本中这几个变量的样本标准差均较小（见表4-2），即各变量的数值与均值差异不大，加之从总体来看本书的数据样本较为完整，数据缺失情况不太严重，因此本书未对缺失值做过多的技术处理，而是采用均值替代法来处理缺失值。这样的处理方法也能最大限度地保证分析结果的客观性，而且从对数据的预处理来看，分析结果较为合意。

表4-3 微博产品子集中的变量缺失情况

产品名称	缺失变量名称
新浪微博	性别（1），婚姻（1），教育水平（1），收入（1）
腾讯微博	性别（6），婚姻（6），年龄（12），教育水平（7），收入（8）
百度微博	年龄（1），教育水平（1），收入（1）
搜狐微博	性别（5），婚姻（5），年龄（9），教育水平（6），收入（8）
网易微博	性别（8），婚姻（8），年龄（25），教育水平（15），收入（20）
奇虎微博	性别（4），婚姻（4），年龄（24），教育水平（34），收入（35）

注：括号内的数字表示缺失变量的数值个数。

2. 市场份额方程估计结果

利用市场份额方程（4-26），采用OLS回归方法，得到组内相关性参数估计值 $\hat{\rho}_1$、$\hat{\rho}_2$、解释变量 $\ln(MOU_{j_m}) - \ln(MOU_{k_n})$ 的系数估计值 $\hat{\gamma}$，以及个体解释变量 $Z'_{j_m} - Z'_{k_n}$ 的系数估计值 $\hat{\beta}$（见表4-4）。

从模型的估计结果来看，子组 g_1 和 g_2 的组内相关性系数的估计值 $\hat{\rho}_1$、$\hat{\rho}_2$ 分别为 0.928 和 0.803，均接近于 1，这说明本书使用嵌套选择模型（Nested Logit Model）来构造市场份额模型是恰当的。此外，所有系数的估计值均比较显著，模型估计结果较合意。具体而言，两组产品的男性用户占比之差每提高 0.01 个单位，会使即时通信产品（j_m）和微博产品（k_n）的整体市场份额之比提高 2%；同样，两组产品的已婚用户占比之差每提高 0.01 个单位，会使两组产品市场份额之比提高 3.32%；两组产品用户的年龄差距每提高 1 岁，会使两种产品的市场份额之比降低 20.08%；两组产品用户的教育水平差距每提高 1 年，会导致两种产品的市场份额比提高 56.67%；两组产品用户的户均月收入比值变动 1%，会导致两种产品的市场份额比相应变动 0.9%；而两组产品用户的户均有效使用时长之比提高 1%，会使两种产品的市场份额比提高 0.172%。

表 4-4   市场份额方程估计结果

系数含义	系数符号	系数值（标准差）	系数含义	系数符号	系数值（标准差）
性别之差 $gend_{j_m} - gend_{k_n}$	$\hat{\beta}_1$	1.977*** (0.327)	户均有效使用时长对数之差 $\ln(MOU_{j_m}) - \ln(MOU_{k_n})$	$\hat{\gamma}$	0.172*** (0.020)
婚姻之差 $marr_{j_m} - marr_{k_n}$	$\hat{\beta}_2$	3.267*** (0.655)	子组 g_1 内的相关性系数 $\ln(s_{j_m/g_1})$	$\hat{\rho}_1$	0.928*** (0.023)
年龄之差 $age_{j_m} - age_{k_n}$	$\hat{\beta}_3$	−0.183*** (0.026)	子组 g_2 内的相关性系数 $\ln(s_{k_n/g_2})$	$\hat{\rho}_2$	0.803*** (0.037)
受教育年限之差 $edu_{j_m} - edu_{k_n}$	$\hat{\beta}_4$	0.449*** (0.063)	不可观测变量的均值之差 $\alpha_{g_1} - \alpha_{g_2}$	$\alpha_{g_1} - \alpha_{g_2}$	1.254*** (0.085)
户均月收入对数之差 $\ln(inco)_{j_m} - \ln(inco)_{k_n}$	$\hat{\beta}_5$	0.900*** (0.163)			

注：*** 表示 $p < 0.01$。

3. 优化方程估计结果

通过估计优化方程（4-27）可以得到关键参数 c_0/I_i 与 c_1/I_i 的估计值（见表 4-5），从各估计值的 p 值可以看出，估计变量的系数均非常显著。

关键参数 c_0/I_i 与 c_1/I_i 是进一步计算产品弹性等需求替代参数的关键性参数，在下文计算中将发挥重要作用。

表 4-5　优化方程估计结果

产品	变量	符号	系数	产品	变量	符号	系数
腾讯QQ	$x_{c_0 I_1}$	c_0/I_1	-4.835*** (0.170)	新浪［微博］	$x_{c_0 I_8}$	c_0/I_8	0.637*** (0.015)
	$x_{c_1 I_1}$	c_1/I_1	5.066*** (0.084)		$x_{c_1 I_8}$	c_1/I_8	0.226*** (0.008)
阿里旺旺	$x_{c_0 I_2}$	c_0/I_2	0.941*** (0.008)	腾讯［微博］	$x_{c_0 I_9}$	c_0/I_9	0.311*** (0.012)
	$x_{c_1 I_2}$	c_1/I_2	0.866*** (0.040)		$x_{c_1 I_9}$	c_1/k_9	0.108*** (0.016)
飞信	$x_{c_0 I_3}$	c_0/I_3	0.844*** (0.022)	百度［微博］	$x_{c_0 I_{10}}$	c_0/I_{10}	0.199*** (0.047)
	$x_{c_1 I_3}$	c_1/I_3	0.571*** (0.045)		$x_{c_1 I_{10}}$	c_1/I_1	0.058*** (0.020)
MSN	$x_{c_0 I_4}$	c_0/I_4	0.894*** (0.015)	搜狐［微博］	$x_{c_0 I_{11}}$	c_0/I_{11}	0.270*** (0.030)
	$x_{c_1 I_4}$	c_1/I_4	0.631*** (0.048)		$x_{c_1 I_{11}}$	c_1/I_{11}	0.090*** (0.015)
YY 语音	$x_{c_0 I_5}$	c_0/I_5	0.902*** (0.088)	网易［微博］	$x_{c_0 I_{12}}$	c_0/I_{12}	0.275*** (0.110)
	$x_{c_1 I_5}$	c_1/I_5	1.190*** (0.383)		$x_{c_1 I_{12}}$	c_1/I_{12}	0.092** (0.052)
人人桌面	$x_{c_0 I_6}$	c_0/I_6	0.872*** (0.050)	奇虎［微博］	$x_{c_0 I_{13}}$	c_0/I_{13}	0.415*** (0.076)
	$x_{c_1 I_6}$	c_1/I_6	0.549*** (0.066)		$x_{c_1 I_{13}}$	c_1/I_{13}	0.158*** (0.047)
SKYPE	$x_{c_0 I_7}$	c_0/I_7	0.931*** (0.071)				
	$x_{c_1 I_7}$	c_1/I_7	0.788*** (0.317)				

注：① 表中符号一栏 c_0/I_i 与 c_1/I_i 是指估计量 $\hat{c}_0/I_i$ 与 $\hat{c}_1/I_i$；②*** 表示 $p<0.01$；** 表示 $p<0.05$。

四、自弹性、交叉弹性与产品转移率

根据自弹性计算公式，即式（4-15）可以计算出样本期间内各即时通信（微博）产品的平均（隐性）价格弹性（见表 4-6），它能较直观地反映即时通信产品和微博产品对（隐性）价格变化的敏感程度，并能较好地度量这些产品的市场势力。从计算结果来看，在样本期间内，除了百度微博和搜狐微博以外，其他产品的弹性绝对值均大于 1，说明绝大多数产品都是富有弹性的。需要说明的是，尽管有些产品的弹性绝对值显著大于 1，略大于传统产品的弹性值，但是并不违背经济学原理。本书选取用户周均有效使用时长（MOU）来度量即时通信产品和微博产品的隐性价格而非使用一般意义上的显性价格，而从表 4-2 中可以看到，样本中各款产品的用户周均有效使用时长（MOU）的整体取值都不大。这是因为网民的有效上网时长，或者用注意力经济学的语言来说即关注力是非常稀缺的资源，同时也是各互联网企业争夺的关键资源，用户周均有效使用时长（MOU）的百分比变动对企业的影响自然比传统产品价格的百分比变动要更大。因而从这个意义上来看，各产品的弹性值较大恰恰说明本书在模型

表 4-6　产品的自弹性、交叉弹性与产品转移率

产品	自弹性 (ε_{jj})	交叉弹性 $(\varepsilon_{j_1 k})$	交叉弹性 $(\varepsilon_{k j_1})$	产品转移率（%） $(D_{j_1 k})$	产品转移率（%） $(D_{k j_1})$
腾讯 QQ	-1.084				
阿里旺旺	-11.445	0.270	1.443	-28.705	-68.820
飞信	-5.05	0.252	1.443	-27.062	-67.377
MSN	-16.238	0.126	1.443	-13.847	-62.209
YY 语音	-5.297	0.082	1.443	-7.998	-69.137
人人桌面	-23.506	0.044	1.443	-4.710	-62.330
SKYPE	-8.038	0.026	1.443	-2.814	-60.869
新浪微博	-14.942	0.012	0.084	-1.315	-5.307
腾讯微博	-2.113	0.012	0.084	-1.315	-4.892
百度微博	-0.770	0.003	0.084	-0.306	-3.922
搜狐微博	-0.765	0.004	0.084	-0.396	-3.898
网易微博	-1.136	0.002	0.084	-0.167	-3.673
奇虎微博	-1.788	0.001	0.084	-0.117	-3.713

注：表中交叉弹性与产品转移率中的 j_1 指腾讯 QQ，k_i 指其他即时通信产品和所有微博产品。

构建中选取用户周均有效使用时长（MOU）这一变量是恰当的。从即时通信产品组的弹性值来看，尽管所有产品的弹性值均大于 1（即富有弹性），但是相比较而言，腾讯 QQ 的弹性值在该组中是最小的；该组中弹性绝对值最大的是人人桌面，其弹性绝对值是腾讯 QQ 的 21.68 倍；而该组中弹性绝对值与腾讯 QQ 最为接近的是飞信，其弹性绝对值是腾讯 QQ 的 4.66 倍。在微博产品组中，百度微博、搜狐微博的弹性绝对值均小于 1，说明这两种产品缺乏弹性，而其他微博产品的弹性绝对值均大于 1，说明这些产品是富有弹性的。微博产品中弹性最大的是新浪微博，其弹性绝对值是腾讯 QQ 的 13.78 倍；而该组中弹性最小的是搜狐微博，腾讯 QQ 的弹性绝对值是搜狐微博的 1.42 倍。总体而言，微博产品的自弹性要比即时通信产品的自弹性小很多，说明用户对微博产品隐性价格的敏感性要低于即时通信产品。

根据交叉弹性计算公式，即式（4-16）和式（4-17）可以计算出腾讯 QQ 与其他产品之间的交叉弹性[1]（见表 4-6）。$\varepsilon_{j_ik_i}$ 计算的是其他产品（k_i）户均周有效使用时长（MOU）变化引起腾讯 QQ（j_i）市场占有率的变化，即腾讯 QQ 对其他产品的敏感程度，反映的是腾讯 QQ 对其他产品的替代性程度。从计算结果来看，腾讯 QQ 对其他产品的交叉弹性均非常小，说明腾讯 QQ 对其他产品有效使用时长的变化均不敏感，即对其他产品的替代性不强。但相对而言，在即时通信产品组内，腾讯 QQ 对阿里旺旺的替代性最强（交叉弹性为 0.270），对 SKYPE 的替代性最弱（交叉弹性为 0.026），而且前者是后者的 10.38 倍。从组间交叉弹性值的比较来看，腾讯 QQ 对即时通信产品组与微博产品组中交叉弹性最大的产品分别是阿里旺旺（交叉弹性为 0.270）和新浪微博、腾讯微博（两者的交叉弹性值均为 0.012），腾讯 QQ 对前者的替代性程度是对后者替代性程度的 22.5 倍；而在两组产品中，腾讯 QQ 对它们的替代性强度最弱的产品分别是 SKYPE（交叉弹性为 0.026）和奇虎微博（交叉弹性为 0.001），腾讯 QQ 对前者的

---

[1] 根据公式可以计算出样本中 13 种产品相互之间的交叉弹性，共计 13×13 个数据。但根据研究目的，本书只报告了与腾讯 QQ 产品相关的数据。下文中的产品转移率数据也是如此。

替代性强度是后者的 26 倍；此外，腾讯 QQ 对即时通信组中替代性强度最弱的产品（SKYPE，交叉弹性为 0.026）的弹性值是其对微博组中替代性最强的产品（新浪微博、腾讯微博，交叉弹性值均为 0.012）的 2.17 倍。可见，腾讯 QQ 对即时通信组内其他产品的替代性要大于微博组中的产品。

$\varepsilon_{k_j j_1}$ 度量的是腾讯 QQ（j_1）用户有效使用时长（MOU）变化对其他产品（k_i）市场占有率的影响，即其他产品对腾讯 QQ 用户有效使用时长变化的敏感程度，反映的是其他产品对腾讯 QQ 的替代性程度。从计算结果可以看出，即时通信组内产品与腾讯 QQ 的交叉弹性的绝对值是 1.443，该数值大于 1，说明腾讯 QQ 用户有效使用时长的下降会导致大量用户转向组内其他即时通信产品。也就是说，腾讯 QQ 产品的用户黏性不强，其他即时通信产品对腾讯 QQ 具有较强的替代性。由此可见，尽管腾讯 QQ 在即时通信产品市场乃至总体社交产品市场中的市场份额较高，但是其用户黏性并不强。而微博产品与腾讯 QQ 交叉弹性的绝对值是 0.084，该弹性数值远小于 1，说明微博产品对腾讯 QQ 的替代性较弱。相比较而言，即时通信组内产品对腾讯 QQ 的替代性是微博组内产品的 17.18 倍。可见，即时通信组内其他产品对腾讯 QQ 的替代性要远高于微博产品组。

根据转移率计算公式，即式（4-21）和式（4-25）可以计算出腾讯 QQ 与其他产品之间的单位转移率 $D_{j_1 k_i}$（见表 4-6）。该指标表示腾讯 QQ（j_1）用户有效使用时长降低一个单位而导致其用户转向使用其他产品的市场份额变动与腾讯 QQ 市场份额变动的比值，也可以理解为腾讯 QQ 市场份额的分流率。该指标的大小能更明确地反映其他产品对腾讯 QQ 的替代性的强弱，转移率越大说明用户转向的产品对原产品的替代性越强。根据转移率数值的大小，可以分析出市场中其他产品对腾讯 QQ 的替代顺序（见图 4-2）。样本中，对腾讯 QQ 具有较强替代性的产品分别是阿里旺旺（转移率为 28.705%）、飞信（转移率为 27.062%）和 MSN（转移率为 13.847%），而其他产品的替代性较弱。结合表 4-6 与图 4-2 可以看出，从绝对数值来看，即时通信组中对腾讯 QQ 转移率最小的产品是 SKYPE（转移率为 2.814%），微博产品组中对腾讯 QQ 转移率最大的产品是腾讯微博（转移率为 1.315%），且前者的转移率是后者的 2.14 倍。而从相对数值来看，即时通信组中，对腾讯 QQ 转移率最大的产品是阿里旺旺（转移率为 28.705%），微博产品组中对腾讯 QQ 转移率最大的两种产品是新浪微博、腾讯微博（转移率为 1.315%），前者的转移率是后者的 21.83 倍；而即时通信组中转移率最小的产品（SKYPE）的转移率是微博产品组内转移率最小的产品（奇虎微博）的 24.05 倍。可见，产品转移率的计算结果再次表明即时通信组内其他产品对腾信 QQ 的替代性要大于微博产品组内的产品。

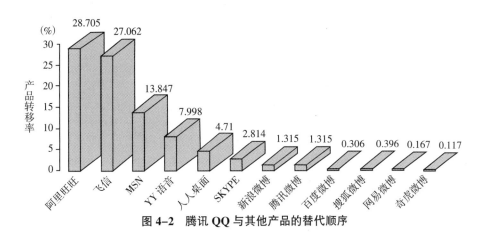

图 4-2 腾讯 QQ 与其他产品的替代顺序

本书还计算了样本中其他产品与腾讯 QQ 之间的单位转移率 $D_{k_ij_i}$（见表 4-6）。该指标表示其他产品的用户有效使用时长降低一个单位而导致其他产品的用户转向使用腾讯 QQ 的比率占该产品用户变动数量的比值，也可以理解为其他产品市场份额流向腾讯 QQ 的分流率。该指标反映的是腾讯 QQ 对其他产品的替代性，其值越大，说明腾讯 QQ 对该产品的替代性越强，反之则反是。从表 4-6 中可以看到，在即时通信产品组中，腾讯 QQ 对 YY 语音的分流率最高（转移率为 69.137%），而该组中分流率最低的是 SKYPE（其转移率也高达 60.869%）。由此可以看出，在即时通信产品组中其他产品用户有效使用时长的单位变动导致的流失用户中，大部分流向了腾讯 QQ，说明腾讯 QQ 对即时通信产品组中的其他产品具有较强的替代性。而在微博产品中，用户有效使用时长的降低导致的流失用户中仅有很小的比率流向了腾讯 QQ。在微博产品组中，转移率最高的是新浪微博，但其转移率也只有 5.307%，该数值与即时通信组中转移率最高的 YY 语音的转移率（69.137%）在绝对数量上相差 63.68%，而转移率最低的 SKYPE（60.869%）的转移率也比新浪微博的转移率高 55.562%。可见，腾讯 QQ 对微博产品的替代性并不强。

此外，需要强调的是，用户黏性是衡量网络产品市场势力的重要因素之一。本书通过对样本产品自弹性、交叉弹性以及转移率的计算得到较为一致的结论，即尽管腾讯 QQ 在即时通信产品市场乃至总体社交产品市场中的市场份额较高，但是其用户黏性并不强；相反，一些市场份额较小的产品其用户黏性反而比较强。这一结论与曲创和刘重阳（2016）的研究结论较为一致，他们在对搜索引擎平台厂商市场势力的研究中发现了平台厂商的市场份额与市场势力之间具有明显的不对等性，具有最大份额的平台厂商并不具有最强的市场势力，而市场份额很小的平台厂商依然可能具有较强的市场势力。

第四节　本章小结

互联网产业的本质特征导致该产业会出现垄断性竞争的市场结构，从而使该产业内的（成功）企业很容易引起反垄断当局或者与之竞争的厂商提起反垄断诉讼。近年来，世界各地涌现的大量互联网反垄断案件很好地说明了这一点。有学者已经注意到，一些成功的免费互联网平台遭受了过度的反垄断诉讼（即诉讼量超过了社会所需的最优水平）。长久以来，对富有创新性和动态发展的行业进行反垄断调查通常是冒险的行为，如果对复杂的经济环境未能认识清楚，加之未能对这类企业的商业行为进行充分的论证，将很可能出现执法错误并付出高昂的代价。但同时需要指出的是，互联网产业的技术或结构变革并没有大到足以使该行业豁免于反垄断审查，若该行业内的优势企业从事阻碍创新的私人行为同样也会带来巨大的社会福利损失。

鉴于互联网在国民经济中的重要地位以及上述种种原因，有关当局对互联网产业进行反垄断审查时应格外审慎，要在充分认识互联网产业垄断性竞争的市场结构特征的基础上，对涉案企业（产品）的竞争行为进行细致的经济分析。因此有关当局要想最小化互联网产业反垄断执法的错误成本，需要通过实证性的经济分析提供关键证据。然而，互联网产业是典型的采用免费商业模式的双边市场，这种独特的业态给建立在价格理论与单边市场逻辑上的传统反垄断分析方法带来很大的挑战。如何对这种独特的业态进行定量的反垄断分析是各界亟待解决的重要课题。

尽管现有研究针对双边市场和（或）免费商业模式提出了一些改进的SSNIP执行方法，但却囿于可操作性不强而被束之高阁。本书运用结构计量方法，通过构造需求弹性结构方程，实现了对奇虎360诉腾讯案进行实证的需求替代分析，通过这样一个完整的案例分析，为免费商业模式与双边市场领域的需求替代性分析提供了一个完整的分析框架。与以往研究相比，本书建立的分析框架具有较强的可操作性，首先，该分析框架对数据的要求相对较低，仅需产品用户特征向量数据和市场份额数据即可，目前互联网产业拥有海量的数据，包括第三方数据，从而保证了数据的可得性；其次，该分析框架对计量技术的要求不高，从而保证了该分析方法的普及性。本章的主要研究结论如下：

（1）本章通过转化 Lerner 指数的计算条件，推导出可利用企业的利润和收入信息计算产品的自弹性。如此一来，既不需要利用真实的价格信息，又合理地考虑了收费端产品与免费端产品之间的相互依赖关系，从而给长久以来被免费商业模式下的双边市场这一特殊业态所困扰的反垄断分析找到了突破口。

（2）本章采用嵌套选择模型的相关理论构建了涉案产品市场份额和企业利润模型，并基于对这些模型的估计推导出自弹性、交叉弹性和转移率的计算公式，随后结合第三方数据计算出这些经济参数，并运用它们进行互联网产品的需求替代性分析。得到这些参数后还可按照 SSNIP 的相关执行方法进行诸如替代顺序等分析，从而为免费产品和双边市场的需求替代分析提供一个完整的分析框架。

（3）在奇虎360诉腾讯案中，双方当事人以及一审和终审法院就即时通信产品与微博等社交产品是否同属一个相关市场意见不一，各方都进行了一定的经济分析，但未能提供关键性的经济证据。本书通过对该案进行完整的需求替代分析，初步证明即时通信产品与微博产品的需求替代性不强，并且证明了腾讯QQ用户的黏性不强。运用本书计算出的关键经济参数，很容易通过SSNIP方法计算出即时通信产品与微博产品是否同属一个相关市场。这些结论可以为法院的相关判决提供有力的经济证据。这也进一步说明通过实质性的实证分析，经济学家可以为反垄断案件的审查提供关键证据。

（4）本书的相关研究表明，通过建立合理的理论模型并采用合适的计量技术，同样可以为免费产品、双边市场估计出丰富的经济参数，如自弹性、交叉弹性和产品转移率等，利用这些参数可以进行假定垄断者测试（SSNIP），并进行替代顺序等相关分析。实际上，互联网产业通常有海量的数据，包括第三方数据，故而与其他产业相比，可能更适合做反垄断经济分析，包括需求替代分析和行为分析。例如，本书是运用第三方数据，通过建立合理的数理模型并运用恰当的现代计量方法，对涉案产品做实证性需求替代分析的一个例证。

但是，要合理地运用互联网产业的海量数据为涉案企业的相关市场界定做实证分析，除了要拥有深厚的反垄断经济学知识以外，还需要有很强的经济计量功底。这些理论和技能储备对于现阶段中国反垄断执法当局的工作人员来说是较难在短期内掌握的。因此，对现阶段的中国以及世界其他国家和地区而言，新经济条件下反垄断工作的推进将取决于反垄断审查对经济学专家提供的经济证据的接受程度。

第五章　奇虎360诉腾讯案的相关市场界定分析

尽管奇虎 360 诉腾讯案已经审结，但是本章仍将利用第四章中需求替代分析的相关结论，并采用定性与定量分析相结合的方法对该案做一个完整的相关市场界定分析，以期为提炼互联网产业相关市场界定的分析范式提供理论基础和完整的案例分析。而要正确地界定奇虎 360 诉腾讯案的相关市场，必须先分析清楚腾讯公司的商业模式。因此本章拟先从免费和双边市场这两个角度详细阐述腾讯公司的商业模式，而后再运用 SSNIP 分析等相关方法来界定该案的相关产品市场和相关地域市场。

第一节　腾讯商业模式分析

一、基于免费产品的商业模式

在网络产品（服务）特有的生产的边际成本递减规律以及需求的边际效用递增规律的作用下，免费已经成为互联网产业通行的定价原则；而互联网企业也凭借免费的破坏性创新功能形成了一种互联网产业特有的免费商业模式——通过免费产品（服务）积累庞大的用户基础，而后通过为其提供增值服务和（或）第三方收费服务来实现盈利（刘莉莉和朱欣民，2014）。腾讯公司的商业模式就是如此。它在成立之初即以免费下载和使用的方式为用户提供其开发的即时通信工具——腾讯 QQ① 并获得了巨大的成功，当年底注册用户数即突破 100 万，如此庞大的用户基础为其今后的业务发展打下了坚实的基础。而后，腾讯公司通过持续不断的创新来逐步改善用户体验并适时推出新产品。日益丰富的产品体验在免费模式的推动下，不仅促进了腾讯公司品牌效应的建立，也降低了用户搜寻成本，其结果是吸引了越来越多的用户使用该款产品。而一旦用户规模超过临界规模，网络产品所特有的网络效应进一步引发的正反馈机制便使腾讯公司在市场竞争中脱颖而出。

为了更好地说明在网络效应作用下的腾讯公司用户规模的增长情况，本书根据 2004~2014 年腾讯公司的财务报告整理出了腾讯公司季度活跃账户数及其增长情况（见表 5-1）。2004 年腾讯公司在香港上市，当年第一季度的活跃账户数已经达到 0.97 亿，自此一直到 2010 年第二季度，腾讯公司每季度的活跃账户数保持高速增长，每季度的平均增长速度高达 7.704%，有些季度的活跃账户数增长率甚至超过了 10%（如 2005 年第二季度的活跃账户数增长率就高达 16.02%）。但是自 2010 年第三季度到 2014 年第四季度，腾讯公司活跃用户的增长速度明显放缓，期间每季度的活跃账户数的平均增长率仅有 1.627%，从 2013 年第二季度开始甚至一度出现负增长。出现这种情况的原因，从大环境来看，与近年来中国网民增长速度整体放缓的趋势有关。而从腾讯公司内部来看，第一，随着腾讯公司活跃账户数的基数越来越大，持续的高速增长是不现实的，经历高速增长阶段后增速必然放缓；第二，腾讯公司自 2011 年推出了一款新的免费即时通信产品——微信，微信的普及可能会导致腾讯 QQ 用户的分流；第三，从 2010 年第三季度开始，奇虎 360 与腾讯之间的纠纷开始加剧并在当年末爆发。但是即便如此，2014 年腾讯公司的活跃账户数仍超过 8 亿。

---

① 原名 OICQ，意为 Opening I Seek You（开放的 ICQ），后因涉嫌商标侵权更名为 QQ 并一直沿用至今。

表5-1　2004~2014年腾讯公司季度活跃账户数及增长率

时间	活跃账户数（百万）	增长率（%）	时间	活跃账户数（百万）	增长率（%）	时间	活跃账户数（百万）	增长率（%）
2004Q1	97.1		2007Q4	300.2	3.98	2011Q3	711.7	1.4
2004Q2	110.1	13.39	2008Q1	317.9	5.9	2011Q4	721	1.31
2004Q3	119.3	8.36	2008Q2	341.9	7.55	2012Q1	751.9	4.29
2004Q4	134.8	12.99	2008Q3	355.1	3.86	2012Q2	783.6	4.22
2005Q1	149.2	10.68	2008Q4	376.6	6.05	2012Q3	783.9	0.038
2005Q2	173.1	16.02	2009Q1	410.8	9.08	2012Q4	798.2	1.82
2005Q3	184.8	6.76	2009Q2	448	9.06	2013Q1	825.4	3.41
2005Q4	201.9	9.25	2009Q3	484.8	8.24	2013Q2	818.5	−0.84
2006Q1	220.5	9.21	2009Q4	522.9	7.84	2013Q3	815.6	−0.35
2006Q2	224.2	1.68	2010Q1	568.6	8.74	2013Q4	808	−0.93
2006Q3	221.4	−1.25	2010Q2	612.5	7.724	2014Q1	848.1	4.96
2006Q4	232.6	5.06	2010Q3	636.6	3.93	2014Q2	829.3	−2.22
2007Q1	253.7	9.07	2010Q4	647.6	1.73	2014Q3	819.8	−1.15
2007Q2	273.2	7.69	2011Q1	674.3	4.12	2014Q4	815.3	−0.55
2007Q3	288.7	5.67	2011Q2	701.9	4.09			

注：①时间一栏中"Q"之前的数字表示年份，其后数字表示季度，如"2004Q1"表示的是2004年第一季度；②增长率表示的是较前一季度活跃用户数的增长率情况。
资料来源：笔者根据腾讯公司历年财务报告整理。

正如张昕竹和黄坤（2013）所言，免费商业模式并未改变企业逐利的本性，而恰恰是企业在追逐利润最大化过程中的一种理性选择。有研究表明，腾讯公司成功的一个重要条件是正确地实施了免费商业模式，并且根据该研究建立的品牌机制模型，随着腾讯公司提供的增值业务种类的增加，实施免费商业模式会比实施收费的商业模式具有更强的盈利能力（吕承超，2012）。腾讯公司依托免费商业模式吸引了庞大的用户资源，并以着力打造"一站式在线生活服务"为企业发展目标不断开拓业务范围，已经形成了集社交服务、软件产品开发、互联网广告投放、电子商务和新兴的互联网金融等业务为一体的互联网平台。该公司通过前述配套产品和服务赚取利润, 其收入来源主要包括各种形式的增值服务收入、网络广告收入和电子商务收入① 及其他收入等。腾讯公司在上市之初（2004 年）的年度总收入为 11.435 亿元。到 2014 年, 腾讯公司的年度收入总额已达789.32 亿元, 较 2004 年增长了 68.03 倍。特别是从 2006 年起, 公司进入快速发展阶段, 当年年度收入比上一年年度收入增长了 96.33%, 2008 年和 2009 年的年度收入增长率也分别高达 87.44% 和 73.87%, 其余年份的收入增长率也均高于 30%（见表 5-2）。

表 5-2　2004~2014 年腾讯公司年度总收入及增长率

年份	总收入 (百万元)	增长率 (%)	年份	总收入 (百万元)	增长率 (%)	年份	总收入 (百万元)	增长率 (%)
2004	1143.533		2008	7154.544	87.44	2012	43893.711	54.03
2005	1426.395	24.74	2009	12439.96	73.87	2013	60437.075	37.69
2006	2800.441	96.33	2010	19646.031	57.93	2014	78932	30.6
2007	3816.923	36.3	2011	28496.072	45.05			

资料来源: 笔者根据腾讯公司历年的财务报告整理。

二、基于双边市场的平台经营模式

经过二十多年的探索, 互联网产业已经形成了基于双边市场模式的主流盈利模式（吴韬, 2013）。但是, 正如本书在梳理双边市场理论中所提到的, 双边市场并非平台企业所固有的特征, 而是平台的一种策略选择。因此不能将某一类产业（企业）先验地划分为双边市场或单边市场, 而应具体问题具体分析。本书在文献综述部分根据相关研究总结出了双边市场判定标准, 即首先, 平台两边连接着两（多）组需求相互依赖的顾客群体; 其次, 相比两边客户群体间的双边交易而言, 平台能更好地内部化双边用户间的交叉网络外部性, 即科斯定理失效; 最后, 价格结构的非中立

---

① 腾讯公司自 2011 年起开始涉足电子商务业务, 从 2012 年第一季度起, 其财务报告中单列了电子商务收入的统计数据。

性。下文将从这三个方面来对腾讯公司的双边市场特性予以检验。

　　腾讯公司的核心业务是即时通信服务，它通过免费的即时通信服务将用户吸引到平台上来，而后利用这些用户吸引提供盈利性产品（服务）的商家来获得利润或者通过向用户销售腾讯公司自主自营的增值服务来获取报酬。这些用户群体之间相互依赖，即时通信用户是各种产品（服务）供应商的潜在客户，这个群体的规模越大，腾讯即时通信平台对供应商的吸引力就越大；反过来，游戏、视频内容、电子商务、软件服务等供应商的存在又能丰富即时通信用户的体验，使其能享受"一站式"的网络服务，从而增强了平台对即时通信用户的吸引力。为了更好、更直观地刻画即时通信用户与其他用户群体间的这种依存关系，本书绘制了即时通信活跃账户数与各种服务收入的关系图（见图 5-1）。从图 5-1 可以看出，即时通信活跃账户数的曲线整体保持向上增长的态势，自 2010 年第三季度开始，增长趋势有所放缓；腾讯公司的增值服务收入及总收入的增长趋势与即时通信活跃账户数的增长趋势总体上是较为一致的；而网络广告收入和其他收入[①]曲线虽然整体较为平缓，但总体上还是呈现向上增长的趋势。因此

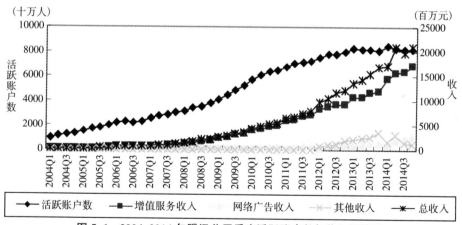

图 5-1　2004~2014 年腾讯公司季度活跃账户数与收入折线图

资料来源：笔者绘制。

---

① 腾讯公司 2011 年开始推出电子商务服务，从 2012 年第一季度开始报告电子商务收入。2014 年，腾讯公司对电子商务服务进行调整，自 2015 年第一季度起将电子商务服务收入纳入其他收入一起报告。因此为了保持收入结构的一致性，本书将部分年份财务报告中单列的电子商务收入并入其他收入。

可以说腾讯公司的即时通信平台连接着相互依赖的不同用户群体，即腾讯公司的商业模式满足双边市场界定的第一个条件。

腾讯公司连接的这些相互依赖的群体间包含着多种形式的网络外部性。从腾讯公司的收入构成角度来看，网络广告收入和部分其他收入体现的是网络广告用户和电子商务供应商等用户群体与即时通信用户之间的关系，并且这种关系主要以交叉网络外部性为主，人们对此争议不大。但是，有一些学者认为增值服务是由腾讯公司向其即时通信用户提供的服务，主要体现为直接网络外部性和间接网络外部性，再加上增值服务一直是腾讯公司的主要收入来源，就此他们得出腾讯公司并不属于双边市场而只是传统的单边市场这一结论（蒋岩波，2012）。

诚然，从腾讯公司 2004~2014 年的收入情况来看，该公司的增值服务收入在总收入中的平均占比在 87.65% 左右，而具有明显双边市场特征的广告收入和其他收入（包括电子商务收入）在总收入中的平均占比仅有 8.63% 和 3.72%，但是这并不足以推翻其商业模式为双边市场。首先，从腾讯公司即时通信用户与各收入来源的相关系数来看，即时通信活跃用户数量与各种收入来源均在 1% 的显著性水平下呈正相关关系。其中，网络广告和电子商务等其他收入来源与活跃账户数的相关系数分别为 0.7776 和 0.6887（见表 5-3），说明腾讯公司的商业模式中含有双边市场的成分，并且腾讯公司通过即时通信用户与广告商、电商企业、软件服务提供商之间的双边市场模式赚取利润。

表 5-3　活跃账户数与收入之间的相关系数

	活跃账户数	增值服务收入	网络广告收入	其他收入
活跃账户数	1			
增值服务收入	0.9085***	1		
网络广告收入	0.7776***	0.9497***	1	
其他收入	0.6887***	0.8109***	0.7849***	1

注：①n = 44；②*** 表示 p < 0.01。
资料来源：笔者计算。

其次，就增值服务收入来看，尽管表面看来增值服务收入在总收入中的比重较大且其与活跃账户数之间的相关系数高达 0.9085，容易让人觉得其商业模式以单边市场为主，但是为即时通信用户提供增值服务的并非只有腾讯公司，其他网络游戏提供商、电信运营商等多方供应商也会通过即时通信平台为这些免费用户提供增值服务并赚取利润，并且这些供应商为即时通信用户提供的服务在腾讯公司总体业务中占有重要地位。以 2010 年为例，当年腾讯公司的五大供应商的采购额占腾讯公司总采购额的 45.51%，其中最大的供应商采购额的占比就达 13.48%[①]，因此这些增值服务提供商与即时通信用户之间体现的主要是交叉网络外部性。

　　最后，即便从腾讯公司为即时通信用户提供增值服务这一点来看，尽管腾讯公司作为增值服务提供商与即时通信用户之间的关系是以直接网络外部性和间接网络外部性为主，但是由于腾讯公司的各类产品（包括第三方提供的产品和服务）均可通过同一个 QQ 号码登录，并且即时通信用户在各种产品消费中积累的资料都可以实现互相迁移，这就使得腾讯公司提供的各个产品之间存在间接网络外部性和交叉网络外部性（徐骏和苏银珊，2012）。并且，从增值服务收入与网络广告收入及包含电子商务收入在内的其他收入之间的相关系数来看（见表 5-3），增值服务收入与网络广告收入之间的相关系数高达 0.9497，而它与包含电子商务收入在内的其他收入之间的相关系数也高达 0.8109，并且它们之间的相关系数均在 1% 的显著性水平上显著相关，这说明包括腾讯公司与其他公司在内的增值服务（产品）供应商与网络广告用户群体、电子商务用户群体之间也存在着相互依存的关系，他们之间的交叉网络外部性也是腾讯公司成功运营的关键所在。因此不能将腾讯公司自主经营的增值服务业务简单按单边市场的逻辑来理解。换句话说，即时通信平台各用户群体间存在着交叉网络外部性，并且这种交叉网络外部性的存在是腾讯公司成功运营的关键，这说明腾讯公司的商业模式满足双边市场界定的第二条件。

　　腾讯公司通过建立"一站式"的网络服务，将上述各种用户群体连接

---

① 详见腾讯公司 2010 年年度财务报告。

在一起，并通过自身的品牌机制减少了彼此之间的搜寻成本和交易成本。从这一点来看，相比两边客户群体间的双边交易而言，腾讯公司这一平台能更好地内部化双边用户间的交叉网络外部性，即科斯定理失效。从前文对腾讯公司免费商业模式的分析中可以看出，即时通信服务平台连接着即时通信用户和提供增值服务与第三方服务的供应商等不同类型的用户群体，并且平台采取向即时通信用户免费的定价策略。有研究表明，腾讯公司通过制定向即时通信用户倾斜的这种非中立的价格结构使其具有更强的盈利能力（吕承超，2012），并且由于互联网核心业务免费已经成为业界的一种共识而使互联网企业很难改变这一价格结构模式，中国互联网产业的发展历史也证明尝试改变免费商业模式的努力均以失败告终（刘莉莉和朱欣民，2014）。可见，腾讯公司实施的是倾斜的定价结构，并且这种非中立的价格结构很难逆转，因而其价格结构满足双边市场"非中立的价格结构"这一要求，即腾讯公司的商业模式满足双边市场界定的第三个条件。

综上，尽管腾讯公司的经营模式中包含了单边市场的成分，但是其经营模式满足双边市场的界定的三个条件，因此基于双边市场的平台经营模式是其经营的主要特征。而由于在判定双边市场时还需衡量双边策略在决定（平台的）利润产出方面的重要性程度（Rysman，2009），并且这种双边特性必须对于平台的利润产出具有重要的意义。就腾讯公司而言，其双边平台经营模式除了能为该公司的各种增值服务、广告、电子商务等产品和服务的供应商等提供庞大的用户基础、扩大用户群体的交易范围、降低彼此的交易成本，还能运用其品牌形象为群体间的交易提供保障。可见，腾讯公司的双边特性对于其利润产出也非常重要。因此可以将腾讯公司的经营模式认定为双边市场模式，并且它是一种融合了单边市场成分的特殊双边市场。可见，本书在第四章中采用双边市场逻辑构建的需求替代性结构方程模型是正确的，本章接下来的部分将基于对腾讯公司双边市场经营模式的判断以及在此基础上得到的需求替代性分析结论（第四章中的相关结论）进行相关市场界定分析。

第二节 相关产品市场界定分析

在进行相关市场界定之前，需要明确以下两点：首先，通过上文对腾讯公司商业模式的分析可以看出，该公司向即时通信用户免费提供即时通信产品和服务是双边市场倾斜定价结构的一种表现，即该公司采用的免费商业模式并未改变其盈利性的本质，因此其商业行为理应接受反垄断法的规制；其次，腾讯公司所具有的双边市场特性要求在界定相关市场时要有效衡量平台两端用户群体之间的依存关系。至于是否需要在平台两端分别界定一个相关市场，还是只需在涉案行为发生一端界定相关市场，目前尚无一致意见。有学者认为具体执行标准取决于双边市场的性质（Filistrucchi et al.，2014）。就腾讯公司而言，其主要收入来源是即时通信产品的增值服务（包括对第三方即时通信增值服务供应商的收费），而且涉案行为也发生在即时通信服务一侧，因此本书将以该边作为相关市场界定分析的重点。

纵观奇虎360诉腾讯案的整个审理过程，相关市场界定，特别是相关产品市场界定无疑是案件分析的重点和难点所在，而涉案各方争论的焦点又集中在即时通信产品与微博、社交网站（SNS）等社交产品是否同属一个相关市场。原告主张即时通信产品即构成一个单独的相关市场，被告则主张本案的相关市场至少应该包括微博、社交网站（SNS）等在内的社交产品市场。广东省高级人民法院（一审法院）采纳了被告的主张，而最高人民法院支持了其大部分主张，唯独就该问题予以更正，认为即时通信产品构成一个相关市场。各方都提供了各自的证据，但遗憾的是，他们均未能就其主张提出关键性的经济证据。由于缺乏社交网站（SNS）的相关数据，本节将结合前文的相关研究结果并综合运用定性分析与定量分析相结合的方法，重点分析即时通信产品与微博产品是否同属一个相关产品市场。

一、产品性能分析

即时通信（Instant Message，IM）是指依靠互联网和无线终端等接口，通过使用在线识别用户和实时交换信息技术以及多平台、多终端通信技术来传递多种格式的信息（包括文字、图片、声音、视频等）以实现同平台、跨平台沟通的一种高效率、低成本的综合性通信方式①。微博（Micro Blog）则是一种基于用户与用户之间的关系，并通过互联网、无线终端等各种端口接入组建个人社区，以简短的文本更新信息以实现信息即时分享、传播及获取的社交网络平台②。即时通信产品与微博产品在功能上具有一些相似的属性，比如均能实现通过互联网和移动终端接入实现同平台与跨平台之间的交流和沟通、检测并通知其他用户的在线状态，均具有用户档案管理的功能，等等。此外，从用户构成情况来看，这两种产品的用户群体在性别、婚姻、年龄、学历和收入水平等方面的情况差别甚微（见表4-2，第四章中已就此做过详细论述，故不赘述），它们的用户结构与中国网民的整体结构比较吻合，从这一点来说，它们争夺的用户群体基本一致。进而言之，从产品性能和目标用户群体来看，即时通信产品与微博产品之间存在一定的替代性，但这种替代性能否构成反垄断意义上的较强替代关系还需进一步验证。尽管存在上述相似之处，但是即时通信产品与微博产品也存在许多不同的地方，两者在功能上的关键区别在于前者主要用于少数用户群体间的私密沟通，且对即时性的要求比较高，而后者主要针对的是大量用户之间的群体交流，信息相对较公开，且对即时的功能要求也偏低。即时通信产品与微博产品的这些差别是否足以使用户认为两者是两类不同的产品，因而分属两个相关市场，对于这一点还有待研究。

---

① 艾瑞咨询公司：《2010-2011年中国即时通讯用户行为研究报告》，2011，http://wenku.baidu.com/link？url=NOlzehhzNbismjdi5X9OTRlCjt31Xs_awEWPVxh-tD4Avj8tpoAkYlBrPxr_SU9yapwJTjMY6KhtBi6LOg4fxeSNmgGsR0eYwz4PAFdfWVq。

② 微博词条，百度百科，http://baike.baidu.com/link？url=rfaRpZVgZw-gQ4UIsgN9WDAt8xsHfEr6i-ZO7VcQZAWsaL-BFflNyGw4joRAMgml7QxyMvRtmhpHbRNjAxXQE7hL-h-OlHKJPKJukOaMXu0u。

同其他大多数网络产品一样，即时通信产品和微博产品都是免费的互联网产品，而且它们都具有简单易用的特性，因而都是当前中国网民较常使用的网络应用产品。从表 5-4 可以看出，即时通信产品是中国网民较常使用的网络应用之一，2010 年即时通信产品的用户规模达 3.526 亿，网民使用率高达 77.1%；2011 年即时通信产品的用户规模增至 4.151 亿，用户规模较上一年度增长了 17.73%，网民使用率增至 80.9%；到 2012 年其用户规模已达 4.678 亿，较上一年度增长了 12.68%，网民使用率也上升至82.9%。期间，微博产品的用户规模和在网民中的普及率增长速度较快，2010 年的用户规模仅有 0.631 亿，网民使用率为 13.8%；2011 年，其用户规模飙升至 2.499 亿，增长率高达 295.94%，网民使用率也增至 48.7%；而到 2012 年，微博用户规模已达 3.086 亿，较上一年度增长 23.50%，网民使用率也提高到了 54.7%。总体来看，2010~2012 年，尽管微博产品的用户规模和网民使用率增长速度较快，但是从绝对数值来看，即时通信产品在这两项指标上的表现要明显优于微博产品，这从某种程度上说明中国网民更偏好使用即时通信产品。

表 5-4 2010~2012 年即时通信产品和微博产品的网络使用情况

	2010 年		2011 年		2012 年	
	用户规模（万）	使用率（%）	用户规模（万）	使用率（%）	用户规模（万）	使用率（%）
即时通信	35258	77.1	41510	80.9	46775	82.9
微博	6311	13.8	24988	48.7	30861	54.7

资料来源：笔者根据中国互联网信息中心（CNNIC）历年发布的《中国互联网发展状况统计报告》整理。

此外，一价定律的内在原理表明，可以利用产品价格水平之间的相似程度来判定产品之间的替代性程度（Davis & Garcés，2009）。而销售量是价格的反函数，因此也可以通过销量水平来判定两种产品之间的替代性程度。在网络产品中，产品的显性价格均为零，而隐性价格、质量等因素又较难测量，但是可以观测到各产品的用户有效使用时长。从某种程度上来说，由于免费产品也存在隐性价格，用户有效使用时长可以看作用户在衡量机会成本、隐性成本等诸多成本后最终决定的购买数量；而从另一个角度来看，用户有效使用时长又可以看作免费产品的价格，因为用户有效使用时长是免费产品提供商货币化用户群的主要依据，一般情况下，用户有效使用时长越长，厂商获得的利润也就越高。因此可以利用产品有效使用时长这一指标来衡量产品之间的替代性程度。

即时通信产品与微博产品的用户规模存在较大差异，因此这两种产品的用户使用时长绝对量存在很大差异，采用户均有效使用时长则能剔除用户规模的影响。此外，从注意力经济的角度来看，注意力是稀缺资源，网络产品竞争的实质在于争夺用户的注意力，采用户均有效使用时长这一指标能更好地体现两种产品的替代性强度。因此，笔者沿用第四章中的样本数据，对6款[①]即时通信产品与6款微博产品的用户使用时长数据进行加总处理，整理出了2010年3月至2012年2月[②]即时通信产品与微博产品的户均月有效使用时长折线图（见图5-2）。

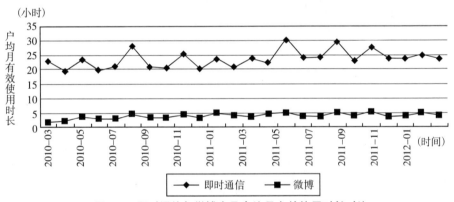

图5-2　即时通信与微博产品户均月有效使用时长对比

资料来源：笔者根据艾瑞iUserTracer数据库中的相关数据整理后绘制。

---

① 第四章中样本中收集了7款即时通信产品的数据，包括腾讯QQ、阿里旺旺、飞信、MSN、YY语音、人人桌面和SKYPE，但是艾瑞数据库中从2011年3月才统计YY语音的数据，数据有所缺失，再加上微博产品统计的是6款产品，因此为了加强加总数据的可比性，在此处加总的户均月有效使用时长里剔除了YY语音的数据。

② 在第四章的样本中，2012年3月统计了两周的数据，而此处采用的是月均数据，因此此处剔除了这两周的数据。

从图 5-2 中可以看到，在 2010 年 3 月到 2012 年 2 月，即时通信产品和微博产品的户均月有效使用时长差异较大。期间，即时通信产品的户均月有效使用时长的最大值为 30.55 小时，最小值也有 19.43 小时；而微博产品的户均有效使用时长的最大值仅有 5.31 小时，最小值只有 1.76 小时。此外，从图 5-2 还可以看出，即便从即时通信产品与微博产品户均月使用时长的相对数值来看，在近两年的时间范围内，这两种产品户均月有效使用时长并未出现收敛的趋势。由于本书采用的是户均数据，已经剔除了用户规模的影响，而两种产品在户均使用时长上之所以有上述差异，一个可能的解释是因为即时通信产品更注重沟通的即时性，所以用户在使用该产品时持续在线的时间较长，而微博产品对即时性的要求不高，所以并不需要实时在线。进而言之，正是这两种产品在功能上的差异性大于相似性才会导致两种产品在使用特征上表现出较为明显的不同，这也正说明这两种产品有可能并不处于同一相关市场之内。

二、临界损失分析

　　临界损失分析（Critical Loss Analysis，CLA）是 SSNIP 分析方法的一个具体应用，旨在回答在给定价格增长幅度下，假定垄断者为保持利润不变所能承受的最大销量损失率是多少。该分析方法的核心思路是考察备选市场上的备选产品价格实施一个小而显著的非暂时性价格上涨（SSNIP）后，判断垄断者预期的实际损失（Actual Loss，AL）是否小于临界损失（Critical Loss，CL），如果实际损失小于临界损失，则备选市场为相关市场；反之，如果实际损失大于临界损失，则备选市场不能构成案件的相关市场，而应将次优替代品纳入备选市场并重复上述步骤，直到实际损失小于临界损失为止，以此来确保所界定的相关市场是一个值得垄断的市场。在运用临界损失分析法界定相关市场时，选择一个合适的分析起点及确定分析中次优替代品的顺序非常重要。若分析起点产品选择不当，则有可能因选择的产品范围过小而需要进行数次的 SSNIP 分析，增加无谓的分析成本；而倘若选择的起点产品范围过大，则有可能界定出过宽的相关市场，从而违背了相关市场界定中"最小的可垄断市场"原则。此外，次优替代品的选择顺序若处理不当，很可能延迟放入甚至未能放入具有较大竞争约束的产品，从而导致界定出错误的相关市场（余东华和张海东，2014）。由此可见，在进行相关市场界定分析时，起点产品及次优替代品的选择在很大程度上决定了相关市场界定分析结果的准确性。

　　鉴于此，在对本书中的案例进行相关市场界定分析之前，应先确定SSNIP 分析的起点产品和次优替代品的次序。由于产品转移率显示的是当某种产品的价格上涨后，该产品流向其他产品的销量占其总流失销量的比率，该产品流向某一产品的比率越高，说明这种产品对原产品的替代性越强。进而言之，可以根据产品转移率的信息得到产品的次优替代品的顺序并结合相关研究得到一个较为合理的分析起点产品。因此，笔者结合第四章中分析得到的腾讯 QQ 与其他即时通信产品及微博产品之间的转移率，整理出腾讯 QQ 与其他产品的替代顺序（见表 5-5）。从表 5-5 可以看出，在即时通信产品组中，对腾讯 QQ 替代性最强的是阿里旺旺（转移率为28.705%），飞信和 MSN 次之（它们的转移率分别为 27.062% 和 13.847%），替代性最弱的产品是 SKYPE（转移率为 2.814%）。相比之下，微博产品组中拥有较大市场份额的新浪微博和腾讯微博对腾讯 QQ 的替代性强度仅排在第 7 位（两者的转移率均为 1.315%）。尽管这两款微博产品在总体市场中的市场份额均为 7.17%，高于即时通信产品组内的 MSN、YY 语音、人人桌面和 SKYPE（见表 4-2），但是它们对腾讯 QQ 的替代性强度却低于即时通信组内这些产品，其他微博产品对腾讯 QQ 的替代性强度则更低。

表 5-5　腾讯 QQ 与其他产品的替代顺序

产品	转移率（%）$(D_{QQ \to j})$	替代顺序	反向转移率（%）$(D_{j \to QQ})$	替代顺序
阿里旺旺	−28.705	1	−68.820	1
飞信	−27.062	2	−67.377	2
MSN	−13.847	3	−62.209	3
YY 语音	−7.998	4	−69.137	4
人人桌面	−4.710	5	−62.330	5

续表

产品	转移率（%）($D_{QQ \to J_i}$)	替代顺序	反向转移率（%）($D_{J_i \to QQ}$)	替代顺序
SKYPE	-2.814	6	-60.869	6
新浪微博	-1.315	7	-5.307	7
腾讯微博	-1.315	7	-4.892	8
百度微博	-0.306	8	-3.922	9
搜狐微博	-0.396	9	-3.898	10
网易微博	-0.167	10	-3.673	11
奇虎微博	-0.117	11	-3.713	12

注：①J_i 表示除腾讯 QQ 以外的其他产品；②$D_{QQ \to J_i}$ 表示腾讯 QQ 对其他产品的转移率，该指标显示的是其他产品对腾讯 QQ 替代性强弱；③$D_{J_i \to QQ}$ 表示其他产品对腾讯 QQ 的转移率，该指标显示的是腾讯 QQ 对其他产品替代强弱。

资料来源：笔者计算。

此外，从反向转移率（$D_{QQ \to J_i}$）① 可以看出（见表 5-5），即时通信组内的其他产品转向腾讯 QQ 的转移率均超过 60%，说明腾讯 QQ 能对其他即时通信产品形成较强的竞争约束。结合转移率和反向转移率的情况可以看出，即时通信产品组内产品之间构成了较强的竞争约束。而在微博产品组中，与腾讯 QQ 反向转移率最高的是新浪微博，但其反向转移率也仅有 5.307%，远低于即时通信产品组内其他产品对腾讯 QQ 的转移率。这说明尽管腾讯 QQ 在总体市场中的市场占有率非常高（市场份额达 48.97%，见表 4-2），但是微博组内产品与腾讯 QQ 的反向转移率非常低，腾讯 QQ 对微博产品不能形成较强的竞争约束。但是，在微博产品组内拥有较高市场份额的新浪微博与腾讯微博之间的转移率却高达 42.87%，而新浪微博与百度微博、搜狐微博的转移率分别为 9.99%、12.92%②，也均高于其与腾

---

① 即其他产品价格上涨导致该产品用户流向腾讯 QQ 的用户占该产品整体流失用户的比率，为与通常意义上的转移率概念加以区分，本书将其称为反向转移率。

② 根据本书第四章中转移率计算公式及其他相关信息，可以计算出新浪微博跟其他微博产品的转移率，它与腾讯微博、百度微博、搜狐微博、网易微博和奇虎微博的转移率分别为 42.87%、9.99%、12.92%、5.44% 和 3.83%。可见，相较于拥有更大市场份额的腾讯 QQ 而言，新浪微博对其他微博产品能形成更强的竞争约束。

讯 QQ 的转移率。这说明尽管在总体市场中新浪微博的市场占有率远低于腾讯 QQ，但是它对其他微博产品形成的竞争约束要高于腾讯 QQ。

综上，无论根据转移率还是反向转移率确定的样本产品对腾讯 QQ 的替代顺序来看，即时通信产品组内其他产品对腾讯 QQ 的替代顺序均优先于微博产品组内的所有产品。由此可见，相比较而言微博产品与腾讯 QQ 之间的竞争约束较弱。综合而言，即时通信组内产品之间的产品竞争约束较强，微博产品组内的产品竞争约束也较强，而两组产品之间的竞争约束却相对组内竞争约束而言要小。换言之，即时通信产品组与微博产品组相对而言较为独立。由此也可得出，将即时通信产品作为本案 SSNIP 分析的起点产品是较为合适的，而至于这两组产品是否在同一个相关市场则需做进一步分析。

选择好 SSNIP 分析的起点产品后，便可根据临界损失分析的相关要求执行相关市场界定分析。而根据临界损失（CL）的计算公式（见表 2-1），临界损失的大小取决于价格上涨幅度（t）和毛利润率（m），因此在计算临界损失之前需要获得这两个关键参数的取值，特别是确定产品集合内企业生产该产品的毛利润率（m）。由于较难获得企业边际成本信息，在反垄断分析实践中通常采用成本信息来近似替代。因此本书采用成本信息来近似替代边际成本信息，并将毛利润率的计算公式转化为：

$$m=(p-c)/p=\pi/R \tag{5-1}$$

由于互联网平台企业通常采用基于双边市场的免费商业模式，无法确切地知道产品的价格和成本信息，更无法直接获得产品的利润和收入信息，本案中的即时通信产品便是典型的基于双边市场模式下的免费产品。为解决该问题，有学者运用代表性企业（腾讯 QQ）的利润和收入信息近似替代（黄坤，2014b）。在双边市场逻辑下，由于免费的即时通信产品虽不会给平台企业直接创造收入，企业的收入主要来自收费端产品，但是这些免费产品及其用户是平台企业吸引收费端产品用户的基础，即免费产品是平台企业盈利的基础。因而黄坤（2014b）的这一处理方法有其可取之处，特别是在缺乏完美数据的情况下更不失为一种不错的选择。但是这一简化处理方法也有不足之处，首先，直接将企业利润作为免费产品（本案中为即时通信产品）的利润未免有失妥当，因为互联网企业大多是多产品经营的企业，企业"货币化"免费产品用户而获得的利润与企业的总体利润毕竟不是同一概念；其次，这一处理方法也未能很好地衡量双边市场两端客户之间的依存关系，特别是两端用户之间的乘数效应，因而从这个意义上说，这一处理方法未能很好地体现双边市场逻辑的精髓。

为解决上述问题，笔者运用第四章构建的即时通信产品的利润函数估计出了企业的利润和收入信息；而由于该模型运用隐性价格的概念，由该模型推导出的利润和收入信息已经既能将免费互联网产品的利润和收入信息从企业的总体利润中剥离出来，又能有效地体现和衡量互联网平台两端用户间的相互依赖关系。因而，使用由该模型计算出的利润和收入信息指标比单纯运用企业利润和收入信息更为合意。根据第四章中的计算结果，可以获得即时通信产品（j）的毛利润率（m_j）的计算公式。结合式（5–1）及式（4–15），可以得到毛利率的计算公式如下：

$$m_j = \left| \frac{\pi_j}{R_j} \right| = \left| 1 - \left(\frac{\hat{c}_0}{I_j} \right) \frac{1}{MOU_j} - \left(\frac{\hat{c}_1}{I_j} \right) \frac{\ln(MOU_j)}{MOU_j} \right| \qquad (5\text{–}2)$$

根据式（5–2）及本书第四章中的回归结果，可以计算出即时通信产品集合内各产品的毛利润率（具体参数信息及计算结果见表 5–6）。计算结果显示，即时通信产品组内各产品的毛利润率差异较大，其中毛利润率最大的是腾讯 QQ，达 92.25%，飞信、YY 语音和 SKYPE 的毛利润率介于10%~20%，其他产品的毛利润率低于 10%，毛利润率最小的人人桌面则仅有 4.25%。可见，若采用代表性产品的毛利润率（如腾讯 QQ）作为临界损失分析的基准毛利润率会使分析结果出现较大偏差。因此为了使分析结果更具代表性，本书采用样本产品的毛利润率均值作为即时通信产品的基准毛利润率进行临界损失分析。由表 5–6 可知，即时通信产品毛利润的均值为 23.22%。为了尽可能地加强所获得的毛利润率的代表性，提高分析结果的稳健性，本书借鉴黄坤（2014b）的做法，在具体分析过程中，除了计算基准毛利润率情境下的临界损失外，还计算了将基准毛利润率分别提高和降低 25% 与 50% 等情境下的临界损失。

表 5-6　即时通信产品的毛利润率

产　品	$\dfrac{\hat{c}_0}{I_j}$	$\dfrac{\hat{c}_1}{I_j}$	MOU_j （户/周/小时）	m_j （%）
腾讯 QQ	−4.835	5.066	2.707	92.25
阿里旺旺	0.941	0.866	0.722	8.74
飞信	0.844	0.571	0.400	19.80
MSN	0.894	0.631	0.547	6.16
YY 语音	0.902	1.190	0.819	18.88
人人桌面	0.872	0.549	0.440	4.25
SKYPE	0.931	0.788	0.593	12.44
均值				23.22

资料来源：笔者计算。

由于 Harris 和 Simons（1989）、Werden（1998）分别基于"利润不变"思想和"利润最大化"思想推导出了不同的临界损失计算公式，而在两种不同的分析思路下，根据需求曲线是线性的还是不变弹性的，其计算公式又有所差异（本书在文献综述部分已做详细分析，在此不赘述，计算公式详见表 2-1）。为了提高计算结果的稳健性，本书针对这四种情形，并结合上述毛利润率的基准情形、上下浮动 25% 和 50% 的情形，分别计算当价格上涨幅度（t）等于 5% 和 10% 时的临界损失（计算结果见表 5-7）。实际损失的计算公式为 AL=tη。从第四章的计算结果可以得出，即时通信组内产品的弹性为 1.443（见表 4-6）。由此可以得出，η=1.443。因此当价格上涨幅度（t）为 5% 和 10% 时的实际损失分别为 7.22% 和 14.43%。根据临界损失分析的相关原则，若临界损失大于实际损失，即当 CL<AL 时，即时通信产品市场即可构成相关市场；若临界损失小于实际损失，即当 CL<AL 时，即时通信产品市场不能构成相关市场，应将微博产品纳入备选市场做进一步的 SSNIP 分析。

临界损失的计算结果显示（见表 5-7），在利润不变分析思路下，当毛利润率为基准情形时，价格上涨 5% 和 10% 时的临界损失分别为 17.72% 和 30.1%，此种情形下的临界损失值均大于对应价格上涨幅度下的实际损失；将毛利润率分别上、下浮动 25%和 50%后的计算结果也得出一致的结论。由此可以看出，在利润不变分析思路下，各种情形下的临界损失均大于对应条件下的实际损失。而沿用利润最大化分析思路时，在线性需求系统下，当毛利润率为基准情形时，价格上涨 5%和 10%时的临界损失分别为 15.05%和 23.14%，该值大于对应情形下的实际损失；而在不变弹性需求系统下，对应的临界损失也分别大于对应情形下的实际损失（临界损失值分别为 56.42%和 27.06%）；并且在各种需求系统下将毛利润率分别上、下浮动 25%和 50%也得到了一致的结论。本书采用临界损失分析法分析的各种情形下的临界损失值均大于实际损失，也就是说，我们可以得到一个稳健的结论，即时通信产品是本案的相关产品市场。

表 5-7　各种情形下的临界损失计算结果

毛利润率（m）（%）			利润不变情形（%）		利润最大化情形（%）	
			t = 5%	t = 10%	t = 5%	t = 10%
线性需求	下浮 50%	11.61	30.1	46.27	23.14	31.64
	下浮 25%	17.415	22.31	36.48	18.24	26.73
	基准情形	23.22	17.72	30.1	15.05	23.14
	上浮 25%	29.025	14.7	25.62	12.81	20.4
	上浮 50%	34.83	12.55	22.31	11.15	18.24
不变弹性需求	下浮 50%	11.61	30.1	46.27	62.74	38.44
	下浮 25%	17.415	22.31	36.48	59.43	31.78
	基准情形	23.22	17.72	30.1	56.42	27.06
	上浮 25%	29.025	14.7	25.62	53.68	23.56
	上浮 50%	34.83	12.55	22.31	51.18	20.85

资料来源：笔者计算。

需要进一步说明的是，从表 5-7 中的计算结果可以看出，临界损失的取值因毛利润率、需求函数形式以及对"有利可图"理解的不同而有所差异。具体而言，在其他条件一致的情况下，毛利润率越高，临界损失值越小，相应的相关市场也就越宽；"利润不变"分析思路下的临界损失值不受函数形式的影响，即采用这种分析思路时，采用线性需求函数与不变弹性需求函数能得到一致的临界损失值；而"利润最大化"分析思路下的临界损失取值受需求函数形式的影响较大，相比较而言，在该分析思路下，不变弹性需求系统比线性需求系统下计算的临界弹性值更大。总体来说，无法确切地知道采用"利润最大化"与"利润不变"思路界定出的相关市场孰宽孰窄，因为它还取决于所选择的函数形式和SSNIP的取值；但是在线性需求函数系统下计算的临界弹性值要小于（等于）不变弹性需求系统下的临界损失，即采用线性需求函数形式可以得到更宽的相关市场。这一结论提醒反垄断执法机构在审理案件的过程中应该尽可能地对各种情形下的临界损失做全面系统的分析，警惕有关方面通过选择需求函数形式来选择对自身有利的相关市场界定结果。

三、临界转移率分析

标准临界损失分析的一个不足是未能有效衡量涉案产品的毛利润率与其需求弹性之间的关系，从而导致该方法倾向于界定较宽的相关市场。若能有效衡量毛利润率和需求弹性之间的关系及其对实际损失的影响，便可发现较高的毛利润率并不必然意味着较宽的相关市场（O'Brien & Wickelgren，2003）。由此，一些经济学家推导出了一种新的SSNIP分析执行方法——临界转移率分析法（Critical Divertion Ritio Analysis，CDRA）。临界转移率分析法与标准临界损失分析法的主要区别在于，临界转移率分析法在公式推导的过程中考虑了备选市场中备选产品之间的替代关系（即转移率）并且使用了Lerner指数（黄坤等，2013）。因此较之临界损失分析，该方法有着更好的经济学基础和实证基础（Farrell & Shapiro，2010b）。但是Scheffman和Simons（2003）、Coate和Simons（2009）等也曾就临界转移率分析在推导过程中运用了Lerner指数这一点来质疑该分析方法是否总能成立。正因为每种SSNIP执行方法都存在各自的优缺点，因此为了加强分析结果的稳健性，本小节将运用临界转移率分析法来进行相关产品市场界定分析。

在具体执行临界转移率分析时，存在O-W版临界转移率分析法、K-

S 版临界转移率分析法和 D-S-T 版临界转移分析法等多种版本的执行方法①。这些执行方法计算临界损失与实际损失的公式有所差异，每种版本的计算方法各有优缺点，且适用的情形不同（本书在文献综述部分已对此做了详细论述，故不赘述）。其中，Daljord 等（2008）推导的临界转移率计算公式（即 D-S-T 版临界转移率分析法）适用于差异化产品市场，并且相比其他版本的临界转移率计算公式而言，D-S-T 版临界转移率分析法的假设前提更符合实际情况，因而其应用范围也更广。在本案中，互联网市场上的即时通信产品虽然功能大体相同，但是针对的目标客户群体有差异，用户的使用目的也有所差异，因此本书采用 Daljord 等（2008）提出的临界转移率分析法来分析本案的相关市场。根据 D-S-T 版临界转移分析法，临界损失（CL）与实际损失（AL）的计算公式分别为：

$$CL = t(1+D)/(t+m) \tag{5-3}$$

$$AL = t/m \tag{5-4}$$

其中，t 表示价格上涨幅度，在实践中通常取值为 5% 和 10%；D 表示产品的转移率，即备选市场中的其他产品价格上涨导致其消费者转向购买备选产品的总数量占备选产品销售量的比例；m 表示毛利润率。本小节仍沿用上文的相关结论，以即时通信产品集合作为临界转移率分析的起点产品，并沿用上文计算出的即时通信产品集合内的平均毛利润率（23.22%）作为该分析的基准毛利润率。此时，执行临界转移率分析的关键在于确定产品转移率（D）的取值。

根据 SSNIP 分析思路的相关原则以及 D-S-T 版临界转移率分析法中产品转移率（D）的含义，本书采用即时通信产品集合内其他即时通信产

---

① O-W 版、K-S 版、D-S-T 版临界转移率分析法分别是指由 O'Brien 和 Wickelgren（2003），Katz 和 Shapiro（2003），Daljord、Sorgard 和 Thomassen（2008）提出的临界转移率分析法。详见 Daniel P. O'Brien, Abraham L. Wickelgren, "A Critical Analysis of Critical Loss Analysis", *Antitrust Law Journal*, Vol.71, No.1, 2003, pp.161 -184; Michael L. Katz, Carl Shapiro, "Critical Loss: Let's Tell the Whole Story", *Antitrust*, Vol.17, No.2, 2003, pp.49-56.; Øystein Daljord, Lars Sørgard, Øyvind Thomassen, "The SSNIP Test and Market Definition with the Aggregate Diversion Ratio: A Reply to Katz and Shapiro", *Journal of Competition Law and Economics*, Vol.4, No.2, 2008, pp. 1-8.

品与腾讯 QQ 之间的平均转移率作为基准转移率来执行临界转移率分析。根据本书第四章中构建的需求替代性结构方程，得到即时通信产品集合内产品间的转移率计算公式为：

$$D_{j_m j_l} = \frac{-s_{j_l}\left(\dfrac{\rho_1}{1-\rho_1} s_{j_m/g_l} + s_{j_m}\right)}{s_{j_m}\left(\dfrac{1-\rho_1 s_{j_m/g_l}}{1-\rho_1} - s_{j_m}\right)} \tag{5-5}$$

其中，j_l 指腾讯 QQ；j_m 指除腾讯 QQ 以外的其他即时通信产品；s_{j_l} 指腾讯 QQ 在整体市场中的市场份额；s_{j_m} 和 s_{j_m/g_l} 分别指产品 j_m 在整体市场及即时通信产品子集中的市场份额；ρ_1 指即时通信产品子集的组内相关系数。根据式（5-5）及本书第四章中的相关回归结果等相关信息，便可计算出其他即时通信产品与腾讯 QQ 之间的转移率，具体参数信息及计算结果见表 5-8。

表 5-8　即时通信产品的转移率均值

	s_{j_l}	s_{j_m}	s_{j_m/g_l}	ρ_1	D_{j_m/j_l} (%)
阿里旺旺	0.4897	0.0908	0.1149	0.928	68.820
飞信	0.4897	0.0856	0.1069	0.928	67.377
MSN	0.4897	0.0438	0.0534	0.928	62.209
YY 语音	0.4897	0.0253	0.0352	0.928	69.137
人人桌面	0.4897	0.0149	0.0189	0.928	62.330
SKYPE	0.4897	0.0089	0.0111	0.928	60.869
均值					65.12

资料来源：笔者计算。

从表 5-8 可以看出，若集合内其他即时通信产品实施提高隐性价格或降低产品质量等竞争行为时，会有较大比例的用户转向使用腾讯 QQ，所有产品转向腾讯 QQ 的转移率均介于 60%~70%。其中，阿里旺旺的用户转移率最高达 68.820%；而 SKYPE 的用户转向使用腾讯 QQ 的比例相对较低，转移率为 60.869%。而且，根据这些产品与腾讯 QQ 之间的转移率求得这些转移率的均值为 65.12%，下文将该值作为基准转移率来执行临界转移率分析。

确定各关键参数的取值后，根据式（5-3）、式（5-4）便可计算出各种情形下的临界损失（CL）和实际损失（AL）。为了加强临界转移率分析结果的稳健性，本小节仍将毛利润率（m）按照基准情形及将其上、下浮动 25% 和 50% 五种情形加以分析，价格上涨幅度（t）则分别按 5% 和 10% 两种情形加以分析（具体计算结果见表 5-9）。根据临界转移率分析的相关原则，若临界损失大于实际损失，即当 CL>AL 时，即时通信产品市场即可构成相关市场；若临界损失小于实际损失，即当 CL<AL 时，即时通信产品市场不能构成相关市场，应将微博产品纳入备选市场做进一步的SSNIP 分析。

表 5-9　各种情形下的临界转移率分析

毛利润率（m）（%）		t = 5%		t = 10%	
		临界损失（%）	实际损失（%）	临界损失（%）	实际损失（%）
下浮 50%	11.61	49.71	43.07	76.41	86.13
下浮 25%	17.415	36.83	28.71	60.23	57.42
基准情形	23.22	29.26	21.53	49.71	43.07
上浮 25%	29.025	24.26	17.23	42.31	34.45
上浮 50%	34.83	20.73	14.36	36.83	28.71

资料来源：笔者计算。

从表 5-9 可以看出，在基准情形下（毛利润率为 23.22%），给定价格上涨 5%，此时的临界损失是 29.26%，而实际损失是 21.53%，临界损失大于实际损失；给定价格上涨 10%，此时的临界损失为 49.71%，而实际损失为 43.07%，临界损失大于实际损失。可见，在标准情形下，当给定价格上涨幅度为 5%~10% 时，即时通信产品集合即为本案的相关市场。将基准毛利润率下浮 50%（毛利润率为 11.61%），给定价格上涨 5%，此时的临界损失为 49.71%，而实际损失为 43.07%，临界损失大于实际损失；给定价格上涨 10%，此时的临界损失为 76.41%，而实际损失为 86.13%，临界损失小于实际损失。可见，将基准毛利润率下浮 50% 时，给定价上涨幅度为 5% 时，即时通信产品可以构成案件的相关市场；但是当价格上涨幅度为 10% 时，该结论不成立。在将基准毛利润率下浮 25% 及上浮 25% 和 50% 的情境中，无论价格上涨 5% 还是 10%，临界损失值均大于实际损失值。在以上十种情境中的九种情境下（包括基准毛利润率下的两种情境）的分析结论都表明在该情境下临界损失值大于实际损失。这说明在临界转移率分析框架下，根据上述分析结果可以得出一个稳健的结论——本案的相关市场为即时通信产品集合，这一点与采用临界损失分析的结果是一致的。值得注意的一点是，在临界转移率分析框架下，各种情形下的实际损失值与临界损失值都非常接近，这一点不仅说明即时通信产品是本案的相关市场，而且证明将即时通信市场作为本案的相关市场符合 SSNIP 分析中"最小市场"的原则，更充分地说明了本书分析结论的正确性和准确性。

第三节　相关地域市场界定分析

相关地域市场是指涉案产品用户获取相关产品的地理区域，在这一地域范围内，相关产品供应商之间存在较强的竞争关系[①]。相关地域市场界定则是通过一系列方法来确定消费者在购买相关产品的实际过程中所涉及的地理区域以及涉案企业面临来自其他相关产品供应商的实际竞争约束的地理区域的分析过程。一般情况下，企业面临的竞争条件越相似的区域越倾向于在同一个相关地域市场内（时建中和王伟炜，2009）。相关地域市场是相关市场的一个重要维度，它从地域范围的角度确定涉案产品竞争的空间范围，该区域范围的大小对于涉案企业市场支配地位的认定乃至后续竞争效果的认定都具有至关重要的作用。一般情况下，在其他条件相同时，相关地域市场的范围越大，企业的市场支配力通常越小；反之，相关

[①] 详见国务院反垄断委员会于 2009 年颁布的《国务院反垄断委员关于相关市场界定的指南》第三条。

地域市场的范围越小，企业的市场支配力通常越大。因而，在反垄断案件的审查中，相关地域市场的界定与相关产品市场的界定一样都是相关市场界定的关键环节。

在相关地域市场界定的具体过程中，除了需要考察相关产品在使用性能等方面的因素外，还需考察相关产品销售环境对产品竞争可能产生的影响，特别是需要仔细分析产品的运输特征及成本等因素的影响（仲春，2012）。因此，传统产业的相关地域市场通常是在全国性甚至更小的地理区划范围内，即便是在涉及跨国经营的案件中也通常如此（胡丽，2014）。但是，在互联网产业内，互联网本身所具有的非地域性特征以及互联网产品所具有的虚拟性特征使得互联网产品（特别是信息类产品）在全球范围内流通并不会产生额外的运输成本，进而使互联网产业的竞争具有全球性的特征。这也是奇虎 360 诉腾讯案一审判决中，法院将相关地域市场界定为全球市场的主要依据。但是，这一判决结果受到了包括原告在内的许多业内人士和专家学者的广泛质疑。尽管许多基于互联网传播和销售的产品确实不存在运输方面的物理障碍，但是语言、消费习惯、文化等柔性因素是互联网产品自由流动的天然屏障，这也是美国和欧盟等国家（地区）在对互联网产业进行相关地域市场界定分析时逐渐倾向于将互联网产业的相关地域市场限定在一个更小的空间范围（通常是一国范围内）的重要因素（黄坤，2014a；吴韬，2011）。因此在互联网产业的相关地域市场分析过程中，既不能简单地将其界定为全球市场，也不能简单地否定这一结论（叶明，2013），而应根据案件的具体情况从需求替代和供给替代等角度，采用定性分析与定量分析相结合的方法予以综合论证。

一、境内与境外即时通信产品的需求替代分析

需求替代分析是相关地域市场界定的重要方法，而通过对产品转移率的分析能有效地衡量消费者对于各供应商提供的替代性产品的偏好程度。为了更好地说明中国即时通信用户对于中国境内和境外即时通信产品供应商提供的即时通信产品的偏好程度，本书通过比较消费者在境内、境外即

时通信产品的转移率情况来加以分析。在案件发生时期内，中国境内由国外即时通信供应商提供的即时通信产品中，市场份额较高的是 MSN 和 SKYPE，因而笔者以这两款产品作为国外即时通信产品的代表性产品；而由境内即时通信供应商提供的即时通信产品中，市场份额最高的腾讯 QQ 与其他即时通信产品的市场份额悬殊较大，因而本书选取在样本期间内，在所有境内即时通信产品中市场份额最小的人人桌面作为国内即时通信产品的代表来加以说明，并且人人桌面与 MSN 及 SKYPE 的市场份额较为接近，因而能使分析结论更具说服力。

本书采用第四章中推导出的转移率计算公式及计量分析得到的相关参数计算出了样本期间内其他即时通信产品转向 MSN 的转移率 $D_{j_i \to MSN}$ 和 MSN 转向其他即时通信产品的转移率 $D_{MSN \to j_i}$；以及 SKYPE 的两种转移率 $D_{j_i \to SKYPE}$、$D_{j_i \to SKYPE}$ 和人人桌面的两种转移率 $D_{j_i \to RR}$、$D_{RR \to j_i}$（见表 5-10）。

表 5-10　中国境内的国内、外代表性即时通信产品的转移率

单位：%

J_i	$D_{j_i \to MSN}$	$D_{MSN \to j_i}$	J_i	$D_{j_i \to SKYPE}$	$D_{SKYPE \to j_i}$	J_i	$D_{j_i \to RR}$	$D_{RR \to j_i}$
腾讯 QQ	13.847	62.209	腾讯 QQ	2.814	60.869	腾讯 QQ	4.710	62.330
阿里旺旺	6.155	11.535	阿里旺旺	1.251	11.286	阿里旺旺	2.094	11.557
飞信	6.026	10.874	飞信	1.225	10.640	飞信	2.050	10.895
YY 语音	6.184	3.214	MSN	1.131	5.444	MSN	1.893	5.575
人人桌面	5.575	1.893	YY 语音	1.257	3.145	YY 语音	1.896	3.220
SKYPE	5.444	1.131	人人桌面	1.133	1.852	SKYPE	1.852	0.065

注：①J_i 表示除目标即时通信产品以外的其他即时通信产品；②$D_{j_i \to MSN}$ 表示其他即时通信产品转向 MSN 的转移率，而 $D_{MSN \to j_i}$ 表示 MSN 转向其他即时通信产品的转移率，SKYPE、RR（人人桌面）的两种转移率的含义也与此相同。
资料来源：笔者计算。

转移率 $D_{j_i \to MSN}$、$D_{j_i \to SKYPE}$ 和 $D_{j_i \to RR}$ 显示的是，当提高其他即时通信产品的隐性价格时，该即时通信产品用户转向 MSN、SKYPE 和人人桌面（RR）的用户占该产品整体流失用户的比率，该组指标能较好地显示 MSN、SKYPE 和人人桌面（RR）对其他即时通信产品的替代性程度。从表 5-10 可以看出，当提高腾讯 QQ 的隐性价格时，其用户转向 MSN、SKYPE 和人

人桌面的转移率分别为 13.847%、2.814% 和 4.710%，说明在这三款产品中，MSN 是腾讯 QQ 的最佳替代品，人人桌面（RR）次之，SKYPE 对腾讯 QQ 的替代性最弱。提高境内其他即时通信产品供应商的隐性价格也能得到类似的结论，这些即时通信产品转向 MSN 的转移率在 6% 左右，转向人人桌面（RR）的转移率在 2% 左右，转向 SKYPE 的转移率则在 1.2% 左右。这一结论说明，在样本期间内，较之境内供应商提供的人人桌面（RR）而言，由境外供应商提供的 MSN 是即时通信产品（j_i）的更好的替代性产品。

转移率 $D_{MSN \to j_i}$、$D_{SKYPE \to j_i}$ 和 $D_{RR \to j_i}$ 显示的是当分别提高 MSN、SKYPE 和人人桌面（RR）的隐性价格，这些产品的用户流向另一即时通信产品的用户占该产品用户总流失用户量的比值，它显示的是其他即时通信产品对这三种即时通信产品的替代性程度。从表 5-10 可以看出，当提高 MSN 的隐性价格时，其流失的用户中，有 89.73% 的用户转向使用样本中由中国境内供应商提供的即时通信产品，其中对 MSN 的用户而言最优的替代品是腾讯 QQ（转移率高达 62.209%），而转向其他境外供应商提供的产品（SKYPE）的比率为 1.131%；当提高 SKYPE 的隐性价格时，其流失的用户中，有 87.79% 的用户转向使用由中国境内供应商提供的即时通信产品，其中对其用户而言最优替代品为腾讯 QQ（转移率高达 60.869%），而转向其他境外供应商提供的产品（MSN）的比率为 5.444%，并且对 SKYPE 的用户而言，由境外供应商提供的即时通信产品 MSN 的替代性要优于由境内供应商提供的即时通信产品 YY 语音和人人桌面（转向这两种产品的转移率分别为 3.145% 和 1.852%）。对于人人桌面（RR）的用户而言，其流失的用户中转向使用境内供应商提供的即时通信产品的比率总和为 88%，其中腾讯 QQ 是其最优替代品（转移率为 62.330%）、阿里旺旺次之（11.557%）；人人桌面（RR）用户转向由境外供应商提供的即时通信产品的分流率总和仅为 5.64%，相较而言，SKYPE 转向由境外供应商提供的即时通信产品 MSN 的转移率为 5.575%，高于其转向由境内供应商提供的即时通信产品 YY 语音（其转移率为 3.220%）。这说明，对人人桌面（RR）的用户而言，绝大部分用户会选择由境内供应商提供的即时通信产品，但是 MSN 的替代次序要优于由境内供应商提供的即时通信产品 YY 语音。

综上所述，在样本范围内，对于境内供应商提供的即时通信产品的用户而言，由境外供应商提供的即时通信产品 MSN 虽不是其最优替代品，但是其替代顺序要优于由境内供应商提供的即时通信产品 YY 语音和人人桌面；而对于境外供应商提供的即时通信产品 SKYPE 的用户而言，同为境外即时通信产品的 MSN 对其替代顺序也要优于境内供应商提供的即时通信产品 YY 语音和人人桌面。由此可以看出，从需求替代性分析的角度来看，本案的相关地域市场是全球市场。

二、境内与境外即时通信产品的供给替代分析

供给替代性分析是相关地域市场界定的重要分析方法之一。市场份额既是各竞争对手之间市场竞争的结果，也是各竞争对手之间供给替代能力最直接的体现。为了更好地说明中国境内与境外即时通信产品供应商之间是否能形成较强的竞争约束，本书整理了 2010 年 3 月至 2012 年 2 月在中国大陆境内市场份额排名较靠前的 6 款即时通信产品（分别是腾讯 QQ、阿里旺旺、飞信、MSN、人人桌面和 SKYPE），并通过这些产品在中国即时通信产品中的市场份额来说明它们之间的供给替代关系。需要指出的是，在本案发生前后近两年的时间内，由境外供应商提供的即时通信产品 MSN 和 SKYPE 能够一直保持在中国境内即时通信产品市场份额排行榜的前几名，本身就能说明境外即时通信产品在中国境内即时通信产品市场具有较强的竞争力。但是，本书仍将通过所选取的境内、境外即时通信产品市场份额的变化情况来对境内、境外即时通信产品供应商的供给替代性做更详细的分析，以使本书相关地域市场界定分析得出更可靠的结论。

从图 5-3 可以看出，整体而言，境内即时通信产品（特别是腾讯 QQ）与境外即时通信产品的市场份额之间存在此消彼长的关系。在样本期间内，中国即时通信产品市场中，境内即时通信供应商提供的腾讯 QQ 的市场份额一直维持在 61% 左右。在期初（2010 年 3 月），腾讯 QQ 的市场份额为 59.87%，而到了期末（2012 年 2 月），其市场份额已逐步上升到

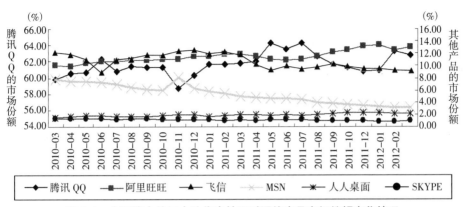

图 5-3　中国境内的国内外代表性即时通信产品市场份额变化情况

62.81%，增长率为 4.90%。阿里旺旺和人人桌面的市场份额也一直保持稳步上升的态势，两者在期末的市场份额较期初市场份额的增长率分别高达30.10% 和 40.76%。飞信的市场份额在 2011 年 3 月以前一直保持在 11% 以上，但从 2011 年 4 月开始，其市场份额开始逐步下降，到期末，其市场份额下降至 9.14%，较期初市场份额下降率达 24.97%。由境外即时通信产品供应商提供的 MSN 在样本期间内的市场份额则呈现明显的下降趋势，在期初，MSN 的市场份额为 7.77%，其市场份额在 2012 年 1 月降至最低值（市场占有率仅有 3.16%），到期末其市场份额略有回升，但也只有3.19%，较期初的市场份额下降了 58.98%。而另一款境外即时通信产品SKYPE 的市场份额下降趋势也较明显，到 2012 年 2 月，SKYPE 的市场份额从期初的 1.35% 下降至 0.9%，市场份额萎缩了 32.84%。此外，从图 5-3 还可以看出，在 2010 年 11 月，腾讯 QQ 的市场份额下降较为明显，而此时市场份额上涨最为明显的是由境外即时通信产品供应商提供的即时通信产品 MSN，说明 MSN 对腾讯 QQ 具有较强的替代性。

从对这六款产品市场份额的相关系数分析也可以进一步验证上文中有关结论，即境内、外即时通信产品供应商市场份额之间存在此消彼长的竞争关系（见表 5-11）。在整个样本期间内，境外即时通信产品 MSN 和SKYPE 与腾讯 QQ 市场份额的相关系数分别为 -0.5801 和 -0.3788，并且它们的相关系数分别在 0.01 和 0.1 的显著性水平下显著为负。尤其需要指出的是，在腾讯QQ采用"二选一"行为前后的三个月左右的时期内（2010年10月至2010年12月），MSN与腾讯QQ的市场份额之间的相关系数高达-0.9598，说明腾讯QQ与境外供应商提供的即时通信产品之间（特别是与MSN之间）具有较强的供给替代性关系。此外，MSN和SKYPE与其他境内即时通信产品市场份额之间的相关系数也大部分在0.01的显著性水平上显著为负。由此可以看出，境内、境外即时通信产品供应商之间具有较强的替代关系。

表5-11　中国境内、境外即时通信产品供应商市场份额相关系数

	腾讯QQ	阿里旺旺	飞信	MSN	人人桌面	SKYPE
腾讯QQ	1					
阿里旺旺	0.1311	1				
飞信	-0.6956***	-0.4200**	1			
MSN	-0.5801***	-0.8316***	0.6677***	1		
人人桌面	0.1613	0.8575***	-0.5453***	-0.7695***	1	
SKYPE	-0.3788*	-0.9065***	0.5674***	0.8995***	-0.8567***	1

注：* 表示 $p < 0.1$；** 表示 $p < 0.05$；*** 表示 $p < 0.01$。

本书将上述六款代表性即时通信产品在样本期间内的市场份额按境内、外即时通信产品分别予以加总并绘制出境内、境外即时通信产品总体市场份额的对比图（见图5-4）。首先，从境内、境外即时通信供应商市场份额的变动趋势可以明显地看出，中国即时通信产品的境内、境外供应商在中国境内的市场份额之间存在此消彼长的关系。2010年3月至2010年10月，境外供应商的市场份额存在较明显的下降趋势，而同期境内供应商的市场份额则表现为较显著的上涨趋势。2010年10月至11月（奇虎360与腾讯QQ矛盾爆发时间点），境内供应商的市场份额出现明显的下降趋势，而此时境外供应商的市场份额则出现较明显的上涨趋势。此后，境外供应商的市场份额呈现下降趋势，而境内供应商的市场份额虽有波动，但总体仍显示为上涨趋势。从境内、境外即时通信供应商市场份额的具体数值来看，2010年3月，境内即时通信产品供应商的总体市场份额为

83.52%，到 2012 年 2 月，其市场份额增至 87.02%，增长率为 4.19%；期间境外两款主要的即时通信产品在期初的市场份额总额为 9.12%，到期末下降至 4.10%，下降率高达 55.12%。在腾讯 QQ 二选一事件爆发的当月（2011 年 11 月），境内即时通信供应商的市场份额较上一月下降了 1.99%（其中腾讯 QQ 的市场份额下降比率为 4%），而同期境外即时通信产品供应商的市场份额较上一月的增长率达 29.76%（其中 MSN 的市场份额的增长率高达 36.88%）。由此可以进一步地说明，境内、境外即时通信产品供应商之间存在较强的替代关系。

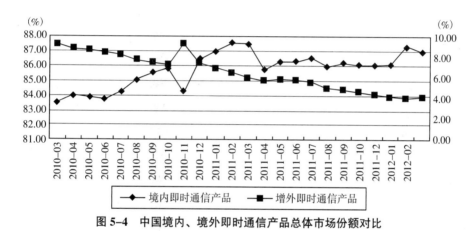

图 5-4 中国境内、境外即时通信产品总体市场份额对比

综上，通过比较在中国境内占有较高市场份额的两款由境外即时通信产品供应商提供的即时通信产品（MSN 和 SKYPE）市场份额与境内即时通信产品供应商提供的即时通信产品（腾讯 QQ、阿里旺旺、飞信、人人桌面）市场份额可以发现，无论是从各产品市场占有率的变化趋势还是从将境内、境外即时通信产品供应商提高的产品加总的市场份额变动趋势来看，境内、境外即时通信产品供应商之间具有较强的替代性，两类即时通信产品之间市场份额的相关系数也再次验证了这一点。因此从供给替代的角度而言，本案的相关地域市场应为全球市场。

第四节　本章小结

本章首先从免费和双边市场这两个角度深入分析了腾讯公司的商业模式，在此基础上结合第四章中得到的需求替代性参数并采用定性与定量相结合的方法对奇虎 360 诉腾讯案进行了完整的相关市场界定分析。本书的相关结论显示，该案的相关产品市场为即时通信产品市场，相关地域市场应为全球市场。

在界定相关产品市场的过程中，本书首先运用产品性能分析法，从微博产品与即时通信产品的主要功能、目标客户等方面分析了两种产品之间的异同；其次，从产品的使用特性角度揭示出两者在消费特性上存在较显著的差异，初步判断两种产品可能分属两个相关市场；再次，本书结合前文的相关结论，以即时通信产品为分析起点，采用临界损失分析法（CLA）对本案的相关市场进行实证分析，通过对不同分析思路、不同需求系统、不同价格上涨幅度以及不同毛利润率等各种情形下的临界损失分析得到一个稳健的分析结论——临界损失值大于实际损失，因而可以判断该案中即时通信产品即为案件的相关产品市场；最后，本书采用临界转移率分析法（CDRA），对各种情形下的毛利润率和不同价格上涨幅度下的临界损失与实际损失的值进行对比，分析结果不仅进一步验证了即时通信产品市场即可构成本案的相关产品市场，而且说明该市场是符合"最小市场"原则的相关产品市场。

在界定相关地域市场时，本书首先从需求替代的角度论证了在中国境内，无论是对使用境内还是境外即时通信产品的用户，由境外供应商提供的即时通信产品 MSN 对它们的替代性顺序均优于国内的一些即时通信产品（如 YY 语音、人人桌面等）。随后，本书从供给替代的角度，论证了无论从境内、境外即时通信产品供应商各自的市场表现还是两类供应商整体的市场表现来看，境外、境内即时产品供应商之间的替代关系均较为明显，而且境内、境外即时通信产品（特别是腾讯 QQ 与 MSN 和 SKYPE）市场份额之间的相关系数也验证了这一点。可见，无论从需求替代的角度还是供给替代的角度来看，境内、境外即时通信产品之间均存在较强的替代关系。因此，本案的相关地域市场应为全球市场。

本章将 SSNIP 分析运用到了相关产品市场的界定过程中，再次证明通过建立合适的理论模型和恰当的计量方法得到相关的需求替代性参数，SSNIP 方法仍能适用于互联网产业的相关市场界定过程，包括其他采用免费商业模式和（或）双边市场模式的产业的相关市场界定过程；本书对各种情形下的临界损失计算结果的差异说明不同分析思路和需求系统下的临界损失值会存在较大差异，反垄断执法机关在反垄断审查过程中应尽量多方考察，防止有关方面利用这些差异来"选择市场"。

第六章 完善互联网产业反垄断执法的政策建议

第一节 完善相关市场界定的分析框架 提高反垄断执法的科学性

除了少数适用"本身违法原则"的反垄断案件以外，相关市场界定是其他反垄断案件分析的首要步骤，同时也是最为关键的步骤。相关市场范围的大小直接决定了对涉案企业市场势力的认定，甚至会影响后续对被诉垄断行为经济效率的判定结果，因而在绝大多数的反垄断案件分析中，界定相关市场均具有举足轻重的作用（Blair & Kaserman，2009）。然而，现实经济的复杂性以及现行相关市场界定方法的不完美性使大多数反垄断案件在审理过程中总是伴随着对相关市场界定结果的质疑。因而，有不少学者以相关市场界定仅仅是认定企业市场势力的一个辅助方法而非反垄断分析的目的为由，提出应该降低相关市场界定在反垄断分析中的重要性，并开始积极寻求新的、能够直接测定企业市场势力及其行为的竞争效率的方法（如 UPP 法、并购模拟法等）。殊不知，使用这些方法所需搜集的统计数据的背后仍然绕不开相关市场的概念，即它们所使用的统计数据的时间、地域和产品范围实际上已经隐含着一个"相关市场"。因而，相关市场界定仍然是反垄断案件分析绕不开的基石。

随着互联网产业的兴起以及大量互联网反垄断案件的出现，人们逐渐注意到互联网产业独特的基于双边市场的免费商业模式及其本身所具有的强大的网络效应、高度动态的创新性等特点，给本就存在诸多争议的反垄断分析方法带来了新的挑战，致使淡化互联网产业反垄断分析中相关市场界定的重要程度的论调又开始蔓延。同其他产业的反垄断分析一样，相关市场界定仍是互联网产业反垄断分析的必要步骤和逻辑起点，一旦反垄断法的实施离开该逻辑起点，将很可能导致大量反垄断"伪案"的产生，从而浪费中国本就稀缺的反垄断执法和司法资源（蒋岩波，2012）。更严重的是，这样还很可能导致更多的互联网企业（特别是成功的互联网企业）为过度的反垄断诉讼所累，从而阻碍其创新活力并最终导致社会整体福利的下降。

诚然，互联网产业的特殊经济规律确实给反垄断分析带来了不小的挑战，但这不能成为淡化对相关市场界定在该产业反垄断分析中的重要作用的恰当理由。合理的做法应是在完善相关市场界定方法的基础上形成规范的分析框架，尽量使互联网产业的相关市场界定更加科学和规范，从而促进反垄断法在互联网产业的正确实施。本书在第四章中建立了互联网产业需求替代分析的理论模型，并在第五章中运用由此得到的需求替代性参数对奇虎360诉腾讯案进行了完整的相关市场界定分析，从中提炼出了一个可供参考的、适用于互联网产业的相关市场界定分析框架。

在对互联网产业进行相关市场界定时，首先要详细分析涉案企业的商业模式。尽管基于双边市场的免费商业模式是当前互联网产业的主流盈利模式，但仍需仔细识别各互联网平台免费背后的经济逻辑，仔细甄别涉案企业的商业模式是否属于双边市场。这是决定后续相关市场界定是按照单边市场逻辑还是双边市场逻辑进行的关键所在，也是正确界定相关市场的重要基础。在甄别过程中，可以借鉴本书在文献综述部分总结的双边市场界定标准和方法。具体来说，双边市场判定有以下标准：①平台两边连接着两（多）组需求相互依赖的顾客群体；②相比两边客户群体间的双边交易（Bilateral Transactions）而言，平台能更好地内部化双边用户间的交叉网络外部性，即科斯定理失效；③价格结构的非中立性。若以上条件不满足，则涉案企业不属于双边市场，应采用单边市场逻辑下的分析理论与方法进行相关市场界定。若上述条件均满足，还要进一步分析双边市场特性在涉案企业的盈利模式中是否具有重要的作用，如果涉案企业虽为双边市场，但该特性在其盈利模式中的作用甚微，仍然要退回到单边市场逻辑下的分析情形。

其次，对于采用单边市场逻辑的互联网企业只需按照多产品定价情形来进行相关市场界定即可。对于具有双边市场特征的互联网企业，则可以根据产品功能分析法等定性分析方法确定案件相关市场界定的焦点产品，而后可直接根据本书第四章中构建的理论模型搜集相关数据并对模型进行拟合得到相关参数，并可直接利用这些参数再结合文中推导出的自弹性、交叉弹性、转移率等计算公式得到这些需求替代性参数。第四章中构建的互联网企业需求替代分析的理论模型值得推广的理由在于，在未施加任何额外假设条件的情况下，本书通过简单的数学变换推导出了可采用利润和收入的比值来计算 Lerner 指数，这样便解决了免费带来的"零价格"无法直接进行 SSNIP 分析的困扰；而后通过后续构建的企业利润目标函数模型便可得到企业的利润和收入数据，这样不仅能将互联网企业货币化免费产品所获得的利润从企业的整体利润中剥离出来，还能有效地衡量双边市场两端用户之间的依赖性。在具体案件分析中，可以根据案件的具体情况和数据获得情况对本模型加以改进，但本书中提供的建模思路依然值得借鉴和参考。

最后，可利用计算出的需求替代性参数并选择恰当的 SSNIP 分析执行方法（如临界损失分析法、临界转移率分析法等）对案件进行实证的相关市场界定分析。由于不同需求系统、不同价格上涨幅度以及对假定垄断者测试的不同分析思路（利润最大化版本与利润不变版本）下界定的相关市场会存在一定的差异，有关当局在执法过程中应该尽可能地对案件进行全面系统的分析，如果所有证据链均指向同一结论，说明由此得到的相关市场界定结果是正确的；如果各分析结果之间存在差异，则需仔细考察这些分析方法的逻辑前提与案件的具体情况是否相符，而后判断以哪一个研究结论为基准。

第二节　完善反垄断抗辩制度　调动抗辩过程的信息发现机制

对动态发展的互联网产业实施反垄断审查的执法收益和执法成本均非常高，一方面，该产业当前的创新路径会对未来产品的质量和价格产生显著影响，因此对该行业进行反垄断审查的潜在收益非常高；另一方面，创新的过程充满不确定性，技术变革的速度又非常快，从而导致对该行业进行反垄断审查的潜在错误执法成本非常高（Rubinfeld，1998）。因此，反垄断执法机构必须要在完善反垄断执法原则的同时，保证反垄断法能得以正确的执行。然而，在当前的中国，反垄断执法工作才刚刚起步，执法经验和执法资源严重不足。这突出地体现在我国反垄断经济方面的人才严重稀缺上，并且这种状况在短期内很难得到较好的改善。这使得现有的执法能力在面对互联网产业的相关市场界定等一系列反垄断分析带来的巨大挑战时更加捉襟见肘。为了改善反垄断执法机构的这一窘境，一个有效的途径是尽快建立和完善反垄断抗辩制度，发挥反垄断抗辩的信息发现机制的功能，从而在弥补我国当前执法能力不足的同时提高反垄断执法机构的执法正确率。

反垄断抗辩制度是现代反垄断法的一项重要程序制度。它一方面能通过规范反垄断执法机构的执法程序来制衡其自由裁量权，另一方面能通过保障执法相对人及其他利益关系人行使抗辩程序权利来确保他们对裁判结果施加积极有效的影响。这种程序制度不仅对保障执法结果的公平极其重要，而且能加强公民相信法律合法性并自觉遵守法律的程度（Tyler，1990）。若涉案企业的抗辩程序权利未得到有效保障，反垄断执法将面临错误执法的风险，将不仅有悖于反垄断执法的目标，而且很可能由于不当执法而干扰企业（正常）的商业行为和商业决策（Lowe，2009）。从美国、欧盟等西方发达国家（地区）的反垄断执法程序规范来看，制定完善的反垄断抗辩制度是各国的普遍选择。而且这些国家的抗辩制度在强调执法相对人抗辩权利的同时，也注重规范对执法机关执法的公正程序，这种"一松一紧"的制度安排构成了一个完整的抗辩制度。这既能有效地保障双方当事人程序参与的平等性，也有助于提高裁决结果的公信度。因此，在西方国家，抗辩制度是程序正义的体现，也是有效执法的保障。

　　合理的抗辩制度能通过规范执法部门执法的公正程序来保障互联网产业反垄断执法的有效执行。首先，抗辩制度能保证裁决机构的中立性。反垄断执法机构在执法过程，特别是裁决过程中保持中立是抗辩制度的重要程序要件（王先林，2011）。它既要求反垄断执法当局独立于行业利益、游说团体以及执政党，即切断来自外在势力的不当影响，也要求反垄断执法机构防止自身与案件无关的其他势力不恰当地侵入执法过程。其次，反垄断抗辩制度能保证提高反垄断执法程序的透明度。执法透明度的提高不但可以使有关各方在减少的交易成本中获益（袁日新，2014），而且依法披露执法信息的制度要求也会使执法机构更审慎地使用执法工具，努力地提高执法准确率，降低积极失误成本，从而最终提高执法收益。最后，反垄断抗辩制度的程序性要求使反垄断执法程序变得相对复杂，而相对复杂的反垄断执法程序可以使执法机关的执法行动得以适当减缓，而且使利益相关人的政策参与权和监控权得以保证（张其禄，2009）。

　　完善的反垄断抗辩制度使互联网企业除了被动接受反垄断调查和起诉外，还可以通过提请抗辩来主动参与反垄断执法过程。首先，抗辩制度能保证互联网企业的听证权利。在听证过程中，涉案企业可依法查阅执法机关的案卷，并对执法行为有权充分表达自己的意见。其次，抗辩制度要求保证企业聘请专家、律师的权利。从当前各国现行反垄断法及其执法实践可以看出，受芝加哥学派效率主义思潮的影响，多数国家的反垄断执法理念基本上都由以前的本身违法原则（Perse-illegal）向合理原则（Rule of Reason）转变。这就需要对涉案企业的垄断行为进行复杂的经济效率分析。而涉案企业要想有力地进行效率抗辩，需要借助相关领域的专家，特别是具有一定资质的反垄断经济学家做出有社会公信力的证词。允许专家参与到反垄断案件中来是许多国家普遍采取的方式。如果反垄断法律法规允许企业聘请专家、律师，当涉案企业对反垄断执法机构的执法行为存在异议时，企业有激励聘请他们进行抗辩。这不仅有利于涉案企业维护自己的正当权益，也能帮助反垄断执法机构获得更多（来自不同立场）的经济分析证据，从而有利于执法机构在多方考察的前提下做出更合理的判断。

在反垄断案件的审理过程中，对涉案互联网企业而言，抗辩权是其法定权利而非义务，他们是否行使这一权利取决于其对抗辩收益的预期，即在当前法律制度下，通过抗辩释放更多私人信息是否有利可图。因此，设计合理的抗辩制度应能激励企业行使抗辩权并披露更多私人信息。尽管在此过程中，他们会强调对自己有利的证据、淡化对自己不利的证据。但是，通过对案件一轮一轮的控辩，双方不断交换私有信息，能够使反垄断执法机构逐渐接近案件的真实信息。在整个抗辩过程中，反垄断抗辩制度因其具有信息传递功能而成为促进反垄断法律法规在互联网产业得以正确实施的有效制度保障。

遗憾的是，我国《反垄断法》及相关实施细则中虽已初步确立反垄断行政执法程序制度，但是这些规则仍然非常粗糙（李剑，2011b），相关的反垄断抗辩制度建设更是缺乏。因此，参考美国、欧盟等西方发达国家（地区）的反垄断抗辩制度建设，尽快完善我国反垄断抗辩制度成为当前亟待解决的重要问题。此外，还需指出的是，我国的反垄断工作刚刚起步，反垄断意识和竞争文化尚处于萌芽阶段，而互联网产业发展也进入关键的转型时期，在当前情势下，反垄断执法工作不能急于求成，而应在完善抗辩制度等公正程序的框架下扎实、稳步地推进。这不仅有利于树立执法机构的执法权威、提高执法决策的说服力和公信力；更重要的是，规范、有效的执法行为实际是教育互联网企业及其他市场参与者不可多得的好机会，也是在互联网企业中培养反垄断文化的绝佳机会。

第三节　完善反垄断私人诉讼相关制度
促进反垄断私人诉讼的发展

从实施主体的性质和实施程序来看，反垄断法的实施主要包括公共实施和私人实施两种类型。前者是指由专门的反垄断执法机构（如美国的FTC 和 DOJ，我国的反垄断竞争委员会等）对涉嫌实施垄断行为并具有一定市场支配力的企业依法予以查处的行政执法行为；后者主要是指利益相关人员就涉嫌实施垄断行为并对其合法权利造成损害的、具有一定市场支配力的企业依法追究其民事责任而向有关法院提起的民事诉讼行为。反垄断法的公共实施因其执行机构具有公权力的特征，在调查取证、可动用的执法资源等方面具有独特的优势。但是，它也存在一些较为明显的缺陷，比如执法机构存在选择性执法、执法机构被俘获以及受害人的损害未能得到及时救济等缺陷。反垄断法的私人诉讼行为则能较好地弥补反垄断公共实施的上述不足。因此，采用公权力执法与私人诉讼相结合的反垄断实施机制是世界各国和地区的普遍做法和明显趋势（王先林，2011），在许多国家（特别是英美法系国家）的实施体系中，反垄断私人诉讼甚至是反垄断法实施的主要途径（Segal & Whinston，2006）。

中国的反垄断实施同样包括公共实施和私人实施。我国现行反垄断法第五十条明确规定，经营者需对其实施的垄断行为给他人造成的损害承担民事责任。该条规定虽较为概括和笼统，但是它是反垄断法私人诉讼得以适用的法律基础。自反垄断法实施以来，法院受理了数起互联网领域的反垄断私人诉讼案件，包括书生电子技术诉盛大网络滥用市场支配地位案、奇虎 360 诉腾讯滥用市场支配地位案和米时科技诉奇虎 360 滥用市场支配地位案等。其中，被誉为"中国互联网产业反垄断第一案"的奇虎 360 诉腾讯案，更是被各界视为中国互联网产业私人诉讼案件的典范。当然，也有一些诉讼案件，如人人诉百度案等案件，却因原告未能合理地界定相关市场等原因而被法院驳回诉讼请求。总体而言，与其他产业相比，互联网产业中私人提请反垄断诉讼的积极性较高。

尽管中国在互联网产业反垄断私人诉讼中取得了不错的成绩，但也存在不少问题。首先，从案件的数量上来看，被法院受理的反垄断私人诉讼案件与其他发达国家的案件相比数量偏少。一个可能的原因是，互联网产业的诉讼成本太高。根据中国民事诉讼法律法规的相关规定，原告一方需预缴案件的诉讼费用，等案件审理结束后再由败诉方承担所有诉讼费。由于互联网产业技术经济特征的复杂性，涉案企业除了需要聘请律师外，一般还需要聘请权威的反垄断经济学家做出具有权威性和公信力的经济分析报告，所有这些费用加起来将会是一笔不小的开支。例如，根据一审和终审判决书显示的信息来看，在"奇虎360诉腾讯案"中，原告（奇虎360）承担的诉讼费用近160万元。如此高昂的诉讼费用是一些中小型企业或者个人消费者根本无力承担的。这在一定程度上导致他们不会选择诉讼的方式捍卫自己的权益。另一个可能的原因是，尽管我国目前采取了行政执法与法院司法相结合的实施模式，但是相对而言，反垄断行政执法机关更具强势地位，再加上反垄断司法审理制度缺乏配套的实施细则，从而导致法院在反垄断案件的审理中所起的作用仍然有限。此外，我国反垄断执法刚刚起步，竞争文化仍处于萌芽状态，因此人们对反垄断行为及由其引起的竞争损害认识仍不足，也就更谈不上为此提请诉讼来维护权益了。

其次，从互联网反垄断私人诉讼案件的类型来看，存在诉讼案件类型比较单一的问题。反垄断案件主要包括经营者集中案件、垄断协议案件和滥用市场支配地位案件三种类型，由于经营者集中类案件采取的是集中申报制度，会引起私人诉讼的案件主要有垄断协议案和滥用市场支配地位案两种类型。但是从现有提起诉讼的反垄断案件来看，几乎都是滥用市场支配地位案件。之所以出现这种状况，可能是滥用市场支配地位类的案件更普遍，但更深层的原因可能是垄断协议类的案件更为隐秘，人们难以发现，更难于举证。

最后，从互联网反垄断私人诉讼案件审理的结果来看，互联网产业相关市场界定的复杂性使许多私人诉讼请求因原告无法提供充足的证据而被驳回。根据民事诉讼中"谁主张，谁举证"的相关规定，互联网产业的私人诉讼案件也是由原告来承担相应的举证责任。就滥用市场支配地位案而言，原告首先需要证明被告具有市场支配地位，而认定被告市场支配地位的前提是进行合理的相关市场界定，但是由于互联网产业的相关市场界定是一项非常艰巨的任务，从而导致很多案件都是因原告不能提供充分的证据来界定相关市场而使其诉讼请求被驳回（蒋岩波，2012）。

综上可见，引起互联网领域反垄断私人诉讼不足的关键原因在于原告的诉讼能力不足，而其中举证能力不足是问题的核心。为此，有不少学者提出要降低原告的举证责任，甚至有学者提出采用举证责任倒置的原则，以此来促进互联网领域私人诉讼的发展。诚然，这些举措对于激发原告的诉讼意愿有很大的帮助，但是，我们也需要看到，这样很可能会出现很多利益相关人滥用诉讼权利，甚至出现虚假诉讼的现象。这不仅会引起执法资源的大量浪费，还可能会使一些互联网企业，特别是那些成功的互联网企业疲于应付过量的反垄断诉讼，从而降低其创新、创造能力并最终损害社会整体福利。因此可行的办法是，借鉴美国的"证据开示"制度，或者采取附条件的"举证责任倒置"制度，但与此同时也要加强原告主体资格的审查制度，尽可能地避免诉讼主体滥用诉讼权利甚至恶意诉讼等不良诉讼行为的发生。

第四节 完善互联网产业发展政策 平衡产业政策与反垄断法的关系

20 世纪 70 年代，由于日本通过一系列的产业政策促进了其经济飞速发展，产业政策开始受到许多国家（地区）政府和学者的关注并成为许多国家（地区）政府干预经济的主要方式之一。从狭义的角度来讲，产业政策通常是指一国政府为了实现本国经济和社会发展的某一特定目标而制定的、有特定产业指向的政策总和（下河边淳和管家茂，1982）。产业政策

"互联网＋"时代互联网产业相关市场界定研究

通常包括以"政府对微观经济实施广泛干预"为特征的选择性产业政策和以"完善和补充市场机制不足"为特征的功能性产业政策；前者是以"赶超理论"为基础而对某些产业施行特殊的扶植政策，后者是旨在弥补市场失灵的相关政策，存在市场失灵是政府对其实施干预政策的前提（叶卫平，2007）。而无论政府实施哪种类型的产业政策，其出发点都是为了增进本国经济社会福利、提高本国经济在国际上的竞争力。

政府干预经济的另一重要手段是实施竞争政策。所谓竞争政策，是指为确保市场竞争不至于因为受到限制而损害社会经济福利的一整套政策和法律（Motta，2004）。政府实施竞争政策的核心目标是减少或消除企业的排除或者限制竞争的行为以及政府的行政性垄断行为等，维护社会的公平正义，营造公平、自由的竞争环境。而反垄断法是竞争政策最重要的形式，因此也有很多学者认为，狭义的竞争政策即反垄断法。与竞争政策一样，反垄断法也体现了政府对经济的干预。但是与产业政策不同的是，反垄断法的根本出发点是维护和尊重市场，其产生、发展和目标定位的路径与产业政策存在较大差异。

从上文的分析中可以看出，产业政策旨在通过政府对经济的直接干预推动经济发展，反垄断法则旨在维护市场竞争秩序，它更注重通过市场机制的作用推动社会经济的发展。这是两者的本质区别所在，也是两者存在冲突的根源所在。当反垄断法与产业政策之间发生冲突时应如何调和它们之间的矛盾？有学者认为，应遵循竞争政策优先的原则，因为竞争政策是最好的产业政策，特定产业内的企业只有直面竞争，才能真正实现健康成长；而倘若通过补贴等形式使低效率的企业在损害高效率企业的前提下得以生存，不但会扭曲市场竞争，而且会产生危害性的影响（Motta，2004）。但也有学者从日本经济发展的历史经验中总结出，在某一段特定时期内采用产业政策优先于竞争政策的策略不失为后发国家发展经济的一种权宜之计（杨东，2008）。因此，当反垄断法与竞争政策发生冲突时，不能简单判断以哪种政策手段为主，而应在明确各自发挥作用的机制及各自优缺点的基础上具体问题具体分析（李剑，2011a）。

尽管存在上述差别，产业政策与反垄断法的最终目标是一致的。它们的终极目标都是促进本国经济社会的发展，提高本国整体社会福利。从世界各国反垄断法制定和执行目标的多元化上可以看出，世界各国通常在制定和执行反垄断法的过程中都会适当考虑本国的经济发展政策。此外，从世界各国反垄断制度的变迁来看，各国均客观存在反垄断执法宽严交替的历程（王自力等，2014）。从这一点上也可以明显地看出，各国通常会根据本国经济社会发展的实际状况调整反垄断执法的力度。可见，反垄断法与产业政策之间也存在互相包容的一面。

就互联网产业而言，中国互联网产业自1994年开始商业化发展之日起即与世界互联网产业同步发展，该产业也是中国加入WTO之后第一批对外开放的产业之一。经过二十多年的商业化发展，中国互联网产业已经形成了具有较强国际竞争力和较大影响力的产业体系，并且涌现了一批具有较强国际竞争力的互联网企业。在2016年9月底公布的2016年全球上市互联网公司市值排行榜前十强中，中国互联网企业占据了五个席位，阿里巴巴、腾讯、百度、京东和网易五家互联网企业榜上有名。中国互联网企业在榜单中的表现仅次于美国。互联网产业已经成为中国经济增长的新引擎，是中国经济转型升级的重要驱动力。中国政府在党的十八届五中全会通过的"十三五"规划建议中明确提出网络强国战略，互联网产业将成为中国"十三五"期间经济社会发展的重要抓手，国家也将陆续出台一系列配套政策促进互联网产业强国战略的实现。2015年国务院出台的《中国制造2025》，使中国的战略性新兴行业在"互联网+"的时代迸发出新的活力，同时也标志着以"德国工业4.0""美国工业互联网"和"中国工业制造2025"为代表的"互联网+制造业"成为世界经济发展的主流化选择。也就是说，互联网产业的发展关乎各国在新一轮工业化竞争中能否抢占发展制高点的关键所在。

互联网产业作为当今世界上许多国家重点扶持的产业，互联网产业的产业政策与反垄断法之间的协调问题尤其值得关注。从上文产业政策与竞争政策特别是反垄断法的关系中可以看出，产业政策与反垄断法有相互包容的一面，也有存在冲突的一面。当两者存在冲突时，应优先实施哪种政策？尽管各国会存在相机抉择的情况，但是本书认为，竞争政策优于产业政策的基本原则不能变。正如 Motta（2004）所言，只有直面竞争的产业，才能真正实现健康发展。但是竞争政策优先的原则并不意味着在反垄断执法过程中不需要根据特定产业的发展状况和发展状态做适度的调整。

因此，本书认为，在互联网全球化的浪潮中，针对互联网产业的反垄断执法应有所侧重。首先，针对互联网产业领域的反垄断执法的目标应做一定的调整，即在互联网产业中的实施反垄断法应以促进技术创新为主要目标。技术创新是产业组织演化的重要动力，也是促进经济社会发展的根本动力。由于互联网产业的特殊性，创新能力对于互联网企业在市场竞争中获取优势地位的影响，乃至对整个互联网产业发展的影响，都要比其在传统产业中的影响更为重要。从美国等西方发达国家针对互联网产业的反垄断实践也可以看出，他们在处理互联网产业的反垄断案件时，已经逐渐完成了从效率目标向技术创新目标的转变。因此，结合当前互联网产业在中国经济社会发展中的实际，中国也应借鉴西方发达国家的经验，将针对互联网产业的反垄断执法目标调整为以促进技术创新为主。

其次，在对互联网产业实施反垄断审查时，应该适当放松对互联网企业合并行为的控制。反垄断法旨在通过控制企业的合并行为来控制企业获得市场优势地位的途径，避免由于企业通过合并而获得优势地位或者将已有的优势地位传导至其他领域而破坏市场的竞争秩序。但是，在互联网产业中，由于网络效应及供给方规模经济的存在，企业获得较高的市场份额在该产业内是较为普遍的现象。另外，受芝加哥学派效率主义思想的影响，当前世界各国反垄断执法中普遍接受的一个理念是，反垄断法要规制的并不是企业的垄断地位，而是要规制企业利用优势地位实施排斥或者限制竞争的行为。再加上，根据熊彼特的创新理论，垄断的市场结构更有利于企业的创新行为；换言之，高度集中的市场结构更有利于促进互联网产业的创新。因此，本书认为，反垄断执法机构在处理互联网产业的兼并案件时，应持适度宽松的态度。鉴于互联网产业的竞争逐渐呈现国际化的趋势，为了增强本国互联网产业的国际竞争力，在对互联网领域的并购案件进行审查分析，特别是进行相关市场界定分析时应使用更加灵活的界定方法，尤其是在相关地域市场时，应采取适当宽松的策略（余东华，2010）。

最后，互联网产业反垄断执法的重点应是互联网企业滥用市场支配地位行为。如前所述，竞争性垄断的市场结构是互联网产业中的一个基本特征。具有垄断地位的企业将比一般的小企业更容易实施排斥、限制竞争的行为，而互联网产业中具有较高市场份额企业的普遍性使得对滥用市场支配地位的监管任务较传统产业更重。在互联网产业中，企业市场支配地位的取得主要依靠技术创新，因此应该格外注意具有优势地位的互联网企业对知识产权的滥用行为（蒋岩波，2008）。要处理好知识产权保护与反垄断之间的关系，以最大限度地在激发互联网企业创新热情的同时，维护互联网市场的竞争秩序。

第五节　加强反垄断执法的国际合作促进互联网产业健康发展

互联网对现实世界带来的最大冲击在于，它使企业之间的竞争超越了空间范围，物理空间距离对经营活动和消费活动的限制几乎可以忽略不计，信息类的互联网产品更是如此（吴韬，2011）。在互联网产业内，互联网本身所具有的非地域性特征以及互联网产品所具有的虚拟性特征使得互联网产品（特别是信息类产品）在全球范围内流通并不会产生额外的运输成本，进而使互联网产业的竞争具有全球性的特征。此外，互联网企业的跨国经营和并购行为也变得日益频繁。以 2015 年中国互联网企业的对外投资活动为例，当年，阿里巴巴收购了美国、中国香港等国家和地区的电子商务平台和媒体类平台，还以直接投资的方式涉足印度等国家的电子商务市场；腾讯公司等其他国内互联网企业也纷纷通过投资、并购等方式拓展海外市场。互联网产业本身所具有的全球性竞争的特性以及当今互联网企业跨国并购、投资的主流趋势，使互联网产业的市场结构逐渐呈现全球性垄断的特征，因此针对互联网产业反垄断执法的国际合作问题也显得尤为重要。

首先，尊重各国反垄断法的域外管辖权是促进反垄断执法国际合作的重要前提。反垄断法的域外管辖权是指，当发生在一国领域以外的垄断行为破坏了该国的竞争秩序时，该国有权适用本国的反垄断法对该垄断行为予以规制的一整套制度体系。反垄断法的域外适用是经济全球化浪潮的内在需求，也是许多国家在应对跨国经济活动中规制排斥、限制竞争的垄断行为的首要政策工具，因而各国在反垄断立法过程中规定反垄断法的域外适用问题已经逐渐成为一种趋势。反垄断法的域外适用不仅有助于保障境外的垄断行为不会对本国境内的市场竞争秩序产生破坏性的影响，还有助于保障本国企业进入外国市场的行为不受到该国垄断行为的排斥和限制（李小明，2007）。但是需要强调的是，反垄断域外管辖权并不是一味地强调反垄断管辖权的扩张，对管辖权的限制也是其应有的题中之意。这一点在美国等西方发达国家对反垄断域外管辖权的相关实施细则中得到了较好的诠释。

其次，遵循积极礼让原则是促进反垄断执法国际合作的基本原则。积极礼让原则是指，当一国的反垄断执法机构认为某一垄断行为对多个国家都产生了消极影响，并且将该案件交由另一国处理更妥当时，该国反垄断机构有权要求另一国反垄断执法机构给予积极协助的原则（王先林，2011）。一国反垄断实施的域外效力与另一国反垄断法实施的域内效力之间产生的激烈冲突是积极礼让原则产生的主要原因（司平平，2005）。积极礼让原则是在处理跨国反垄断执法行动中避免反垄断法域外适用引起的纠纷和摩擦并达成有效合作、降低反垄断域外执法成本的有效方法；此外，积极礼让原则在培养良好的国家道德、增强国际之间的互信合作、促进缔约国之间长期有效合作等方面也发挥着重要的作用（张瑞平，2006）。正因如此，积极礼让原则才一直为经济和合作组织以及各国之间签署的反垄断执法合作协议所推崇，成为反垄断执法国际合作的基本原则之一。但是积极礼让原则是以自愿性为前提的，这一点会导致其约束力受到一定的限制。此外，只有请求国与被请求国双方都认定的垄断行为才能得到被请求国的协作和配合，因而请求国与被请求国之间反垄断法律原则规范的差异也会成为积极礼让原则适用的又一限制因素。

最后，建立和完善各国的反垄断执法公正程序（Due Process）也是促进互联网产业反垄断执法国际合作的又一关键点。目前，在世界范围内已有一百多个国家实施反垄断法，面对各国不同的反垄断程序和标准，越来越多的人开始关注如何在全球范围内保证反垄断执法程序的公平、公正问题，而抗辩程序制度是其中的一个重要内容，在全球经济一体化的情势下，这些问题显得尤为突出（Hockett，2014）。中国作为世界第二大经济体，其竞争政策必然受到各国的密切关注，建立和完善适合中国国情的反垄断公正程序制度，成为当前中国反垄断工作亟待解决的重要问题。这不仅有利于促进中国反垄断工作的健康发展，而且有利于增强各国反垄断工作的互信互助。

第七章　结论与讨论

金融危机后，全球新一轮科技革命和产业变革蓬勃兴起，"互联网+制造业"成为全球经济发展的焦点。这不仅标志着互联网产业将进入新的发展阶段，也意味着它在全球经济社会发展中将扮演更重要的角色。但与此同时，在世界互联网产业中涌现了一批成功的互联网企业，它们不仅创造了巨大的社会财富，而且掌握了"互联网+"时代信息基础设施、商业基础设施以及新型关键社会基础设施。在这场科技革命中，这些超级互联网企业对全球经济、社会乃至政治产生的巨大影响应引起人们的重视和警惕。

鉴于互联网产业在世界经济社会中的重要地位，反垄断法能否在互联网产业得以有效实施成为社会各界关注的焦点。正确的反垄断分析是有效执法的前提，而相关市场界定是反垄断分析的关键步骤和逻辑起点，许多案件的审理最终都要寻求于相关市场界定。因此，从这个意义上说，能否对互联网产业进行合理的相关市场界定分析成为反垄断法能否在该产业得以有效实施的关键。然而，互联网产业的技术经济特征给相关市场界定分析带来了极大挑战，特别是在互联网产业中通行的基于双边市场的免费商业模式更是使传统基于单边市场逻辑和价格理论的相关市场界定分析工具无法直接适用。这也是迄今为止，世界各国在处理相关案件时，各方对相关市场界定的实证分析问题选择回避并未能就此提出关键性经济证据的症结所在。

尽管许多学者已经意识到该问题的重要性并积极寻求互联网产业相关市场界定的改进方法，但遗憾的是，理论界至今未能就此形成具有权威性和可操作性的分析思路与方法。若该问题不能得到有效解决，将很可能使针对互联网产业的反垄断执法行为一直伴随着较高的失误风险。这不仅会阻碍当前最具活力的互联网产业的健康发展，由此带来的其他社会成本也将是巨大的。因此，加强互联网产业相关市场界定研究、积极探索互联网产业相关市场界定的分析思路与方法，对当前实施互联网强国战略的中国以及世界其他致力于发展互联网产业的国家而言均具有深刻的理论和现实意义。

鉴于此，本书在文献分析的基础上，以基于双边市场的免费商业模式为切入点，构建旨在能解除"零价格"困扰，同时又能有效衡量平台两端用户之间乘数效应的需求弹性结构模型，并通过实证分析计算出用以进行需求替代分析及后续相关市场界定分析所必需的需求替代性参数；而后，运用该模型，采用案例分析的形式对被誉为"中国互联网反垄断第一案"的奇虎360诉腾讯案进行完整的相关市场界定分析，以期为互联网产业相关市场界定的实证研究提供一个可供借鉴的、完整的分析思路和框架。

具体而言，本书首先通过系统梳理双边市场理论、传统相关市场界定分析方法理论及双边市场相关市场界定的困境，明确了双边市场相关市场界定及其对反垄断分析带来的挑战以及可供借鉴的分析方法；其次，本书基于反垄断经济学的视角，详细分析了互联网产业的技术经济特征及其对市场竞争及竞争分析的影响；再次，本书根据互联网产业的特征，采用结构计量方法，利用相关优化条件和 Lerner 指数构造需求弹性结构方程，并运用该模型对奇虎360诉腾讯案进行需求替代分析，得到了诸如涉案产品的自弹性、交叉弹性、转移率等需求替代性参数；最后，本书在详细分析腾讯 QQ 商业模式，特别是盈利模式的基础上结合计量估计得到需求替代性参数，运用定性与定量相结合的方法对案件进行完整的相关市场界定分析。通过这样一个完整的案例分析，本书不仅为该案的相关判决提供了关键性的经济证据，更为互联网产业相关市场界定的实证分析问题提供了一个可供借鉴的分析思路与框架。

第一节　主要研究结论

通过对互联网产业相关市场界定问题进行系统的理论分析和实证分析，本书得到如下结论：

（1）双边市场并非某一产业固有的特征，在进行相关案件的分析时应首先界定涉案企业是否属于双边市场以及双边市场特征在其经营决策中是否至关重要，以此来判断后续的反垄断分析是按照传统的单边市场逻辑还是按照双边市场逻辑进行。尽管学界对双边市场的概念莫衷一是，但是本书通过对国内外相关文献的系统梳理，总结出双边市场的本质特征是需要解决"鸡蛋相生"问题（Chicken and Egg Problem）、交叉网络外部性和价格结构非中立性。判定双边市场的主要依据则是平台两端顾客群体之间存在交叉网络外部性、科斯定理失效及价格结构的非中立性。在具体判定过程中，应采用定性与定量相结合的方法，重点考察平台两边用户间交叉网络外部性的存在性及其重要性以及它们之间是否存在转移（Pass Through）。

（2）传统的相关市场界定分析方法可以成为，也应该成为互联网产业相关市场界定的基本方法。本书从基于早期的相关市场界定方法、基于假定垄断者测试（HMT）的相关市场界定方法和基于套利理论的相关市场界定方法等角度系统梳理了传统相关市场界定的方法体系。这些方法是互联网产业相关市场界定方法改进的逻辑起点，并且本书后续的分析也证明传统相关市场界定方法，特别是每种方法所蕴含的经济思想是永恒的，只是在实际操作的过程中要结合涉案企业（产业）的特征改进这些方法所需指标的测算方法。尽管价格理论是这些传统分析方法的基础，而在普遍采用免费商业模式的互联网产业中，免费的核心服务虽没有显性的价格，但是用户的关注力是各互联网企业竞争的焦点，而采用各种方式货币化用户的关注力是大多数互联网企业盈利的本质特征，只要抓住这一点，便能找到合适的"价格"变量，并可利用该"价格"变量结合传统分析工具进行相关市场界定分析。对于互联网产业中各企业普遍具有的双边市场特征而言，只要找到能够有效衡量双边用户之间相互依存关系的变量，并通过构建合理的理论模型和恰当的计量方法将该变量予以量化，依然能够运用传统的分析工具（如SSNIP分析等）进行相关市场界定分析。

（3）互联网产业的特殊性质并不足以成为其豁免于反垄断审查的恰当理由，它们给相关市场界定带来的挑战也不能成为降低相关市场界定在该产业反垄断分析中的重要地位的恰当理由。互联网产业高度动态的创新性特征使互联网企业获得或失去垄断地位比传统企业要更容易，这也是其竞争性垄断市场结构形成的条件之一。但是从国内外互联网产业发展的历史来看，并没有足够的证据证明互联网企业垄断地位具有暂时性，也没有足够的证据证明处于垄断地位的互联网企业不会实施损害社会福利的垄断行为。互联网产业的这些特征，特别是基于双边市场的免费商业模式给反垄断分析（特别是相关市场界定分析）带来了一定的困难和挑战，但这并不能成为淡化相关市场界定分析在该领域内反垄断分析中的重要性的恰当理由。离开相关市场界定这一逻辑起点的反垄断分析在实践中将难以为继，合理的处理方法应该是探索适合互联网产业的相关市场界定分析框架。

（4）本书利用相关优化条件和Lerner指数构造的需求弹性结构方程，解决基于双边市场的免费商业模式给反垄断分析带来的困扰。基于免费产品具有隐性价格这一判断，本书通过简单的条件转换，推导出可以利用企业的利润和收入信息计算产品的自弹性；而后通过对互联网企业货币化免费用户的本质特征的把握，构建企业的目标利润模型来估计企业经营免费产品的利润和收入信息，如此一来既不需要利用真实的价格信息，又合理地考虑了互联网平台收费产品与免费产品之间的相互依赖关系，从而给长久以来被免费商业模式下的双边市场这一特殊商业形态所困扰的反垄断分析找到了一个突破口。此外，采用本书构建的利润函数计算出的收入和利润信息是在合理考虑免费产品与收费产品之间的相互依赖关系的基础上，将免费产品的收入和利润信息从企业的利润和收入信息中剥离，这样既能比简单采用企业利润和收入信息更精确地衡量免费产品的经济特征，又能有效地衡量双边市场两边客户群体之间的乘数效应。

（5）SSNIP 分析方法可以适用于各种情境，包括双边市场和（或）免费的情境中。本书采用嵌套选择模型的相关理论构建了涉案产品市场份额和企业目标利润的理论模型，并基于对这些模型的估计推导出产品的自弹性、交叉弹性和转移率等需求替代性参数的计算公式，随后可以利用第三方数据并结合恰当的计量方法，估计出模型中的关键参数并以此计算出产品的需求替代性参数，运用它们可以对案件中的焦点产品进行需求替代性分析，也可以利用这些参数按照 SSNIP 分析的相关执行方法进行定量的相关市场界定分析。本书在对奇虎 360 诉腾讯案进行案例分析时，便是利用构建的需求弹性结构方程计算出的需求替代性参数，进行临界损失分析和临界转移率分析，从而为该案件的相关产品市场分析提供了实证分析结论和关键性的经济证据，同时也证明了 SSNIP 分析方法可以适用于免费和双边市场的情境。

（6）在对涉及互联网产业的反垄断案件进行相关市场界定分析时，应尽可能地采用多种分析方法以增强分析结果的可靠性。互联网产业本身所具有的特殊性质已经给相关市场界定分析带来了不小的挑战，而由于每种相关市场界定方法均有各自的优缺点，若能采用多种分析方法对案件予以综合分析，则能使分析更全面。此外，由于每种分析方法基于的假设前提不同，由这些方法得到的相关市场之间可能会存在一些差别，但是倘若采用多种分析方法得到的所有（至少大多数）证据都指向同一分析结论，则说明所得到的分析结果是可靠的。因此在对案件进行相关市场界定的过程中，应尽量使用多种分析方法，对案件的相关市场进行全面、系统的分析，以加强分析结论的稳健性，尽量避免界定出错误的相关市场。

（7）本书在理论建模和实证分析的基础上，总结出了一套可供参考的互联网产业相关市场界定分析框架。具体而言，在相关市场界定分析之前应详细分析涉案企业是否属于双边市场，若不是则只需按传统单边逻辑进行相关市场界定即可；若属于双边市场则可以运用本书构建的相关理论模型并收集模型所需数据即可计算出产品的自弹性、交叉弹性和转移率等需求替代性参数，而后根据案件的实际情况选择恰当的分析起点，并结合前述计算获得的需求替代性参数采用 SSNIP 相关执行方法对案件的相关市场进行定量分析，以此为案件的审理提供关键性的经济证据。需要指出的是，本书是通过对互联网产业盈利方式本质特征的把握建立的企业目标利润模型及 Lerner 指数转换条件，而后利用嵌套选择模型通过较为严密的数学推导得出产品的需求替代性参数的计算公式，从而保证了由此得到的分析结果的可靠性；互联网产业拥有海量的数据（包括第三方数据）能够保证本书所建立的模型中所需要的数据具有可得性；现代结构计量技术的发展则保证了本书所建立的模型具有可操作性。从这个意义上来说，本书提供的互联网产业相关市场界定分析思路与分析框架具有较大的借鉴意义。

第二节 主要政策建议

除了少数适用"本身违法原则"的反垄断案件以外，相关市场界定是其他反垄断案件分析的首要步骤，同时也是最为关键的步骤；相关市场范围的大小直接决定了对涉案企业市场势力的认定甚至会影响后续对被诉垄断行为经济效率的判定结果，因而在绝大多数的反垄断案件分析中，界定相关市场均具有举足轻重的作用（Blair & Kaserman，2009）。然而现实经济的复杂性以及现行相关市场界定方法的不完美性，使得大多数反垄断案件的审理过程中总是伴随着对相关市场界定结果的质疑。因而，有不少学者以相关市场界定并非反垄断分析的目的而仅是认定企业市场势力的一个辅助方法为由，提出应该降低相关市场界定在反垄断分析中的重要性，并开始积极寻求新的、能够直接测定企业市场势力及其行为的竞争效率的方法（如 UPP 法、并购模拟法等）。殊不知为使用这些方法所收集的统计数据的背后仍然绕不开相关市场的概念，即所使用的统计数据的时间、地域和产品范围实际上隐含着相关市场的概念，因而相关市场界定仍然是反垄断分析绕不开的基石。

随着互联网产业的兴起以及大量互联网反垄断案件的出现，人们逐渐注意到互联网产业独特的基于双边市场的免费商业模式及其本身所具有的强大的网络效应、高度动态的创新性等特点，给本就存在诸多争议的反垄断分析方法带来了新的挑战，致使淡化互联网产业反垄断分析中相关市场界定的重要程度的论调又开始蔓延。同其他产业的反垄断分析一样，相关市场界定仍是互联网产业反垄断分析的必要步骤和逻辑起点，一旦反垄断法的实施离开该逻辑起点，将很可能导致大量反垄断"伪案"的产生，从而浪费中国本就稀缺的反垄断执法和司法资源（蒋岩波，2012）。更严重的是，这样还很可能导致更多的互联网企业（特别是成功的互联网企业）为过度的反垄断诉讼所累，从而阻碍创新的发展并最终导致社会福利的下降。

诚然，互联网产业的特殊经济规律确实给反垄断分析带来了不小的挑战，但这不能成为淡化对相关市场界定在该产业反垄断分析中的重要作用的恰当理由。合理的做法应是在完善相关市场界定方法的基础上形成规范的分析框架，尽量使互联网产业的相关市场界定更加科学和规范，从而促进反垄断法在互联网产业的正确实施。本书在第四章建立了互联网产业需求替代分析的理论模型，并在第五章中运用由此得到的需求替代性参数对奇虎360诉腾讯案进行了完整的相关市场界定分析，从中可以提炼出一个可供参考的、适用于互联网产业的相关市场界定分析框架。

在对互联网产业进行相关市场界定时，首先要详细分析涉案企业的商业模式。尽管基于双边市场的免费商业模式是当前互联网产业的主流盈利模式，但仍需仔细识别各互联网平台免费背后的经济逻辑，仔细甄别涉案企业的商业模式是否属于双边市场。这是决定后续相关市场界定是按照单边市场逻辑还是双边市场逻辑进行的关键所在，也是正确界定相关市场的重要基础。在甄别过程中，可以借鉴本书在文献综述部分总结的双边市场界定标准和方法。具体来说，双边市场有如下判定标准：①平台两边连接着两（多）组需求相互依赖的顾客群体；②相比两边客户群体间的双边交易（Bilateral Transactions）而言，平台能更好地内部化双边用户间的交叉网络外部性，即科斯定理失效；③价格结构的非中立性。满足上述条件后，还要进一步分析双边市场特性在涉案企业的盈利模式中是否具有重要的作用。

对于采用单边市场逻辑的互联网企业，只需按照多产品定价情形来进行相关市场界定即可。对于具有双边市场特征的互联网企业，则可以根据产品功能分析法等定性分析方法确定案件相关市场界定的焦点产品，而后可直接根据本书第四章中构建的理论模型收集相关数据并对模型进行拟合得到相关参数，并可直接利用这些参数再结合文中推导出的自弹性、交叉弹性、转移率等计算公式得到这些需求替代性参数。第四章中构建的互联网企业需求替代分析的理论模型值得推广的理由在于，它在未施加任何额外假设条件的情况下，通过简单的数学变换推导出了可采用利润和收入的比值来计算 Lerner 指数，这样便解决了免费带来的"零价格"无法直接进行 SSNIP 分析的困扰；而后通过后续构建的企业利润目标函数模型便可得到企业的利润和收入数据，这样不仅能将互联网企业货币化免费产品所获得的利润从企业的整体利润中剥离，还能有效地衡量双边市场两端用户之间的依赖性。在具体案件的分析中，可以根据案件的具体情况和数据获得情况对本模型加以改进，但本书中提供的建模思路依然值得借鉴和参考。

最后，可利用计算出的需求替代性参数并选择恰当的 SSNIP 分析执行方法（如临界损失分析法、临界转移率分析法等）对案件进行实证的相关市场界定分析。由于不同需求系统、不同价格上涨幅度以及对假定垄断者测试的不同分析思路（利润最大化版本与利润不变版本）下界定的相关市场会存在一定的差异，有关当局在执法过程中应该尽可能地对案件进行全面系统的分析，如果所有证据链均指向同一结论，说明由此得到的相关市场界定结果是正确的；但如果各分析结果之间存在差异，则需仔细考察这些分析方法的逻辑前提与案件的具体情况是否相符，而后判断以哪一个研究结论为基准。

第三节　主要创新点

本书的创新点主要体现在以下方面：

（1）本书引入了一种新的研究思路。

双边市场相关市场界定研究的特殊性和挑战性引起了许多学者的研究兴趣和热情。但是，以往的研究均致力于推导新的临界损失计算公式以解决传统相关市场界定分析工具无法有效衡量双边市场两端用户间的乘数效应问题。这些研究具有非常重要的理论意义，但是因假设过于严格、数据难以获取以及计算过程太过复杂等导致可操作性不强，而以往关于 SSNIP 在"零价格"情境下的适用性问题的方法和思路，也均存在数据难以获取或估计过程太过复杂等问题。

本书以超级网络平台基于双边市场的免费商业模式为切入点，借鉴嵌套选择模型和隐性价格等理论，构建需求替代性结构方程以获得既能有效衡量双边市场的乘数效应又能避免使用真实价格信息的需求替代性参数。运用这些参数可沿用传统 SSNIP 分析框架进行实证的相关市场界定研究。该研究思路较合理，而且具有较好的数据可得性和较强的可操作性。此外，本书将双边市场和免费商业模式纳入统一的分析框架，对具有双边市场和免费商业模式特征的新经济形态的相关市场界定实证分析问题具有较强的借鉴意义。

（2）本书拟采用新的数据。

目前，中国的反垄断经济研究尚处于起步阶段，鲜有学者能有机会接触到案件的第一手数据资料，因此该领域鲜有实证研究。仅有的几篇关于互联网产业反垄断的实证研究也多采用公开的宏观数据。这种情况在反垄断经济研究较为成熟的国家也同样如此。笔者在导师的帮助下，获得了第三方机构艾瑞用户使用数据库（iUserTracer）的访问权。该数据库中收集了每款互联网产品包括用户人口统计特征、产品的市场份额和有效使用时长等在内的详细的数据信息。利用这些信息，便可结合现代微观计量技术做细致的计量分析。

（3）本书为免费商业模式和双边市场等新业态的相关市场界定问题带来一些新的发现和新的见解，具有以下几点：

1）通过对双边市场理论和传统相关市场界定方法的系统梳理，重新明晰了一些重要的理论问题。在梳理双边市场理论的过程中，笔者在明确双边市场概念、特征的基础上，得出双边市场并非某一产业的固有特征，在进行相关市场界定分析之前，应先界定清楚涉案企业是否属于双边市场这一结论，这是决定后续反垄断分析是否需要按照双边市场逻辑进行的关键；通过对传统相关市场界定方法的系统梳理，厘清了相关市场界定理论与方法的历史沿革及其背后的经济逻辑；通过深入剖析双边市场相关市场界定遇到的困难，明确了双边市场相关市场界定的关键在于找到能够有效衡量平台两端用户之间乘数效应的指标。这些结论对于后续研究具有较为重要的指导意义。

2）笔者以基于双边市场的免费商业模式为切入点探索超级网络平台相关市场界定的分析方法，从而为具有免费和（或）双边市场特征的企业的相关市场界定分析提供了一个完整的分析思路和分析框架。尽管目前有不少研究针对免费或双边市场特征探讨过超级网络平台的相关市场界定问题，但是鲜有研究将两者结合起来考虑。免费产品的"盈利性"是反垄断法适用于采用免费商业模式的行（企）业的理论前提。尽管免费的表征相似，但是每个企业的盈利模式却存在差异。在详细分析涉案企业盈利模式的基础上弄清该企业"免费"背后的经济逻辑，是正确界定相关市场的重要基础。对于大多数互联网企业而言，它们免费背后的主要逻辑在于双边市场特征，因此抓住这一点是解决超级网络平台相关市场界定分析问题的重要前提。

3）找到了既能绕过产品"零价格"带来的困扰，又能有效衡量双边市场乘数效应的参数的方式，从而为双边市场和免费模式下的相关市场界定问题找到了突破口。基于对互联网免费产品存在隐性价格这一认识，本书拟通过转化 Lerner 指数的计算条件，得到可以利用产品的利润和收入信息来计算 Lerner 指数。由于平台两端客户乘数效应作用结果最终会体现在平台的利润和收入信息上，转换后的 Lerner 指数计算条件不仅避免了使用真实的产品价格信息，而且能有效地衡量平台两端客户之间的乘数效应。

4）本书的研究表明，SSNIP 分析具有普适性。以往研究通常认为SSNIP 分析无法适用于免费和双边市场的情境，但本书以案例分析的形式证明，只要构建合理的理论模型并结合恰当的计量方法计算出 SSNIP 分析所需的关键参数，SSNIP 分析仍然可以适用于免费和双边市场情境。这一点对于今后完善超级网络平台相关市场界定研究具有指导性意义。今后，面对新经济形态下的相关市场界定问题，各界除了努力探索新的相关市场界定方法外，更应根据传统分析方法的经济逻辑和思想核心，努力用好这些方法。本书即是通过探索计算关键参数的途径来实现将 SSNIP 分析运用于免费和双边市场情境的一个例证。

第四节　问题与展望

基于双边市场的免费商业模式是互联网产业通行的商业模式，本书以该商业模式为切入点，尝试构建需求替代结构方程以解决免费和双边市场带来的困扰，以期为互联网产业的相关市场界定提供一个可供借鉴的分析思路与框架，具有一定的创新性。但是，本书在分析中也有一些不足之处，主要体现在以下方面：

首先，本书构建的理论模型中主要通过利润指标来衡量双边市场两端客户之间的依存关系，这是理论建模过程中合理简化的需要，但是若能打开双边市场两边用户间反馈机制的内核，则能使分析更精细。本书利用免费产品的利润和收入信息来体现双边市场两端用户的需求，主要是基于双边用户之间的反馈效应最终会体现在从平台两端获取的利润和收入信息上，利润的变化实则是两端用户间反馈效应作用的结果，因此本书采用了这一简化方法。但是，双边市场两端客户之间的交叉网络外部性的类型较为复杂，有一边为正一边为负，也有两边为正等多种情形，而每种情形下，双边市场两边客户间正反馈机制的强度和作用方向会有许多差别，若今后的研究能以此为切入点，将本书中的模型予以拓展，便能使双边市场的相关市场界定研究更为精细。

其次，由于数据限制，本书未能就即时通信产品与社交网站的相关性进行分析，今后若能获得此类数据还能将分析进一步予以完善。此外，若能收集到免费互联网平台收费侧的数据，如网络游戏玩家、广告投放数量、广告商属性等，可借鉴本书的思路与分析框架对网络游戏、广告需求构建需求方程，同时丰富企业利润最大化决策研究，也能更好地揭示用户需求行为和企业定价行为之间的关系。

最后，本书采用的是实证分析与案例分析相结合的分析思路，并且主要是以被誉为"中国互联网反垄断第一案"的奇虎360诉腾讯案为例展开论述。这一方面是因为该案的审理受到国内外的广泛关注，并且能较典型地代表当前理论界与实务界在互联网产业的反垄断分析过程中遇到的困难与挑战；另一方面是因为采用这种单案例的方式能够保证在分析过程中将每个重要的分析过程介绍清楚，从而能更好地实现本书意在提供一个互联网产业相关市场界定分析思路与分析框架的研究目的。但是，单案例研究也有其局限性，若能收集多个互联网产业反垄断案件的数据资料进行多案例研究，则能更好地对本书提供的分析思路与分析方法加以检验和完善。

今后在有关互联网产业的相关市场界定研究中，除了可以针对本书的上述不足加以改进之外，还可以尝试从以下方面加以拓展：①本书采用构建免费产品利润模型的形式来获取企业的利润和收入信息以计算产品的Lerner指数，今后也可尝试直接估计免费产品的隐性价格，由于隐性价格已包含了免费产品与收费产品之间依存关系等信息，可以利用获得的隐性价格结合传统分析方法进行相关市场界定分析；②本书推导出利用收入和利润数据来计算免费产品的自弹性，而无须利用产品的价格和产量信息，若能将此思路进一步推广到计算产品的交叉弹性中，能极大地简化相关的反垄断分析；③在进行相关市场界定的过程中，特别是进行需求替代性分析时，应引入消费者感知理论、行为经济学等多种学科知识细化对消费行为的刻画，这样才能使研究更符合现实情况。

参考文献

中文部分

曹宝明、辛馨:《从垄断到竞争性垄断:网络经济下市场结构演进的静态博弈分析》,《江苏社会科学》2009 年第 5 期。

陈富良、黄俊:《双边市场中平台产品差异化程度与定价策略研究》,《产业经济评论》(山东大学) 2015 年第 2 期。

程贵孙、陈宏民、孙武军:《双边市场视角下的平台企业行为的研究》,《经济理论与经济管理》2006 年第 9 期。

程贵孙、陈宏民、孙武军:《双边市场下电视传媒平台兼并的福利效应分析》,《管理科学学报》2009 年第 2 期。

程贵孙、李银秀:《具有负网络外部性的媒体平台双边定价策略》,《山西财经大学学报》2009 年第 4 期。

[美] 丹尼斯·W. 卡尔顿、杰弗里·M. 佩洛夫:《现代产业组织》(第四版),胡汉辉等译,中国人民大学出版社 2009 年版。

[英] 多纳德·海、德理克·莫瑞斯:《产业经济学与组织》,钟鸿钧等译,经济科学出版社 2001 年版。

傅联英、骆品亮:《双边市场的定性判断与定量识别:一个综述》,《产业经济评论》2013 年第 2 期。

傅瑜、隋广军、赵子乐:《单寡头竞争性垄断:新型市场结构理论构建——基于互联网平台企业的考察》,《中国工业经济》2014 年第 1 期。

傅瑜:《网络规模、多元化与双边市场战略——网络效应下平台竞争策略研究综述》,《科技管理研究》2013 年第 6 期。

郭水文:《网络效应一定会导致技术锁定吗?》,《经济经纬》2011 年第 3 期。

胡丽:《反垄断法视域下网络空间"相关地域市场"的界定——兼评"奇虎诉腾讯垄断案"中全球市场的认定》,《河北法学》2014 年第 6 期。

黄坤、陈剑、张昕竹:《反垄断审查中的相关市场界定方法研究》,《当代财经》2013 年第 6 期。

黄坤、张昕竹:《"可以获利"与"将会获利":基于情景分析比较相关市场界定结果》,《中国工业经济》2013 年第 3 期。

黄坤:《互联网产品和 SSNIP 测试的适用性——3Q 案的相关市场界定问题研究》,《财经问题研究》2014 年第 11 期。

黄坤:《反垄断审查中的经济学分析——以奇虎公司诉腾讯公司案为例》,《经济与管理研究》2014 年第 11 期。

黄民礼:《双边市场与市场形态的演进》,《首都经济贸易大学学报》2007 年第 3 期。

侯利阳、李剑:《免费模式下的互联网产业相关产品市场界定》,《现代法学》2014 年第 6 期。

纪汉霖:《双边市场定价策略研究》,复旦大学博士学位论文,2006 年。

纪汉霖:《双边市场定价方式的模型研究》,《产业经济研究》2006 年第 4 期。

蒋岩波:《网络产业的反垄断政策研究》,中国社会科学出版社 2008 年版。

蒋岩波:《互联网产业中相关市场界定的司法困境与出路——基于双边市场条件》,《法学家》2012 年第 6 期。

[美] 卡尔·夏皮罗、哈尔·瓦里安:《信息规则:网络经济的策略指导》,张帆译,中国人民大学出版社 2000 年版。

[美] 克里斯·安德森:《免费:商业的未来》,蒋旭峰、冯斌、璩静译,中信出版社 2012 年版。

[美] 理查德·A. 波斯纳:《反托拉斯法》(第二版),孙秋宁译,中国政法大学出版社 2003 年版。

李虹:《相关市场理论与实践——反垄断中相关市场界定的经济学分析》,商务印书馆 2011 年版。

李虹、张昕竹:《相关市场的认定与发展及对中国反垄断执法的借鉴》,《经济理论与经济管理》2009 年第 5 期。

李怀、高良谋:《新经济的冲击与竞争性垄断市场结构的出现——观察微软案例的一个理论框架》,《经济研究》2001 年第 10 期。

李剑:《反垄断法实施与产业政策的协调——产业政策与反垄断法的冲突与选择》,《东方法学》2011 年第 1 期。

李剑:《反垄断私人诉讼困境与反垄断执法的管制化发展》,《法学研究》2011 年第 5 期。

李太勇:《网络效应与进入壁垒:以微软反垄断诉讼案为例》,《财经研究》2000 年第 8 期。

李小明:《反垄断法国际执法合作应然取向问题研究》,《湖南社会科学》2007 年第 2 期。

李新义、汪浩瀚:《双边市场横向兼并的定价及福利研究——以中国网络传媒业为例》,《财经研究》2010 年第 1 期。

刘莉莉、朱欣民:《免费:网络服务市场的破坏性创新》,《云南师范大学学报》(哲学社会科学版)2014 年第 1 期。

刘茂红:《中国互联网产业组织实证研究》,武汉大学博士学位论文,2011 年。

吕承超:《网络经济下免费商业模式的品牌机制研究》,《华东经济管理》2012 年第 5 期。

曲创、刘重阳:《平台厂商市场势力测度研究——以搜索引擎市场为例》,《中国工业经济》2016 年第 2 期。

曲创、杨超、减旭恒:《双边市场下大型零售商的竞争策略研究》,《中国工业经济》2009 年第 7 期。

曲振涛、周正、周方召:《网络外部性下的电子商务平台竞争与规制——基于双边市场理论的研究》,《中国工业经济》2010 年第 4 期。

时建中、王伟炜:《反垄断法中相关市场的含义及其界定》,《重庆社会科学》2009 年第 4 期。

司平平:《国际反垄断法双边合作的基础——积极礼让原则》,《政治与法律》2005 年第 3 期。

孙有平：《新经济下竞争性垄断市场的新古典主义探析——微软反垄断案件引发的经济思考及对中国的借鉴意义》，《云南财贸学院学报》2003年第4期。

唐明哲、刘丰波、林平：《价格检验在相关市场界定中的实证运用——对茅台、五粮液垄断案的再思考》，《中国工业经济》2015年第4期。

王宏涛、陆伟刚：《基于双边市场理论的互联网定价模式与反垄断问题研究》，《华东经济管理》2012年第6期。

王为农：《企业集中规制基本法理：美国、日本及欧盟的反垄断法比较研究》，法律出版社2001年版。

王先林：《中国反垄断法实施热点问题研究》，法律出版社2011年版。

王小芳、纪汉霖：《双边市场的识别与界定：争论及最新进展》，《产业经济评论》2013年第3期。

王昭慧、忻展红：《双边市场中的补贴问题研究》，《管理评论》2010年第10期。

王自力、王岳龙、阮敏：《反垄断实施宽严特征研究：一个分析框架》，《当代财经》2014年第2期。

乌家培：《网络经济及其对经济理论的影响》，《学术研究》2000年第1期。

吴春旭、黄一络、许传永：《正负网络效应共存的社交平台定价问题》，《上海交通大学学报》2015年第4期。

吴韬：《互联网行业反垄断案件中的相关市场界定：美国的经验与启示》，《电子知识产权》2011年第5期。

吴韬：《互联网产业发展的阶段性及其对相关产品市场界定的影响》，《中国物价》2013年第8期。

吴玉岭、胡甲庆：《价格相关关系与反垄断相关市场的界定》，《中国社会科学院研究生院学报》2011年第1期。

［日］下河边淳、管家茂：《现代日报经济事典》，马洪译，中国社会科学出版社1982年版。

胥莉、陈宏民、潘小军：《消费者多方持有行为与厂商的兼容性选择：基于双边市场理论的探讨》，《世界经济》2006年第12期。

胥莉、陈宏民、潘小军:《具有双边市场特征的产业中厂商定价策略研究》,《管理科学学报》2009 年第 5 期。

徐骏、苏银珊:《互联网行业反垄断面临的新难题——基于腾讯 QQ 与奇虎360 诉讼案》,《财经问题研究》2012 年第 9 期。

徐炎:《互联网领域相关市场界定研究——从互联网领域竞争特性切入》,《知识产权》2014 年第 2 期。

杨东:《论反垄断法与行业监管法的协调关系》,《法学家》2008 年第 1 期。

杨冬梅:《双边市场:企业竞争策略性行为的新视角》,《企业战略管理》2006年第 9 期。

叶明:《互联网行业相关地域市场界定的误区及解决思路》,《电子知识产权》2013 年第 9 期。

叶卫平:《产业政策对反垄断法实施的影响》,《法商研究》2007 年第 4 期。

余东华:《反垄断法实施中相关市场界定的 SSNIP 方法研究——局限性其及改进》,《经济评论》2010 年第 2 期。

余东华、马路萌:《反垄断法执行中相关市场界定的临界损失分析——以雀巢—辉瑞案为例》,《中国工业经济》2013 年第 7 期。

余东华、张海东:《相关市场界定中的次优替代品选择研究——以可口可乐—汇源案为例》,《中国地质大学学报》(社会科学版) 2014 年第 4 期。

于同申:《“创造性毁灭”和网络经济条件下的自主科技创新》,《中国工业经济》2006 年第 5 期。

袁日新:《经营者集中反垄断执法的透明度——基础、功能与限制》,《行政与法》2014 年第 6 期。

郁义鸿、管锡展:《产业链纵向控制与经济规制》,复旦大学出版社 2006年版。

岳中刚:《双边市场的定价策略及反垄断问题研究》,《财经问题研究》2006年第 8 期。

张江莉:《互联网平台竞争与反垄断规制:以 3Q 反垄断诉讼为视角》,《中外法学》2015 年第 1 期。

张其禄:《独立管制机关的政治监督与治理:兼论对我国独立机关之启示》,

《公平交易委员会季刊》2009 年第 4 期。

张瑞平:《反垄断国际合作中的积极礼让原则分析》,《环球法律评论》2006
    年第 2 期。

张昕竹、黄坤:《免费产品的经济学逻辑及相关市场界定思路》,《中国物价》
    2013 年第 12 期。

张昕竹:《从双边市场看网间结算和收费方式》,《经济社会体制比较》2006
    年第 1 期。

张志奇:《相关市场界定的方法及其缺陷》,《北京行政学院学报》2009 年第
    4 期。

甄艺凯、孙海鸣:《"腾讯 QQ"免费之谜——基于消费者搜寻的厂商定价理
    论视角》,《中国工业经济》2013 年第 2 期。

仲春:《互联网行业反垄断执法中相关市场界定》,《法律科学》(西北政法大
    学学报) 2012 年第 6 期。

英文部分

Ambrus, Attila & Rossella Argenziano, "Asymmetric Networks in Two-Sided
    Markets", *American Economic Journal: Microeconomics*, Vol.1, No.
    1, 2009, pp.17-52.

Amelio, Andrea & Bruno Jullien, " Tying and Freebies in Two -Sided
    Markets", *International Journal of Industrial Organization*, Vol.30, No.
    5, 2012, pp.436-446.

Anderson, Simon P. & André De Palma, Jacques Fran ois Thisse, *Discrete
    Choice Theory of Product Differentiation*, London: MIT Press, 1992.

Argentesi, Elena & Lapo Filistrucchi, "Estimating Market Power in a Two-
    Sided Market: The Case of Newspapers", *The Journal of Applied
    Econometrics*, Vol.22, No.7, 2007, pp.1247-1266.

Armstrong, Mark, "Competition in Two-Sided Markets", *the RAND Journal of
    Economics*, Vol.37, No.3, 2006, pp.668-691.

Armstrong, Mark & Julian Wright, "Two-sided Markets, Competitive Bottle-necks and Exclusive Contracts", *Economic Theory*, Vol.32, No.5, 2007, pp.353-380.

Audy, Eva & Can Erutku, "Price Tests to Define Markets: An Application to Wholesale Gasoline in Canada", *Journal of Industry, Competition and Trade*, Vol.5, No.2, 2005, pp.137-154.

Ayres, Ian, "Rationalizing Antitrust Cluster Markets", *Yale Law Journal*, Vol.95, No.1, 1985, pp.109-125.

Bain, Joe S., *Price Theory*, New York: John Wiley & Sons, 1952.

Baker, Jonathan B., *Why Price Correlations Do Not Define Antitrust Markets: on Econometric Algorithms for Market Definition*, Bureau of Economics, Federal Trade Commission, 1987.

Baker, Jonathan B., "The Antitrust Analysis of Hospital Mergers and the Transformation of the Hospital Industry", *Law and Contemporary Problems*, Vol.51, No.2, 1988, pp.93-164.

Baker, Jonathan B., "Market Definition: An Analytical Overview", *Antitrust Law Journal*, Vol.74, No.1, 2007a, pp.129-173.

Baker, Jonathan B., "Beyond Schumpeter VS. Arrow: How Antitrust Fosters Innovation", *Antitrust Law Journal*, Vol.74, No.3, 2007b, pp.575-602.

Baumann, Michael G. & Paul E. Godek, "Could and Would Understood: Critical Elasticities and the Merger Guidelines", *Antitrust Bulletin*, Vol. 40, No.4, 1995, pp.885-899.

Baumann, Michael G. & Paul E. Godek, "A New Look at Critical Elasticity", *Antitrust Bulletin*, Vol.51, No.3, 2006, pp.325-338.

Berry, Steven T., "Estimating Discrete Choice Models of Product Differentiation", *The RAND Journal of Economics*, Vol.25, No.5, 1994, pp.242-262.

Bishop, Bill, "The Modernization of DGIV", *European Competition Law Review*, Vol.18, No.3, 1997, pp.481-484.

Blair, Roger D. & David L. Kaserman, *Antitrust Economics* (2th ed.), New York: Oxford University Press, 2009.

Bonner, Joseph M. & Roger J. Calantone, "Buyer Attentiveness in Buyer-Supplier Relationships", *Industrial Marketing Management*, Vol.34, No.1, 2005, pp.53-61.

Brunt, Maureen, "'Market Definition' Issues in Australian and New Zealand Trade Practices Litigation", *Australian Business Law Review*, Vol.18, No.2, 1990, pp.86-128.

Caillaud, Bernard & Bruno Jullien, "Chicken & Egg: Competition Among Intermediation Service Providers", *The RAND Journal of Economics*, Vol.34, No.2, 2003, pp.309-328.

Chakravorti, Sujit & Roberto Roson, "Platform Competition in Two-Sided Markets: The Case of Payment Networks", *Review of Network Economics*, Vol.5, No.1, 2006, pp.1-25.

Chandra, Ambarish & Allan Collard Wexler, "Mergers in Two-Sided Markets: An Application to the Canadian Newspaper Industry", *Journal of Economics & Management Strategy*, Vol.18, No.4, 2009, pp.1045-1070.

Chao, Yong & Timothy Derdenger, "Mixed Bundling in Two Sided Markets: Theory and Evidence", *Management Science*, Vol.59, No.8, 2013, pp.1904-1926.

Choi, Jay Pil, "Tying in Two-Sided Markets with Multi-homing", *The Journal of Industrial Economics*, Vol.58, No.3, 2010, pp. 607-626.

Church, Jeffrey & Neil Gandal, "Systems Competition, Vertical Merger, and Foreclosure", *Journal of Economics & Management Strategy*, Vol.9, No.1, 2000, pp.25-51.

Coate, Malcolm B. & Joseph J. Simons, "Critical Loss vs. Diversion Analysis: Clearing up the Confusion", *The CPI Antitrust Journal*, Vol.12, No.1, 2009, pp.1-15.

Daljord, Øystein, Lars Sørgard & Øyvind Thomassen, "The SSNIP Test and

Market Definition with the Aggregate Diversion Ratio: A Reply to Katz and Shapiro", *Journal of Competition Law and Economics*, Vol.4, No. 2, 2008, pp.1–8.

Davis, Peter & Eliana Garcés, *Quantitative Techniques for Competition and Antitrust Analysis*, Princeton: Princeton University Press, 2009.

Diamond, Peter A., "A Model of Price Adjustment", *Journal of Economic Theory*, Vol.3, No.6, 1971, pp.156–168.

Doganoglu, Toker & Julian Wright, "Multi-Homing and Compatibility", *International Journal of Industrial Organization*, Vol.24, No.3, 2006, pp.45–67.

Economides, Nicholas, "The Economics of Networks", *International Journal of Industrial Organization*, Vol.14, No.6, 1996, pp.673–699.

Elzinga, Kenneth G. & Thomas F. Hogarty, "The Problem of Geographic Market Delineation in Antimerger Suits", *Antitrust Bulletin*, Vol.18, No. 1, 1973, pp.45–81.

Elzinga, Kenneth G. & Thomas F. Hogarty, "The Problems of Geographic Market Delineation Revisited: The Case of Coal", *Antitrust Bulletin*, Vol. 23, No.1, 1978, pp.1–18.

Emch, Eric & T. Scott Thompson, "Market Definition and Market Power in Payment Card Networks", *The Review of Network Economics*, Vol.5, No. 1, 2006, pp.45–60.

Evans, David S., "Some Empirical Aspects of Multi-Sided Platform Industries", *Review of Network Economics*, Vol.2, No.3, 2003a, pp.191–209.

Evans, David S., "The Antitrust Economics of Multi-Sided Platform Markets", *Yale Journal on Regulation*, Vol.20, No.2, 2003b, pp.325–381.

Evans, David S., "Antitrust Issues Raised By the Emerging Global Internet Economy", *Northwestern University Law Review*, Vol.102, No.4, 2008a, pp. 1987–2007.

Evans, David S., "Competition and Regulatory Policy for Multi-Sided

Platforms with Applications to the Web Economy”, *SSRN Electronic Journal*, 2008b, Available at https：//papers.ssrn.com/sol3/papers.cfm？ abstract_ id=1090368.

Evans, David S., “Antitrust Economics of Free”, *Competition Policy International*, Vol.7, No.2, 2011, pp.71-31.

Evans, David S., “Excessive Litigation by Business Users of Free Internet- Platform Services”, *University of Chicago Institute for Law & Economics Online Research Paper*, Vol.603, No.3, 2012, Available at http：//ssrn. com/abstract=2085029.

Evans, David S., “Attention to Rivalry among Online Platforms and Its Implications for Antitrust Analysis”, *Journal of Competition Law & Economics*, Vol.9, No.2, 2013a, pp.313-357.

Evans, David S., “Economics of Vertical Restraints for Multi-Sided Platforms”, *University of Chicago Institute for Law & Economics Online Research Paper*, No.626, 2013b, pp.1-25.

Evans, David S., “The Consensus among Economists on Multisided Platforms and Its Implications for Excluding Evidence that Ignores It”, *SSRN Electronic Journal*, 2013c, Available at https：//papers.ssrn.com/sol3/papers. cfm？ abstract_id=2249817.

Evans, David S., “Rivals for Attention：How Competition for Scarce Time Drove the Web Revolution, what it Means for the Mobile Revolution, and the Future of Advertising”, *SSRN Electronic Journal*, 2014, Available at https：//papers.ssrn.com/sol3/papers.cfm？ abstract_id=2391833.

Evans, David S. & Michael Noel, “Defining Antitrust Markets When Firms Operate Two-Sided Platforms”, *Columbia Business Law Review*, Vol.5, No.3, 2005, pp.102-134.

Evans, David S. & Michael Noel, “The Analysis of Mergers that Involve Multisided Platform Businesses”, *Journal of Competition Law and Economics*, Vol.4, No.3, 2008, pp.663-695.

Evans, David S. & Richard Schmalensee, "The Industrial Organization of Markets with Two-Sided Platforms", *Competion Policy International*, Vol.3, No.1, 2007, pp.151-179.

Evans, David S. & Richard Schmalensee, "Failure to Launch: Critical Mass in Platform Businesses", *Review of Network Economics*, Vol.9, No. 4, 2010, pp.1-28.

Evans, David S. & Richard Schmalensee, "The Antitrust Analysis of Multi-Sided Platform Businesses", *NBER Working Paper No. w18783*, 2013.

Evans, David S., Richard Schmalensee & Michael Noel, et al. "Platform Economics: Essays on Multi-Sided Businesses", *Competition Policy International*, 2011, Available at SSRN NO.1974020.

Farrell, Joseph & Garth Saloner, "Standardization, Compatibility, and Innovation", *The RAND Journal of Economics*, Vol.16, No.1, 1985, pp.70-83.

Farrell, Joseph & Garth Saloner, "Installed Base and Compatibility: Innovation, Product Pre-announcements, and Predation", *American Economic Review*, Vol.76, No.5, 1986, pp.940-955.

Farrell, Joseph & Carl Shapiro, "Antitrust Evaluation of Horizontal Mergers: an Economic Alternative to Market Definition", *The B. E. Journal of Theoretical Economics*, Vol.10, No.1, 2010a, pp.1-39.

Farrell, Joseph & Carl Shapiro, "Recapture, Pass-through, and Market Definition", *Antitrust Law Journal*, Vol.76, No.4, 2010b, pp.585-604.

Filistrucchi, Lapo, "A SSNIP Test for Two-Sided Markets: the Case of Media", *SSRN Electronic Journal*, 2008, Available at https: //papers.ssrn.com/sol3/papers.cfm? abstract_id=1287442.

Filistrucchi, Lapo, Damien Geradin & Eric Van Damme, "Identifying Two-Sided Markets", *World Competition: Law and Economics Review*, Vol. 36, No.1, 2013, pp.33-60.

Filistrucchi, Lapo, Damien Geradin & Eric Van Damme, et al.. "Market Definition in Two-Sided Markets: Theory and Practice", *Journal of Competition Law and Economics*, Vol.10, No.2, 2014, pp.293-339.

Filistrucchi, Lapo, Tobias J. Klein & Thomas Michielsen, "Merger Simulation in a Two-Sided Market: the Case of the Dutch Daily Newspapers", SSRN Electronic Journal, 2010, Available at https://papers.ssrn.com/sol3/papers.cfm? abstract_id=1694313.

Filistrucchi, Lapo, Tobias J. Klein & Thomas Michielsen, "Assessing Unilateral Merger Effects in a Two-Sided Market: An Application to the Dutch Daily Newspaper Market", *Journal of Competition Law and Economics*, Vol.8, No.2, 2012, pp. 297-329.

Forni, Mario, "Using Stationary Tests in Antitrust Market Definition", *American Law and Economics Review*, Vol.6, No.2, 2004, pp.441-464.

Gal, Michal S. & Daniel L. Rubinfeld, "The Hidden Costs of Free Goods: Implications for Antitrust Enforcement", *Antitrust Law Journal*, Vol.80, No.3, 2016, pp. 521-562.

Galeotti, Andrea & José Luis Moraga-González, "Platform Intermediation in a Market for Differentiated Products", *European Economic Review*, Vol.53, No.4, 2009, pp.417-428.

Gallaugher, John M. & Yu-Ming Wang, "Understanding Network Effects in Software Markets: Evidence from Web Server Pricing", *MIS Quarterly*, Vol.26, No.4, 2002, pp. 303-327.

Goldhaber, Michael H., "The Attention Economy and the Net", *First Monday*, Vol.2, No.4, 1997, pp.4-7.

Gurkaynak, Gonenc, Derya Durlu & Margaret Hagan, "Antitrust on the Internet: A Comparative Assessment of Competition Law Enforcement in the Internet Realm", Business Law International, Vol.14, No.1, 2013, pp.51-90.

Hagiu, Andrein, "Merchant or Two-Sided Platform", *Review of Network Economics*, 2007, Vol.6, No.2, pp. 115-133.

Hagiu, Andrein, "Two-Sided Platforms: Product Variety and Pricing Structures", *Journal of Economics & Management Strategy*, Vol.18, No. 4, 2009, pp.1011-1043.

Hagiu, Andrein & Julian Wright, "Multi-Sided Platforms", *International Journal of Industrial Organization*, Vol.43, No.15, 2015, pp.162-174.

Hale, G. E. & Rosemary D. Hale, "A Line of Commerce Market Definition in Anti-Merger Cases", *Iowa Law Review*, Vol.52, No.2, 1966, pp.406-431.

Hall, George R. & Charles F. Phillips Jr., "Antimerger Criteria: Power, Concentration, Foreclosure and Size", *Villanova Law Review*, Vol.9, No. 2, 1964, pp.211-232.

Harris, Robert G. & Thomas M. Jorde, "Market Definition in the Merger Guidelines: Implications for Antitrust Enforcement", California Law Review, Vol.71, No.2, 1983, pp.464-496.

Harris, Barry C. & Joseph J. Simons, "Focusing Market Definition: How Much Substitution is Necessary?", *Research in Law and Economics*, Vol. 12, No.1, 1989, pp.207-226.

Hockett, Christopher B., "Antitrust and Due Process", *Antitrust*, Vol.28, No.2, 2014, pp.3-5.

Horowitz, Ira, "Market Definition in Antitrust Analysis: A Regression-Based Approach", *Southern Economic Journal*, Vol.48, No.1, 1981, pp.1-16.

Hüschelrath, Kai, "Critical Loss Analysis in Market Definition and Merger Control", *European Competition Journal*, Vol.5, No.3, 2009, pp.757-794.

Johnson, Frederick I., "Market Definition under the Merger Guidelines: Critical Demand Elasticities", *Research in Law and Economics*, Vol.12, No. 1, 1989, pp.235-246.

Kaiser, Ulrich & Minjae Song, "Do Media Consumers Really Dislike Advertising? An Empirical Assessment of the Role of Advertising in Print Media Markets", *International Journal of Industrial Organization*, Vol.27, No.

2，2009，pp.292-301.

Kaiser，Ulrich & Julian Wright，"Price Structure in Two-sided Markets：Evidence from the Magazine Industry"，*International Journal of Industrial Organization*，Vol.24，No.1，2006，pp.1-28.

Katz，Michael L. & Carl Shapiro，"Network Externalities，Competition，and Compatibility"，*The American Economic Review*，Vol.75，No.3，1985，pp.424-440.

Katz，Michael L. & Carl Shapiro，"Antitrust in Software Markets"，in Eisenach，Jeffrey & Thomas M. Lenard，eds. *Competition，Innovation and the Microsoft Monopoly：Antitrust in the Digital Marketplace*，Washington D. C.，1998，pp.29-81.

Katz，Michael L. & Carl Shapiro，"Critical Loss：Let's Tell the Whole Story"，*Antitrust*，Vol.17，No.2，2003，pp.49-56.

Kind，Hans Jarle，Tore Nilssen & Lars Sørgard，"Inter-firm Price Coordination in a Two-sided Market"，*International Journal of Industrial Organization*，Vol.44，No.3，2016，pp.101-112.

Kovacic，William E. & Carl Shapiro，"Antitrust Policy：A Century of Economic and Legal Thinking"，*The Journal of Economic Perspectives*，Vol. 14，No.1，2000，pp. 43-60.

Langenfeld，James & Wenqing Li，"Critical Loss Analysis in Evaluating Mergers"，*Antitrust Bulletin*，Vol.46，No.2，2001，pp.299- 337.

Li，Ting，Tying in Two-Sided Markets，PhD Dissertation，Toulouse School of Economics，2009.

Liu，Qihong & Konstantinos Serfes，"Price Discrimination in Two-Sided Markets"，*Journal of Economics & Management Strategy*，Vol.22，No.4，2013，pp.768-786.

Lopatka，John E. & William H. Page，"Antitrust on Internet Time：Microsoft and the Law and Economics of Exclusion"，*Supreme Court Economic Review*，Vol.7，No.6，1999，pp.157-231.

Luchetta, Giacomo, "Is the Google Platform a Two-Sided Market", Mercato Concorrenza Regole, Vol.15, No.1, 2013, pp.83-118.

Lowe P., "Due Process in Antitrust", CRA Conference on Economic Developments in Competition Law, Brussels, 2009.

Machlup, Fritz, The Political Economy of Monopoly: Business, Labor and Government Policies, Baltimore: Johns Hopkins Press, 1952.

Manne, Geoffrey A. & Joshua D. Wright, "Google and The Limits of Antitrust: The Case Against the Case Against Google", Harvard Journal of Law and Public Policy, Vol.34, No.2, 2011, pp.171-224.

Mathis, Stephen A., Duane G. Harris & Michael Boehlje, "An Approach to the Delineation of Rural Banking Markets", American Journal of Agricultural Economics, Vol.64, No.1, 1978, p.601-608.

Melamed, A. Douglas, "Network Industries and Antitrust", Harvard Journal of Law & Public Policy, Vol.23, No.6, 1999, pp.147-158.

Motta, Massimo, Competition Policy: Theory and Practice, New York: Cambridge University Press, 2004.

Nagard-Assayag, Le Emmanuelle & Delphine Manceau, "Modeling the Impact of Product Pre-announcements in the Context of Indirect Network Externalities", International Journal of Research in Marketing, Vol.18, No. 3, 2001, pp.203-219.

Newman, John M., "Antitrust in Zero-Price Markets: Foundations", University of Pennsylvania Law Review, Vol.164, No.3, 2015, pp.149-206.

Newman, Nathan, "You're Not Google's Customer—You're the Product", 2011, Available at http://www.dailykos.com/story/2011/03/29/961192/-You-re-Not-Google-s-Customer-You-re-the-Product.

O'Brien, Daniel P. & Abraham L. Wickelgren, "A Critical Analysis of Critical Loss Analysis", Antitrust Law Journal, Vol.71, No.1, 2003, pp. 161-184.

Ordover, Janusz A. & Robert D. Willig, "The 1982 Department of Justice

Merger Guidelines: An Economic Assessment", *California Law Review*, Vol.71, No.2, 1983, pp.535-574.

Page, William H., "Ideological Conflict and the Origins of Antitrust Policy", *Tulane Law Review*, Vol.66, No.1, 1991, pp.1-67.

Parker, Geoffrey G. & M. Van Alstyne, "Unbundling in the Presence of Network Externalities", SSRN Electronic Journal, 2003, Available at http://papers.ssrn.com/paper.taf? abstract_id=249585.

Pitofsky, Robert, "New Definitions of Relevant Market and the Assault on Antitrust", *Columbia Law Review*, Vol.90, No.7, 1990, pp.1805-1864.

Pitofsky, Robert, "Antitrust and Intellectual Property: Unresolved Issues at the Heart of the New Economy", *Berkeley Technology Law Journal*, Vol.16, No.2, 2001, pp.535-559.

Posner, Richard A., "Antitrust in the New Economy", *Antitrust Law Journal*, Vol.68, No.3, 2011, pp.925-943.

Reycraft, George D., "Recent Developments under the Sherman Act and Clayton Act and Other Aspects of the Program of the Antitrust Division", *Antitrust Bulletin*, Vol.5, No.4, 1960, pp.395-418.

Rochet, Jean Charles & Jean Tirole, "Cooperation among Competitors: Some Economics of Payment Card Associations", *Rand Journal of Economics*, Vol.33, No.5, 2002, pp.549-570.

Rochet, Jean Charles & Jean Tirole, "Platform Competition in Two-Sided Market", *Journal of the European Economic Association*, Vol.1, No.4, 2003, pp.990-1029.

Rochet, Jean Charles & Jean Tirole, "Two-Sided Markets: a Progress Report", *The RAND Journal of Economics*, Vol.37, No.3, 2006, pp.645-667.

Rohlfs, Jeffrey, "A Theory of Interdependent Demand for a Communications Service", *The Bell Journal of Economics and Management Science*, Vol.5, No.1, 1974, pp.16-37.

Roson, Roberto, "Two-sided markets: A Tentative Survey", *Review of Net-*

work Economics, Vol.4, No.2, 2005, pp.142–160.

Rubinfeld, Daniel, "Competition, Innovation, And Antitrust Enforcement In Dynamic Network Industries", Spring Symposium of Software Publishers Association, San Jose, California, 1998.

Ruhmer, Isabel, "Platform Collusion in Two–Sided Markets", 2011, Available at http: //www.webmeets.com/files/papers/EARIE/2010/298/platform%20collusion%20in%20two–sided%20markets_isabel%20ruhmer.pdf.

Rysman, Marc, "Competition Between Networks: A Study of the Market for Yellow Pages", *The Review of Economic Studies*, Vol.71, No.2, 2004, pp. 483–512.

Rysman, Marc, "An Empirical Analysis of Payment Card Usage", *The Journal of Industrial Economics*, Vol.55, No.1, 2007, pp.1–36.

Rysman, Marc, "The Economies of Two–Sided Markets", *Journal of Economie Perspectives*. Vol.23, No.3, 2009, pp.125–143.

Scheffman, David, Malcolm Coate & Louis Silvia, "Twenty Years of Merger Guidelines Enforcement at the FTC: An Economic Perspective", *Antitrust Law Journal*, Vol.71, No.1, 2003, pp.277–318.

Scheffman, David & Joseph Simons Scheffman, "the State of Critical Loss Analysis: Let's Make Sure We Understand the whole Story", *Antitrust Source*, Vol.1, No.2, 2003, pp.1–9.

Schmalensee, Richard, "Horizontal Merger Policy: Problems and Changes", *Economics Perspectives*, Vol.1, No.2, 1987, pp.41–54.

Schumpeter, Joseph A., *Capitalism, Socialism and Democracy*, New York: Harper Collins Press, 1942.

Segal, Ilya R. & Michael D. Whinston, "Public vs. Private Enforcement of Antitrust law: A Survey", 2006, available at http: //ssrn.com/abstract=952067.

Shapiro, Carl & Hal R. Varian, *Information Rules: A Strategic Guide to the Network Economy*, Cambridge: Harvard Business Press, 1999.

Shelanski, Howard A., "Information, Innovation, and Competition Policy for the Internet", *University of Pennsylvania Law Review*, Vol.161, No.6, 2013, pp.1663-1705.

Shrieves, Ronald E., "Geographic Market Areas and Market Structure in the Bituminous Coal Industry", *Antiturst Bulletin*, Vol.23, No.3, 1978, pp. 589-625.

Slade, Margaret E., "Exogeneity Tests of Market Boundaries Applied to Petroleum Products", *Journal of Industrial Economics*, Vol.34, No. 3, 1986, pp.291-303.

Sokullu, Senay, "A Semi-Parametric Analysis of Two-Sided Markets: An Application to the Local Daily Newspapers in the USA", *Journal of Applied Econometrics*, Vol.31, No.6, 2016, pp.843-864.

Sousa Ferro, Miguel, "'Ceci nest pas un Marché': Gratuity and Competition Law", SSRN Electronic Journal, 2014, Available at https://papers.ssrn. com/sol3/papers.cfm? abstract_id=2493236.

Spulber, Daniel F. & Christopher S. Yoo, Antitrust, the Internet, and the Economics of Networks, The Oxford Handbook of International Antitrust Economics, Vol. 1, No.1, 2014, pp.1-17.

Stigler, George J. & Robert A. Sherwin, "The Extent of the Market", *Journal of Law and Economics*, Vol. 28, No.3, 1985, pp.555-585.

Sun, Mingchun & Edison Tse, "The Resource-Based View of Competitive Advantage in Two-Sided Markets", *Journal of Management Studies*, Vol. 46, No.1, 2009, pp.45-64.

Tucker, Catherine, "Empirically Evaluating Two-Sided Integrated Network Effects: The Case of Electronic Payments", 2005, Available at https:// pdfs.semanticscholar.org/ab85/026bb4b1685c81bf5c7864dc0bf1ef426f04.pdf.

Tucker, Catherine & Juanjuan Zhang "Growing Two-Sided Networks by Advertising the User Base: A Field Experiment", *Marketing Science*, Vol. 29, No.5, 2010, pp.805-814.

Turner, Donald F., "Observations on the New Merger Guidelines and the 1968 Merger Guidelines", Antitrust Law Journal, Vol. 51, No.2, 1982, pp. 307-316.

Tyler, Tom R., *Why people obey the law*: *Procedural Justice*, *Legitimacy*, *and Compliance*, Yale University Press, 1990.

Uri, Noel D., John Howell & Edward J. Rifkin, "On Defining Geographic Markets", *Applied Economics*, Vol. 17, No.6, 1985, pp.959-977.

Walls, W. David, "A Cointegration Rank Test of Market Linkages with an Application to the U.S. Natural Gas Industry", *Review of Industrial Organization*, Vol. 9, No.2, 1994, pp.181-191.

Weisman, Dennis L. & Robert B. Kulick, "Price Discrimination, Two-Sided Markets, and Net Neutrality Regulation", Tulane Journal of Technology & Intellectual Property, Vol. 13, No.2, 2010, pp.81-102.

Werden, Gregory J., "The Use and Misuse of Shipments Data in Defining Geographic Markets", *Antiturst Bulletin*, Vol. 26, No.4, 1981, pp.719-737.

Werden, Gregory J., "The History of Antitrust Market Delineation", *Marquette Law Review*, Vol. 76, No.1, 1993, pp.123-215.

Werden, Gregory J., "Demand Elasticties in Antitrust Analysis", *Antitrust Law Journal*, Vol. 66, No.2, 1998, pp.363-414.

Werden, Gregory J. & Luke M. Froeb, "The Effects of Merger in Differentiated Products Industries: Logit Demand and Merger Policy", *Journal of Law*, *Economics & Organization*, Vol. 10, No.2, 1993, pp.26-407.

Weyl, E. Glen, "A Price Theory of Two-Sided Markets", *American Economic Review*, Vol. 100, No.4, 2010, pp. 1642-1672.

Wilbur, Kenneth C., "A Two-Sided, Empirical Model of Television Advertising and Viewing Markets", *Marketing Science*, Vol. 27, No.3, 2008, pp.356-378.

Wotton, John, "Are Media Markets Analyzed as Two-Sided Markets?", *Com-*

petition Policy International，Vol. 3，No.1，2007，pp.237-247.

Wright，Julian，“One-Sided Logic in Two-Sided Markets”，*Review of Net-work Economics*，Vol. 3，No.1，2004，pp.44-64.

Ying Fan，“Market Structure and Product Quality in the US Daily Newspaper Market”，2009，Available at https：//xues.glgoo.com/scholar？hl=zh-CN&q=Market+Structure+and+Product+Quality+in+the+US+Daily+News-paper+Market&btnG=&lr=.

Zhang，Kai & Weiqi Liu，“Price Discrimination in Two-sided Markets”，*South African Journal of Economic and Management Sciences*，Vol. 19，No.1，2016，pp.1-17.

索 引

C

乘数效应　3，5，6，7，48，49，76，83，121，156，158，163，164

创新　2，5，7，8，52，53，60，62，63，66，67，68，69，70，71，72，83，89，90，102，105，106，140，142，147，150，151，158，161，162，165，169，171

D

单边市场　2，4，10，11，13，18，19，22，42，43，44，46，47，48，49，50，55，56，73，75，76，103，108，110，111，112，140，141，155，157，161，162

F

反垄断　1，2，3，4，5，6，7，8，9，10，11，14，22，23，24，25，26，27，30，32，34，38，39，41，42，43，44，46，47，48，49，51，52，53，57，58，59，61，62，63，65，66，67，68，69，70，71，72，73，74，75，76，77，78，82，83，85，90，95，102，103，104，113，114，120，124，128，137，139，140，141，142，143，144，145，146，147，148，149，150，151，152，153，155，156，157，158，159，160，161，163，164，166，168，169，170，171，172

G

供给替代　129，132，134，135，136，137

规制　28，52，57，69，76，113，150，152，169，170，171

H

互联网产业　1，2，3，4，5，6，7，8，42，43，51，52，53，54，55，56，57，58，59，61，62，63，64，65，66，67，68，69，70，71，72，73，74，75，76，77，79，81，83，85，87，

89，91，93，95，97，99，101，102，103，104，105，108，112，129，137，139，140，141，142，143，144，145，146，147，149，150，151，153，155，156，157，158，159，160，161，165，166，168，169，170

互联网经济　1，2，43，51，63，66，71

互联网平台　10，55，56，57，59，62，77，78，83，85，86，102，107，120，121，140，158，161，166，167，171

J

"鸡蛋相生"问题　11，14，15，18，22，45，56，59，75，157

技术经济特征　2，3，4，7，8，51，53，55，57，59，61，63，65，67，69，71，72，146，155，156

假定垄断者测试　24，27，28，29，30，31，32，36，37，38，41，47，104，141，157，162

交叉弹性　7，8，24，25，78，79，85，86，87，89，98，99，100，102，103，104，141，156，159，162，166

结构方程　7，74，103，112，126，156，158，159，163，165

竞争性垄断　7，8，62，63，64，65，66，67，69，72，151，158，167，169，170

竞争政策　71，85，148，149，150，153

L

Lerner 指数　4，6，7，8，12，35，36，74，79，82，85，103，124，141，156，158，160，162，164，166

临界弹性　32，33，34，124

临界损失　7，28，31，32，34，35，36，117，120，121，122，123，124，125，127，128，136，137，141，159，162，163，171

零价格　3，6，7，14，20，56，57，75，76，77，78，141，156，162，163，164

垄断势力　2，44，52，68，69

M

免费产品　3，6，54，55，57，72，74，76，77，78，82，83，103，104，105，115，116，120，121，141，158，162，164，165，166，172

免费商业模式　2，3，4，5，6，7，8，42，53，54，55，56，57，58，72，73，78，103，105，107，112，113，120，137，140，155，156，157，158，160，161，163，164，165，169

Q

嵌套选择模型 4，74，79，80，81，96，94，96，103，159，160，163

S

社会成本 74，156

失误 3，5，71，143，155

市场绩效 67

市场势力 2，23，27，30，33，38，40，43，44，47，50，55，57，60，63，65，66，72，76，98，102，139，160，169

双边市场 2，3，4，5，6，7，8，9，10，11，12，13，14，15，16，17，18，19，20，21，22，23，42，43，44，45，46，47，48，49，50，51，52，53，54，55，56，57，58，59，72，73，74，75，76，78，82，83，103，104，105，108，109，110，111，112，113，120，121，136，137，140，141，155，156，157，158，159，160，161，162，163，164，165，167，168，169，170，171，172

T

替代关系 25，26，27，29，33，34，36，74，86，114，124，132，134，135，136，137

替代弹性 34

W

网络效应 7，8，14，16，42，58，59，60，61，62，63，64，68，69，71，72，73，74，80，106，140，150，161，167，168，169，170

X

相关市场界定 2，3，4，5，6，7，8，10，23，24，25，26，27，28，30，32，35，36，37，38，39，40，41，42，43，47，49，50，53，72，73，74，77，90，104，105，107，109，111，112，113，115，117，118，119，120，121，123，124，125，127，128，129，131，133，135，136，137，139，140，141，142，146，147，150，155，156，157，158，159，160，161，162，163，164，165，166，168，170，171，172

需求弹性 17，34，35，48，56，74，85，103，124，156，158，159

Y

隐性价格 3，6，78，80，82，83，85，98，99，115，121，126，130，131，158，163，164，166

优化条件 4，74，79，84，156，158

Z

转移率　7，8，34，35，36，78，79，85，87，88，89，97，98，99，100，101，102，103，104，118，119，120，124，125，126，127，128，129，130，131，136，141，156，159，162

自弹性　7，8，74，78，79，83，85，86，97，98，99，102，103，104，141，156，158，159，162，166

后　记

2013 年，在博士生导师的引领下，我走进了产业组织研究的大门并开始接触反垄断经济学。当年，我国反垄断执法工作取得了突破性进展，先后查处了多起重大的反垄断案件，在社会各界引起强烈反响。丰富的反垄断执法案件以及中国反垄断经济学人才奇缺的现状，使我萌生了研究反垄断经济的想法。2014 年，反垄断执法部门在执法过程中暴露的诸多问题遭到有关方面的非议和责难，甚至引起外界对反垄断行为背后执法意图的各种解读和揣测，致使中国反垄断执法面临来自外国政府和舆论的巨大压力。这让我深深地意识到，扎实的反垄断经济分析是何等重要，也更坚定了我钻研反垄断经济的决心。

在攻读博士学位期间，我几乎都在图书馆中度过，恶补反垄断经济的理论知识和相关计量分析技术。在学习过程中，有幸接触到被誉为"中国互联网反垄断第一案"的"奇虎 360 诉腾讯案"的资料信息。在该案的审理过程中，控辩双方争论的焦点在于相关市场界定问题。但令人遗憾的是，各方均未能给出关键性的经济证据。其主要原因在于，互联网产业等新经济形态的特殊性质使得传统反垄断分析方法无法直接适用。基于类似的原因，在其他国内外已审理的多起涉及互联网企业的反垄断案件中，各方就如何实证分析涉案产品的相关市场等问题也均选择了回避。如果这些核心问题不能得到有效解决，该领域的反垄断执法将会遇到很大挑战，由此产生的社会成本很可能是巨大的，这将直接影响目前最有活力的互联网产业的健康发展。但非常遗憾的是，国内外经济学界对该问题仍未形成一个公认较好的分析框架。基于此，我将研究方向聚焦于互联网产业等新经济形态的相关市场界定问题，并致力于解决这些新经济形态下相关市场界定的实证分析问题。

　　本书以本人的博士学位论文为基础，几经打磨，终得以问世。这期间，我得到了太多人无私的关爱和扶持。感谢我的博士生导师简泽教授以及博士后合作导师卢福财教授。两位导师对学术研究的执着追求深深地感染了我。在他们的指导下，我逐渐体会到研究的乐趣，也慢慢开始用心体会潜藏在模型和字里行间的艺术之美。本书从选题到最后定稿，无不凝结着两位导师的心血与汗水。对他们的感激之情铭刻在心。

　　在研究过程中，还得到了欧洲竞争与规制学会（CRESSE）的组织者Yannis教授、香港岭南大学林平教授、山东大学曲创教授、腾讯竞争政策办公室首席经济学顾问吴绪亮教授以及江西财经大学产业经济研究院博士生导师组的指导和帮助，在此一并表示感谢。感谢师兄马源、董维刚、冯永晟、刘自敏、方燕、黄坤和王磊。师兄们总是适时地鼓励我努力前行；每每写作遇到困难，他们总会尽力为我提供指导和帮助。马源师兄更是无私地提供了部分数据资料并为数据分析提供了技术指导。感谢同窗好友李鑫、廖秋敏、聂思痕等。与他们相处的美好时光，让我的读博生涯并不苦闷；与他们在共同奋斗中结下的深厚情谊，将永远珍藏在心底。

　　感谢《中国社会科学博士后文库》主办方对本书的资助。感谢经济管理出版社的编辑为本书出版做出的贡献，他们经常加班加点，耐心细致地核对书稿出版的相关细节，在此对他们的帮助和付出表示诚挚的感谢。本书虽凝结了我多年的心血，但由于本人才疏学浅，书中错误疏漏在所难免，敬请读者批评指正。中国反垄断经济研究尚处起步阶段，反垄断文化亦处于萌芽状态，若拙著能抛砖引玉，引起大家对反垄断经济研究的兴趣，并为促进我国反垄断法的实施尽绵薄之力，实属欣慰！

占　佳

2018 年仲夏于江西财经大学蛟桥园

专家推荐表

第七批《中国社会科学博士后文库》专家推荐表 1

推荐专家姓名	简　泽	行政职务	无
研究专长	产业经济	电　话	
工作单位	江西财经大学	邮　编	
推荐成果名称	"互联网+"时代互联网产业相关市场界定研究		
成果作者姓名	占佳		

　　在"互联网+"时代背景下，互联网产业一方面成为世界各国竞争的关键领域，另一方面却又是各国反垄断审查的重点领域。互联网产业所具有的技术经济特征使传统基于单边市场逻辑和价格理论的相关市场界定方法无法直接适应，从而使互联网产业的反垄断审查备受质疑。令人遗憾的是，理论界至今尚未就此形成公认的分析框架。本书积极探索互联网产业相关市场界定的实证分析问题，具有非常重要的理论和现实意义。由于很多互联网服务，特别是平台服务，一般都具有基于双边市场的免费商业模式特征，难以使用常规的反垄断分析方法，在以往的理论和案例分析中，如何界定相关市场就成为一个难点和争议的焦点。本书利用计量方法，使用真实数据，对"奇虎360诉腾讯案"这一实际案例的需求替代进行分析进而进行实证的相关市场界定分析，这显然是非常具有挑战性的工作，同时也具有重要的创新意义。

　　本书选题新颖，政治理论倾向正确，层次清晰，结构合理，研究方法科学，逻辑严谨，写作规范，研究结论与对策建议具有较强的现实针对性和实践指导价值，达到了出版水平。本人同意推荐该作品入选《中国社会科学博士后文库》。

签字：

2018 年 1 月 15 日

说明：该推荐表由具有正高职称的同行专家填写。一旦推荐书稿入选《博士后文库》，推荐专家姓名及推荐意见将印入著作。

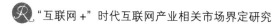

第七批《中国社会科学博士后文库》专家推荐表 2

推荐专家姓名	卢福财	行政职务	校长
研究专长	产业经济	电　话	
工作单位	江西财经大学	邮　编	
推荐成果名称	"互联网+"时代互联网产业相关市场界定研究		
成果作者姓名	占佳		

　　互联网产业相关市场界定问题是互联网产业组织研究的重要内容。优化互联网产业的市场竞争秩序，完善产业组织，是发展互联网产业、建设互联网强国的必然要求。本书选题具有较为重要的理论价值与现实意义。本书对与互联网产业相关市场界定相关的双边市场的概念辨析及判定依据、传统相关市场界定方法等国内外研究文献进行了较好的梳理与评析，表明作者对研究领域的相关研究及前沿进展有较好的了解和把握。本书基于反垄断经济学的视角分析了互联网产业的技术经济特征，基于数理模型与实证分析揭示了互联网产业的需求替代关系，并以奇虎360诉腾讯案为例，深入分析了互联网产业相关市场界定问题，在以上分析的基础上提出完善互联网产业反垄断执法的政策建议。本书的主要创新是利用结构计量方法，使用真实数据，对实际案例进行实证的相关市场界定分析；通过对奇虎360诉腾讯案进行完整的相关市场界定分析，证明SSNIP方法具有普适性，同时也为互联网产业相关市场界定提供了一个较为完整的分析框架。

　　本书选题新颖，政治理论倾向正确，层次清晰，结构合理，研究方法科学，逻辑严谨，写作规范，研究结论与对策建议具有较强的现实针对性和实践指导价值，达到了出版水平。作为占佳的博士后合作导师，我同意推荐其作品入选《中国社会科学博士后文库》。

签字：

2018 年 1 月 15 日

说明：该推荐表由具有正高职称的同行专家填写。一旦推荐书稿入选《博士后文库》，推荐专家姓名及推荐意见将印入著作。

经济管理出版社
《中国社会科学博士后文库》
成果目录

第一批《中国社会科学博士后文库》（2012 年出版）

序号	书　名	作　者
1	《"中国式"分权的一个理论探索》	汤玉刚
2	《独立审计信用监管机制研究》	王　慧
3	《对冲基金监管制度研究》	王　刚
4	《公开与透明：国有大企业信息披露制度研究》	郭媛媛
5	《公司转型：中国公司制度改革的新视角》	安青松
6	《基于社会资本视角的创业研究》	刘兴国
7	《金融效率与中国产业发展问题研究》	余　剑
8	《进入方式、内部贸易与外资企业绩效研究》	王进猛
9	《旅游生态位理论、方法与应用研究》	向延平
10	《农村经济管理研究的新视角》	孟　涛
11	《生产性服务业与中国产业结构演变关系的量化研究》	沈家文
12	《提升企业创新能力及其组织绩效研究》	王　涛
13	《体制转轨视角下的企业家精神及其对经济增长的影响》	董　昀
14	《刑事经济性处分研究》	向　燕
15	《中国行业收入差距问题研究》	武　鹏
16	《中国土地法体系构建与制度创新研究》	吴春岐
17	《转型经济条件下中国自然垄断产业的有效竞争研究》	胡德宝

第二批《中国社会科学博士后文库》(2013 年出版)

序号	书 名	作 者
1	《国有大型企业制度改造的理论与实践》	董仕军
2	《后福特制生产方式下的流通组织理论研究》	宋宪萍
3	《基于场景理论的我国城市择居行为及房价空间差异问题研究》	吴 迪
4	《基于能力方法的福利经济学》	汪毅霖
5	《金融发展与企业家创业》	张龙耀
6	《金融危机、影子银行与中国银行业发展研究》	郭春松
7	《经济周期、经济转型与商业银行系统性风险管理》	李关政
8	《境内企业境外上市监管若干问题研究》	刘 轶
9	《生态维度下土地规划管理及其法制考量》	胡耘通
10	《市场预期、利率期限结构与间接货币政策转型》	李宏瑾
11	《直线幕僚体系、异常管理决策与企业动态能力》	杜长征
12	《中国产业转移的区域福利效应研究》	孙浩进
13	《中国低碳经济发展与低碳金融机制研究》	乔海曙
14	《中国地方政府绩效评估系统研究》	朱衍强
15	《中国工业经济运行效益分析与评价》	张航燕
16	《中国经济增长:一个"被破坏性创造"的内生增长模型》	韩忠亮
17	《中国老年收入保障体系研究》	梅 哲
18	《中国农民工的住房问题研究》	董 昕
19	《中美高管薪酬制度比较研究》	胡 玲
20	《转型与整合:跨国物流集团业务升级战略研究》	杜培枫

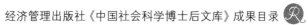

第三批《中国社会科学博士后文库》（2014 年出版）

序号	书 名	作 者
1	《程序正义与人的存在》	朱 丹
2	《高技术服务业外商直接投资对东道国制造业效率影响的研究》	华广敏
3	《国际货币体系多元化与人民币汇率动态研究》	林 楠
4	《基于经常项目失衡的金融危机研究》	匡可可
5	《金融创新及其宏观效应研究》	薛昊旸
6	《金融服务县域经济发展研究》	郭兴平
7	《军事供应链集成》	曾 勇
8	《科技型中小企业金融服务研究》	刘 飞
9	《农村基层医疗卫生机构运行机制研究》	张奎力
10	《农村信贷风险研究》	高雄伟
11	《评级与监管》	武 钰
12	《企业吸收能力与技术创新关系实证研究》	孙 婧
13	《统筹城乡发展背景下的农民工返乡创业研究》	唐 杰
14	《我国购买美国国债策略研究》	王 立
15	《我国行业反垄断和公共行政改革研究》	谢国旺
16	《我国农村剩余劳动力向城镇转移的制度约束研究》	王海全
17	《我国吸引和有效发挥高端人才作用的对策研究》	张 瑾
18	《系统重要性金融机构的识别与监管研究》	钟 震
19	《中国地区经济发展差距与地区生产率差距研究》	李晓萍
20	《中国国有企业对外直接投资的微观效应研究》	常玉春
21	《中国可再生资源决策支持系统中的数据、方法与模型研究》	代春艳
22	《中国劳动力素质提升对产业升级的促进作用分析》	梁泳梅
23	《中国少数民族犯罪及其对策研究》	吴大华
24	《中国西部地区优势产业发展与促进政策》	赵果庆
25	《主权财富基金监管研究》	李 虹
26	《专家对第三人责任论》	周友军

第四批《中国社会科学博士后文库》（2015 年出版）

序号	书　名	作　者
1	《地方政府行为与中国经济波动研究》	李　猛
2	《东亚区域生产网络与全球经济失衡》	刘德伟
3	《互联网金融竞争力研究》	李继尊
4	《开放经济视角下中国环境污染的影响因素分析研究》	谢　锐
5	《矿业权政策性整合法律问题研究》	郗伟明
6	《老年长期照护：制度选择与国际比较》	张盈华
7	《农地征用冲突：形成机理与调适化解机制研究》	孟宏斌
8	《品牌原产地虚假对消费者购买意愿的影响研究》	南剑飞
9	《清朝旗民法律关系研究》	高中华
10	《人口结构与经济增长》	巩勋洲
11	《食用农产品战略供应关系治理研究》	陈　梅
12	《我国低碳发展的激励问题研究》	宋　蕾
13	《我国战略性海洋新兴产业发展政策研究》	仲雯雯
14	《银行集团并表管理与监管问题研究》	毛竹青
15	《中国村镇银行可持续发展研究》	常　戈
16	《中国地方政府规模与结构优化：理论、模型与实证研究》	罗　植
17	《中国服务外包发展战略及政策选择》	霍景东
18	《转变中的美联储》	黄胤英

第五批《中国社会科学博士后文库》（2016 年出版）

序号	书　名	作　者
1	《财务灵活性对上市公司财务政策的影响机制研究》	张玮婷
2	《财政分权、地方政府行为与经济发展》	杨志宏
3	《城市化进程中的劳动力流动与犯罪：实证研究与公共政策》	陈春良
4	《公司债券融资需求、工具选择和机制设计》	李　湛
5	《互补营销研究》	周　沛
6	《基于拍卖与金融契约的地方政府自行发债机制设计研究》	王治国
7	《经济学能够成为硬科学吗?》	汪毅霖
8	《科学知识网络理论与实践》	吕鹏辉
9	《欧盟社会养老保险开放性协调机制研究》	王美桃
10	《司法体制改革进程中的控权机制研究》	武晓慧
11	《我国商业银行资产管理业务的发展趋势与生态环境研究》	姚　良
12	《异质性企业国际化路径选择研究》	李春顶
13	《中国大学技术转移与知识产权制度关系演进的案例研究》	张　寒
14	《中国垄断性行业的政府管制体系研究》	陈　林

第六批《中国社会科学博士后文库》（2017 年出版）

序号	书　名	作　者
1	《城市化进程中土地资源配置的效率与平等》	戴媛媛
2	《高技术服务业进口技术溢出效应对制造业效率影响研究》	华广敏
3	《环境监管中的"数字减排"困局及其成因机理研究》	董　阳
4	《基于竞争情报的战略联盟关系风险管理研究》	张　超
5	《基于劳动力迁移的城市规模增长研究》	王　宁
6	《金融支持战略性新兴产业发展研究》	余　剑
7	《清乾隆时期长江中游米谷流通与市场整合》	赵伟洪
8	《文物保护经费绩效管理研究》	满　莉
9	《我国开放式基金绩效研究》	苏　辛
10	《医疗市场、医疗组织与激励动机研究》	方　燕
11	《中国的影子银行与股票市场：内在关联与作用机理》	李锦成
12	《中国应急预算管理与改革》	陈建华
13	《资本账户开放的金融风险及管理研究》	陈创练
14	《组织超越——企业如何克服组织惰性与实现持续成长》	白景坤

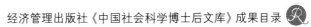

第七批《中国社会科学博士后文库》（2018年出版）

序号	书　名	作　者
1	《行为金融视角下的人民币汇率形成机理及最优波动区间研究》	陈　华
2	《设计、制造与互联网"三业"融合创新与制造业转型升级研究》	赖红波
3	《复杂投资行为与资本市场异象——计算实验金融研究》	隆云滔
4	《长期经济增长的趋势与动力研究：国际比较与中国实证》	楠　玉
5	《流动性过剩与宏观资产负债表研究：基于流量存量一致性框架》	邵　宇
6	《绩效视角下我国政府执行力提升研究》	王福波
7	《互联网消费信贷：模式、风险与证券化》	王晋之
8	《农业低碳生产综合评价与技术采用研究——以施肥和保护性耕作为例》	王珊珊
9	《数字金融产业创新发展、传导效应与风险监管研究》	姚　博
10	《"互联网+"时代互联网产业相关市场界定研究》	占　佳
11	《我国面向西南开放的图书馆联盟战略研究》	赵益民
12	《全球价值链背景下中国服务外包产业竞争力测算及溢出效应研究》	朱福林
13	《债务、风险与监管——实体经济债务变化与金融系统性风险监管研究》	朱太辉

《中国社会科学博士后文库》
征稿通知

　　为繁荣发展我国哲学社会科学领域博士后事业，打造集中展示哲学社会科学领域博士后优秀研究成果的学术平台，全国博士后管理委员会和中国社会科学院共同设立了《中国社会科学博士后文库》（以下简称《文库》），计划每年在全国范围内择优出版博士后成果。凡入选成果，将由《文库》设立单位予以资助出版，入选者同时将获得全国博士后管理委员会（省部级）颁发的"优秀博士后学术成果"证书。

　　《文库》现面向全国哲学社会科学领域的博士后科研流动站、工作站及广大博士后，征集代表博士后人员最高学术研究水平的相关学术著作。征稿长期有效，随时投稿，每年集中评选。征稿范围及具体要求参见《文库》征稿函。

　　联系人：宋　娜　主任

　　联系电话：01063320176；13911627532

　　电子邮箱：epostdoctoral@126.com

　　通讯地址：北京市海淀区北蜂窝 8 号中雅大厦 A 座 11 层经济管理出版社《中国社会科学博士后文库》编辑部

　　邮编：100038

经济管理出版社